Investigation committee of
Hyper **E**nhanced insulation and
Advanced **T**echnique for
20**20** houses

HEAT 20
設計ガイドブック

HEAT20 設計ガイドブック作成 WG：編

建 築 技 術

HEAT20

『HEAT 20 設計ガイドブック』の刊行にあたって

坂本雄三
独立行政法人建築研究所・理事長

　冬暖かく快適に過ごし，かつ，暖房負荷も大幅に削減する建築断熱の技術はいうまでもなく寒冷地で発展してきました。建築断熱の初期のころには壁体内結露という副作用も出現しましたが，今やこのような問題も克服し，建築断熱は日本中に拡がっています。欧米の住宅・建築を眺めても，建築断熱を中心にして建物の省エネルギー化は進められており，建築断熱は現代社会においては不可欠なものといえましょう。

　特に住宅においては，断熱化は省エネルギー・快適・防露に寄与するばかりでなく，居住者の健康や疾病にも影響することが明らかになりつつあります。建築断熱のこうしたさまざまな効果を鑑み，日本政府は新築のすべての建築物に対して，断熱化を含む省エネルギー基準を 2020 年までに義務化する方針を示しました。また，既存建築の断熱化や省エネルギー化についても，補助金給付などによる支援を継続しているところです。

　このように，日本の社会全体の方向性が明らかになった状況の中で，建築断熱の技術や快適な室内環境設計などについて，それらの詳細を公平かつ丁寧に解説した本書が刊行されるということは誠にタイムリーなことであります。建築断熱の技術はほぼ完成の域に達したかのように思う人もいるかもしれませんが，新しい断熱材や窓の開発などは今も続いています。また，防湿や気密，防水，防火，施工性などの性能も確保する壁体断熱設計法，さらには，快適な室内環境を設計するための手法については，まだまだ世の中に浸透したといえるものではありません。

　本書が住宅や建築に携わるさまざまな人びとを啓発し，正しい知識と技術を伝え，日本の社会の健全な発展に資することを願っています。

平成 27 年 3 月吉日

本設計ガイドブックのねらい

省エネルギーと室内環境性能の向上を目指したこれからの住まいに向けて

鈴木大隆

北方建築総合研究所,『HEAT20 設計ガイドブック』作成 WG 主査

　地球環境問題，化石燃料などの有限資源の将来活用，そして東日本大震災で顕在化したエネルギーの安全保障などの観点から，日常，私たちの暮らしを営むために費やされるさまざまなエネルギーを削減し，未来へとつないでいくことは，今を生きる私たちに課された重要な責務といえます。暮らし，産業を営むエネルギー資源のほとんどを外国に依存しているわが国のエネルギーは，これまでどのように推移してきたのでしょうか。

　図1は，1990年以降の各部門における一次エネルギー消費量の推移を示しています。生産性向上と経営効率化の対策を徹底的に進めてきた『産業部門』や，技術の進化が著しい『運輸部門』で消費するエネルギーは，2000年以降，ほぼ横ばいか下降傾向にあります。しかし，『住宅部門：住まいの中で消費するエネルギー』や『非住宅部門：事務所・店舗・学校などの業務用建築で消費するエネルギー』は，近年，住宅・建築物の断熱化などをはじめとする建築性能の向上や空調・給湯などの設備機器の高効率化，太陽光発電装置の普及など，さまざまな「技術の進化」があったにもかかわらず，依然，増加傾向にあります。

　その理由は何か……。例えば，住宅部門は約6,000万戸余りといわれるわが国の住宅ストックは，新旧さまざまの住宅で消費されるエネルギーの合計値であり，省エネルギー性に優れた住宅の普及は依然その中の少数でしかなく，これらの推移にまだ表れてきていないことや，住宅一戸当たりの省エネルギー化は進んでいるものの少子高齢化・核家族化の影響により住宅世帯数が増え続けているなどなど，さまざまな原因があるといわれています。

　ただ，ここで忘れてならないことは，この40年間余り，増加の一途をたどってきた住宅床面積の拡大に伴う空調や照明エネルギーなどの増加は，断熱化や設備機器の効率化など，これまでの「技術の進化」だけでは抑えきれていないという現実も，大きく関係しているということです。

　話は変わりますが，近年，エコ・カーの進化は目覚ましいものがあります。少ないエネルギーで，ひとやものをより遠くへ運ぶことができるようになってきています。この「技術の進化」は，私たちの暮らしのみならず，"もの"を選ぶ価値観にも大きな影響を与えています。また，スマートフォンのような小さな携帯コンピュータは，遠くのまちの出来事や会ったことのない人の行動や考え方を，身近に感じることのできる情報力を私たちに与えてくれています。今後，技術の進化のスピードはさらに高まっていくでしょうから，これからの暮らしや社会がどう変化していくか，なかなか予想がつかないの

も現実です。ただ、その一方で、私たちは、「技術の進化のひとり歩き」や「ひとと乖離した技術」の危険性、「技術の進化」とともに「ひと」も賢く成長していかなければならないということにも気づきはじめてきています。

　本書が対象とする「住まい」は、私たちの暮らしに最も身近な建築物であり、立地環境やプランニングの他、住まい手の暮らし方や価値観、ライフスタイルによりエネルギー消費量は大きく影響を受けるため、「技術の進化」だけに委ねていても「エネルギー問題は解決できる」わけではありませんが、それらとどう折り合いをつけ、「環境とひとにやさしい住宅」にするか、このテーマは住まいづくりにかかわる私たちに課された命題でもあります。そして、わが国は暮らし、産業を営むほとんどのエネルギー資源を外国に依存せざるを得ない現状がありますが、一方で、北半球の同緯度に位置する諸外国より、通年に渡り日射に恵まれた気候特性を有し、太陽熱を含め多様な自然のエネルギーを上手に活用できる可能性をもった国でもあります。

　これらの豊富なエネルギーポテンシャルを活かした「省エネルギーと室内環境性能の向上を目指したこれからの住まい」に向けては、高効率な設備機器の賢い選択のほかに、躯体や窓の断熱性・気密性の向上や、季節に応じた日射のコントロール、そして永く住み続けるための耐久性など、住宅に求められる基本的な性能の確保に重要な役割を担う住宅外皮（エンベロープ）をしっかりデザインしていくことが重要です。それらの積み重ねにより、住まいが、時の経過とともにみすぼらしさではなく地域の財産となり、やがて美しい景観と豊かな暮らしを創造する原動力となるはずです。

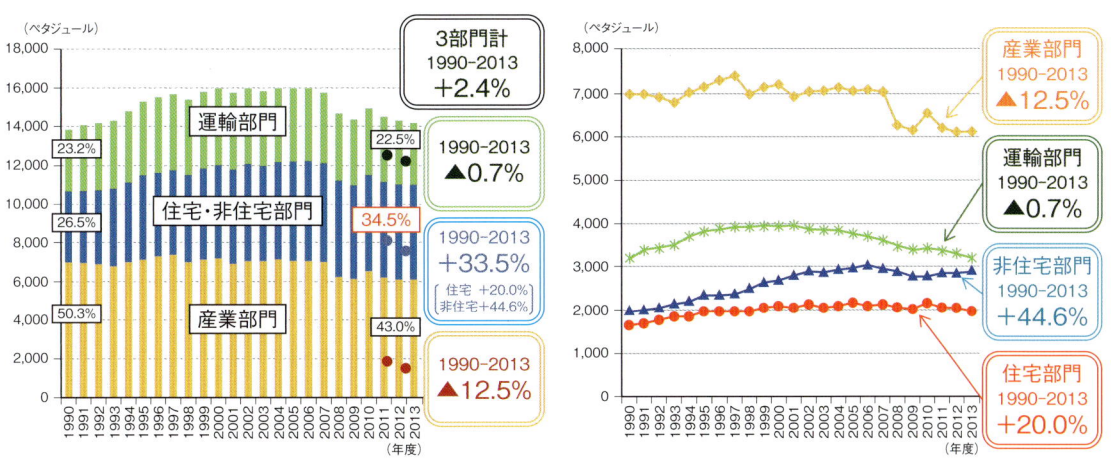

図1　わが国のエネルギー消費量の推移と内訳

ここで「エナジーベネフィット（以下，【EB】）」と「ノンエナジーベネフィット（以下，【NEB】）」の観点から，住宅外皮の性能を高めることの目的を簡単に述べると，次の六つのポイントとなります。

- point-1　暖冷房エネルギーの削減【EB】
- point-2　暖冷房時の温熱環境向上【NEB】
- point-3　非暖冷房時の温熱環境向上【NEB】
- point-4　室内空気質の確保（表面結露・カビの防止）【NEB】
- point-5　暖冷房設備のイニシャルコストの削減【NEB】
- point-6　寒さ・暑さの制約を受けない自由な空間デザイン【NEB】

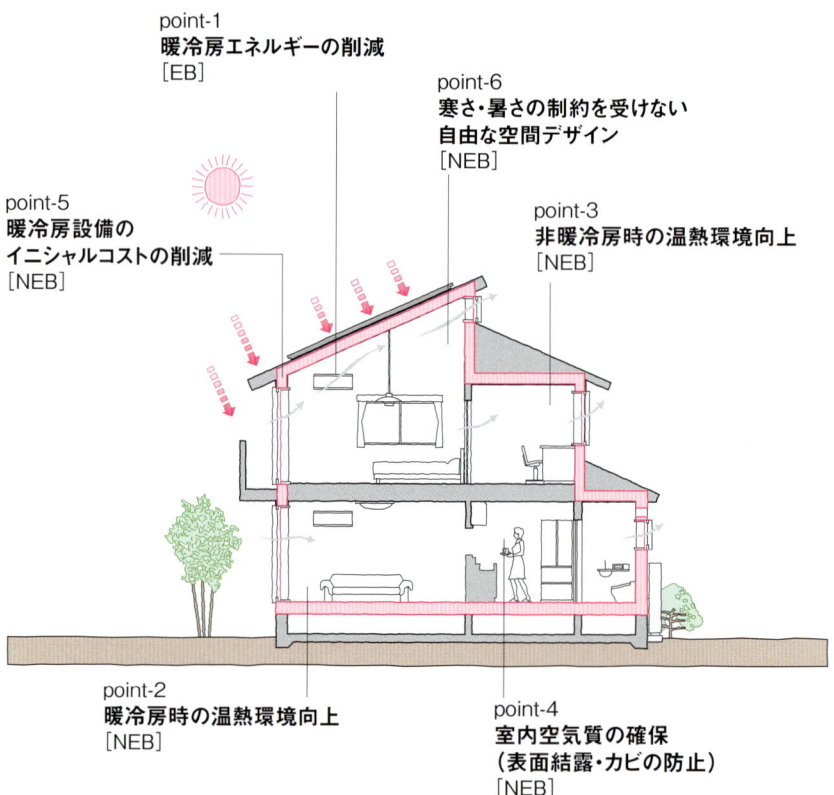

図2　住宅外皮性能を高めることの目的

これらの中で，例えばpoint-1やpoint-2は，設備機器でも担うことができます。そして，設備機器の寿命は一般に十年から十数年，ある一定時期を過ぎれば必ず更新することになるため，住まい手が好むと好まざるとにかかわらず，機器の更新コストのみでエネルギーを削減していくことが可能です。トップランナー制度の基で高効率な設備機器が製造・供給され，むしろ低効率な機器を入手することが困難なわが国では，それは非常に簡単なことでもあります。

　それに対して，住宅外皮は，これらの目的のすべてを担うことができる基盤技術ではあるものの，設備機器に比べてはるかに長寿命で高コストなため，一度建設してしまうと，改修により高性能化するには，多額のコストと時間を要し，たくさんの産業廃棄物が生じてしまいます。さらに，わが国の温暖地は，現在，部分間欠空調が一般的で空調ゾーン・時間も限られているため，低い外皮性能でも，それほど多くの暖冷房エネルギーは要しないのが現状です。しかし，さまざまな技術の進化により，一代のみの住まい手に限らず多世代の使用が可能となる最近の長寿命住宅では，多くの住まい手・世帯に対応可能であることが社会資産としての価値につながるでしょうし，例えば二世代同居をきっかけに空調ゾーンを広げたい，あるいは高齢化により空調時間を長くしたいなど，世代を超えたさまざまなニーズ，生活シーンに対応した備えをしておくことが重要です。限られたライフスタイルの中で省エネルギー性を実現する住宅は，これからの望ましい住宅ストックとはいえません。

　このように，住宅の外皮は，多様な住まい方，将来を想定しデザインしていくことが大切であり，それがこれからの住まいの最低要件であると私たちは考えます。

　本書は，そうした住まいづくりを目指す実務者の方々，住まい手の方々を対象に，住宅外皮をどうデザインするか，その発想の基となる技術的な情報を，なるべく客観的に，なるべくわかりやすく伝えることを主な目的につくられたものです。

　「新たな住まい」への扉は，この頁を開くところからはじまります。

外皮性能水準グレード

「目指す目標像と推奨水準の提示」

鈴木大隆
北方建築総合研究所,『HEAT20 設計ガイドブック』作成 WG 主査

　昨今,さまざまな製品に導入されている「性能の見える化」は,エンドユーザが賢くものを選択するには非常に大切な情報です。

　2009 年にスタートした「2020 年を見据えた住宅の高断熱化技術開発委員会（略称：HEAT20）」では,省エネルギーと室内環境性能の向上を目指したこれからの住まいに求められる外皮デザインに関して,これまでさまざまな情報発信を行ってきました。

　例えば,外皮の断熱・遮熱性能が向上すると暖房・冷房エネルギーがどの程度削減できるか,室内温度環境がどのように変わるかなど,数多くの検討を進めてきました。しかし,多くの専門書のようにその情報を項目別に紹介するだけでは,これらの分野の知識と実践的経験が豊富な実務者でない限り,それを平面設計や空間デザインに反映することは難しいでしょうし,まして「この技術を導入することでどんな住まいになるのか」をエンドユーザにわかりやすく説明することは難しいでしょう。

　そのため,本書では,立地場所や住宅プランなどいくつかの前提条件（APPENDIX 1 参照）はあるものの,省エネルギーと室内温熱環境の質の観点から,「目指す外皮二つの推奨水準と実現できるシナリオ」を提案しています。

　本来であれば,さまざまな住宅条件を網羅的に検討し,それぞれにおける提案をすべきかもしれませんが,一人一人の考え方や暮らしが多様であるように,住まいもいろいろ……。それらをなるべく網羅したうえで多様な答えを提示するよりも,いま目指すべき方向が明確になると考えました。なるべくわかりやすく提案し,理解いただく,そして,多様な住まい・暮らし・空間への実践・ものつくりは本書を読んだ方の知恵と創造力に期待する,というのが本書の趣旨です。

　2015 年 4 月発行の設計ガイドブックでは主に 6・7 地域を対象に二つの性能水準を提案しましたが,その後,HEAT20 委員会では 1～7 地域を対象に検討を重ね,同年 12 月,「HEAT20」ホームページで,外皮性能の推奨水準を最終提案しました（**表 1～5**）。

　今後も,「HEAT20」では,本書のほか,「設計ガイドブック 2016＋」やセミナー,そしてホームページ・facebook などを通じて,省エネルギーと室内環境の質の両立を目指した住まいづくりに向けてさまざまな情報を発信していく予定です。

　「HEAT20」ホームページ：URL：http://www.heat20.jp/index.html
　「HEAT20」facebook：https://www.facebook.com/HEAT-20-916395175075537/

　本書で示す二つの外皮性能推奨グレード 1・2（表 1。以下,HEAT20　G1・G2）は,【APPENDIX 1（170 頁参照）】に示す住宅属性・暖冷房モードを前提

とした場合に，以下に示す住まいづくりを目指して提案したものです。

【HEAT20　G1】

□各地域において，冬期間，非暖房室での表面結露などが生じないように住宅内最低温度をおおむね10℃以上に保ち，暖房設備容量・イニシャルコストを確実に低減できるように冬期間の暖房負荷を平成25年基準の住宅と比べて20%程度削減できる水準

□投資回収性（B/C）を重視した水準

【HEAT20　G2】

□各地域において，冬期間，住空間の温度むらを数度以内に保つように住宅内最低温度を13～15℃以上に保ち，冬期間の暖房負荷を平成25年基準の住宅と比べておおむね30%以上削減し，ゼロエネルギーハウス（ZEH）などの優れた省エネルギーを目指す住まいの推奨水準

□温暖地において，H25年基準レベルの部分間欠暖房モードとおおむね同等のエネルギーで全館連続暖房が可能な水準

断熱性能推奨水準　外皮平均熱貫流率 U_A 値［W/(m²・K)］

推奨グレード	地域区分								
	1	2	3	4	5	6	7	8
HEAT20　G1	0.34 (1.3)	0.34 (1.3)	0.38 (1.4)	0.46 (1.6)	0.48 (1.6)	0.56 (1.9)	0.56 (1.9)	—
HEAT20　G2	0.28 (1.15)	0.28 (1.15)	0.28 (1.1)	0.34 (1.3)	0.34 (1.3)	0.46 (1.6)	0.46 (1.6)	—

表中（　）は住宅熱損失係数 Q 値［W/(m²・K)］

住宅性能表示制度「断熱等性能等級」　外皮平均熱貫流率 U_A 値［W/(m²・K)］

推奨水準	地域区分								
	1	2	3	4	5	6	7	8
断熱等性能等級3【平成4年基準相当】	0.54 (1.8)	0.54 (1.8)	1.04 (2.7)	1.25 (3.1)	1.54 (3.6)	1.54 (3.6)	1.81 (3.6)	設定なし
断熱等性能等級4【平成25年基準相当】	0.46 (1.6)	0.46 (1.6)	0.56 (1.9)	0.75 (2.4)	0.87 (2.7)	0.87 (2.7)	0.87 (2.7)	設定なし

表中（　）は住宅熱損失係数 Q 値［W/(m²・K)］

表1　HEAT20 推奨グレードと要求水準（外皮平均熱貫流率）

【参考】住宅性能表示制度「5. 温熱環境・エネルギー消費量に関すること」

5-1　断熱等性能等級外皮平均熱貫流率（U_A 値）の基準値［W/(m²・K)］

NEB　冬期間の室内温度環境（APPENDIX1 の住宅，暖房方式（表1）の場合）

外皮性能グレード	1, 2 地域	3 地域	4～7 地域
（参考）平成25年基準レベルの住宅	4%程度	25%程度	30%程度
G1	3%程度	15%程度	20%程度
G2	2%程度	8%程度	15%程度

表2　冬期間，住宅内の体感温度が15℃未満となる割合

外皮性能グレード	1, 2 地域	3 地域	4～7 地域
（参考）平成25年基準レベルの住宅	おおむね10℃を下まわらない	おおむね8℃を下まわらない	
G1	おおむね13℃を下まわらない	おおむね10℃を下まわらない	
G2	おおむね15℃を下まわらない	おおむね13℃を下まわらない	

表3　冬期間の最低の体感温度

EB　省エネルギー性能（APPENDIX1 の住宅，暖房方式（表1）における平成25年基準レベル住宅との比較）

外皮性能グレード	1, 2 地域	3 地域	4～7 地域
G1	約20%削減	約30%削減	
G2	約30%削減	約40%削減	約50%削減

表4　表1の暖房方式における暖房負荷削減率

外皮性能グレード	1, 2 地域	3 地域	4, 5 地域	6, 7 地域
G1	約10%削減	約10%増加	約30%増加	約50%増加
G2	約20%削減	約10%削減	H25年基準レベルとおおむね同等のエネルギーで全館連続暖房が可能	

表5　全館連続暖房方式における暖房負荷削減率

「HEAT20　G1・G2」レベルの外皮性能水準を確保した場合の，【NEB】，【EB】上のシナリオの一例を表2〜5に示します。
【NEB】：冬期間の室内温度環境性能
・住宅内の体感温度が15℃未満となる割合──→表2
・冬期間の最低の体感温度──→表3
【EB】：平成25年基準レベルと比較した場合の省エネルギー性能
・【APPENDIX 1】に示す暖房条件の場合の暖房負荷削減率──→表4
・全館連続暖房方式における暖房負荷の削減率──→表5

　なお，ここでは主に冬期間のNEB・EBを示していますが，夏期間においてはG1・G2レベルの水準とすることに加え，適切な日射遮蔽および通風を行うことで，冷房負荷を平成4年基準（新省エネ基準）の住宅と比べて10%程度以上の低減が可能となります。また，天井・壁などの室内表面温度が上昇しにくくなることで，放射環境が改善でき，快適性が向上するほか，冷房温度を高めに設定することでさらなる省エネルギー化が期待できます。

　なお，APPENDIX 2に，【HEAT20　G1・G2】に対応する代表的例示仕様を示しますので，計画の際の参考としてください。

✓ ここに注意！

⇒断熱水準の指標は？

　【HEAT20　G1・G2】の断熱性能の指標は，平成25年住宅省エネ基準以降，導入された外皮平均熱貫流率［W/(m²・K)］で示しています。これまで性能規定の基準指標として一般的だった住宅熱損失係数は，同一の仕様でも規模の大きな住宅ほど高い性能が確保されているように算定されてしまうことや，本来は各種設備機器と同じカテゴリーで評価すべき熱回収型換気装置の導入効果も反映されてしまい，本来の外皮性能を表す指標としては課題が多いことから，平成25年の基準改定から，外皮の住宅性能評価上，この指標は使用しないこととなっており，本書もその考え方を踏襲しております。

⇒夏期の遮熱性能の水準は？

　外皮の高断熱化を図ることで，夏期間，屋根・天井や外壁を通じた日射侵入熱量はわずかとなり，また開口部もガラスの多層化などにより，相対的に遮熱性能は向上します。一方，「夏を旨とした住宅」を盲目的に追及すると，夏期ばかりでなく中間期や冬期の遮熱性能も高まり，室内への日射侵入量も下がり，暖房エネルギーが増加します。このように，住宅の高性能化に向けて，遮熱性能をやみくもに高めることが必ずしも最善ではなく，むしろ夏期・冬期の日射を上手にコントロールすることが大切です。とりわけ日射と関係の深い開口部の計画において，このことは非常に重要です。

　これらのことから本書では，遮熱性能に関しては，平成25年基準より高い水準を設定せず基準値を満足することを最低要件とし，むしろ，開口部をこれまで以上に注意して計画することを求めています。

　これらは遮熱性能を軽視しているのではなく，むしろ重要視したために，たどりついた結論でもあります。

HEAT20 設計ガイドブックの読み方

本書の構成

　本書では，61 の質問とその回答（Questions & Answers）を，設計プロセスや設計部位にかかわる A から H の八つのカテゴリーに分けて掲載しています。

　一つの Q&A とその内容に関連する定量的資料が，見開き 2 頁に納められています。

　見開きの左頁には質問（Question）とそれに対する回答（Answer）をイメージ写真とともに簡潔にまとめ，右頁には関連する定量的資料を掲載し，さらに右端欄にキーワードと関連項目を記載しています。関連する頁から，またその先の関連頁に，つまり，誌面をどこからでも自由に読み進めることができるように構成されています。

　また，確認したい用語が出てきたら関連用語へ，施主の要望や設計プロセスから該当する頁を見つけ出すにはチェックリストを活用できるようにしています。

目次　HEAT 20 設計ガイドブック

『HEAT20 設計ガイドブック』の刊行にあたって　003

本設計ガイドブックのねらい
省エネルギーと室内環境性能の向上を目指したこれからの住まいに向けて　004

断熱水準グレード（201503 案）
「目指す目標像と推奨水準の提示」　008

HEAT20 設計ガイドブックの読み方　011

A　全体　省エネの効果　断熱の目標　016

- A 01　住まいの省エネルギー化を図るには　018
- A 02　外皮性能（断熱性能，日射遮蔽・取得性能）を高めた住宅の省エネ以外のメリットは　020
- A 03　地域の気候を活かし，地域にふさわしい住まいをつくるには　022
- A 04　冬暖かく，夏涼しい家をつくるには　024
- A 05　高断熱化することで，冬，何が変わるのか──住空間の「温熱環境の質」①　026
- A 06　高断熱化することで，冬，何が変わるのか──住空間の「温熱環境の質」②　028
- A 07　夏，快適な住まいにするための基本は──①　030
- A 08　夏，快適な住まいにするための基本は──②　032
- A 09　コストパフォーマンスのよい住まいをつくるには　034
- A 10　地球温暖化への貢献は　036

B　住宅計画とのかかわり　040

- B 01　住宅形態と省エネ性能とのかかわりは　042
- B 02　吹抜け空間を暖かな空間にするには─建築　044
- B 03　吹抜け空間を暖かな空間にするには─暖房設備　046
- B 04　リビングは 1 階と 2 階で，暖冷房エネルギーにどのような違いが生じるか　048
- B 05　サンルーム・縁側の効果を活かすには　050
- B 06　土壁などの蓄熱容量の大きな住宅は省エネか　052
- B 07　地下室をどうつくるか　054
- B 08　遮音のために，間仕切壁や階間の天井などに断熱した場合の注意点は　056
- B 09　通風を行うための基本計画は　058
- B 10　屋上緑化の効果は　060
- B 11　緑のカーテンの効果は　062
- B 12　太陽光発電の年間発電量は　064

C　開口部　068

- C 01　窓の断熱性を高めるには　070
- C 02　省エネルギーな住宅にするには，窓は小さい方がよいか　072
- C 03　地域，方位に応じた最適な窓のガラスの選択は　074
- C 04　内窓を取り付けた場合の断熱効果は　076
- C 05　窓の結露を抑える方法は　078
- C 06　最適な庇の設計はどうあるべきか　080
- C 07　日射遮蔽・取得に対する付属部材の選び方は　082
- C 08　高断熱窓を用いると室内環境はどのように変わるか　084
- C 09　日射条件の悪い敷地における住宅の設計は　086
- C 10　部屋の明るさと窓の関係は　088
- C 11　天窓・ハイサイドライトなど高い位置につく窓の設計上の注意点は　090
- C 12　風通しのよい家をつくための窓の位置は　092
- C 13　効率的な通風が可能な窓の形状・付属部材は　094
- C 14　夜間の就寝時や不在時の排熱を行うには　096
- C 15　安全性・防犯性を考えたときの窓・ドアの設計は　098

D　断熱外皮　102

- D 01　充填断熱・外張断熱の工法の特徴と留意点は　104
- D 02　高断熱住宅をつくるための住宅構造別の留意点は　106
- D 03　断熱材をどう選ぶか　108
- D 04　断熱の効果を発揮するための施工上の注意点は　110
- D 05　基礎断熱と床断熱の特徴と留意点は　112
- D 06　温暖地でも外壁や屋根の通気層，小屋裏や床下の換気は必要か　114
- D 07　非暖房室の結露を防ぐには　116
- D 08　夏型結露を防止するには　118
- D 09　住宅の屋根や外壁に遮熱材・遮熱塗料を用いることによる効果は　120
- D 10　日本の伝統的住宅をどう考えるか　122

目次　　HEAT 20 設計ガイドブック

E　気密と換気　　126

- **E 01**　「換気」と「漏気」の違いは　128
- **E 02**　住宅気密性能と計画換気の関係は　130

F　暖冷房計画　　134

- **F 01**　高断熱な住宅の暖房計画をどう考えるか　136
- **F 02**　高断熱住宅の適切な暖房方式は　138
- **F 03**　エアコンで暖冷房する場合の注意点は　140
- **F 04**　エアコン1台で全館暖冷房を行うには　142
- **F 05**　夏の放射冷房のメリットと注意点は　144
- **F 06**　夏の夜間通風による冷房負荷の削減効果は　146

G　住まい方　　150

- **G 01**　夏を心地よく過ごす住まい方は　152
- **G 02**　冬を心地よく過ごす住まい方は　154

H　リフォーム　　158

- **H 01**　断熱リフォームを計画する際に注意することは　160
- **H 02**　断熱リフォームする場合は，必ず住宅全体を対象としなければならないか　162
- **H 03**　壁・床・天井などの断熱リフォームをどう行うか　164
- **H 04**　断熱リフォームを部分空間改修，あるいは部分部位改修で行う場合の効果は　166

APPENDIX 1　170
本書で省エネルギー性能および室内温度環境の検討に用いた住宅

APPENDIX 2　171
本書における断熱性能推奨グレード「HEAT20　G1」「HEAT20　G2」

CHECK LIST
①施主の要望からみるチェックリスト　172
②設計プロセスからみるチェックリスト　174
チェックリスト活用事例1（新築）　177
チェックリスト活用事例2（新築）　178
チェックリスト活用事例3（リフォーム）　179

関連用語　180

column1　「豊かさという広さ」がもたらしたもの　038
column2　「空間制御の歴史」から考察する日本の住宅のあり方　066
column3　ガラスの断熱性能　100
column4　躯体の断熱性能の見える化　124
column5　住宅の省エネルギー・温熱環境性能にかかわるヨーロッパと日本の基準　132
column6　冬は寒くていけないか　148
column7　窓を使う工夫　156
column8　リフォーム時に検討すること　168

組織構成図　188

「後書き」にかえて　HEAT20の役割と今後の取組み　192

INDEX

01
住まいの省エネルギー化を図るには

02
外皮性能（断熱性能，日射遮蔽・取得性能）を高めた住宅の省エネ以外のメリットは

03
地域の気候を活かし，地域にふさわしい住まいをつくるには

04
冬暖かく，夏涼しい家をつくるには

05
高断熱化することで，冬，何が変わるのか──住空間の「温熱環境の質」①

06
高断熱化することで，冬，何が変わるのか──住空間の「温熱環境の質」②

07
夏，快適な住まいにするための基本は──①

08
夏，快適な住まいにするための基本は──②

09
コストパフォーマンスのよい住まいをつくるには

10
地球温暖化への貢献は

A
全体
省エネの効果
断熱の目標

01〜10

　最近の10年間は過去100年で最も暑い夏だったといわれています。地球温暖化に起因するといわれる異常気象も頻発しているなか，CO_2などの温室効果ガスの削減が求められています。
　ここでは，住宅省エネルギー化，その推奨基準について，さまざまな視点から解説します。

A 全体 省エネの効果 断熱の目標

01 住まいの省エネルギー化を図るには

まずは住宅外皮の性能向上と設備の高効率化が重要！

住まいの省エネルギー化を図るには，以下の三点が重要です。

①外壁・床・天井などの住宅外皮と開口部の断熱性能を高め，開口部に関してはバランスのとれた日射遮蔽（夏）と日射取得性能（冬）を確保した計画とすること。

②暖冷房・給湯・照明，換気などの設備機器の高効率化を図り，その住宅で必要とする負荷に応じた適切な容量の設備機器を選択すること。

③「節約」や「がまん」で省エネルギー化を図るのではなく，これまでの暮らし方・住まい方を大きく変えずに，また，住まい手に過度なコスト負担を求めず，「心地よく」，「住宅も居住者も健やかに暮らす」ことができること。

下図には，このうち①「建築的手法」と②「設備的手法」の概要を示していますが，冒頭に述べた3点のうち，どれが欠けても社会資本としての良質な住まいにはなり得ないことを，「これからの住まい」に関わる設計者や住宅生産者はまずご理解いただきたいと思います。

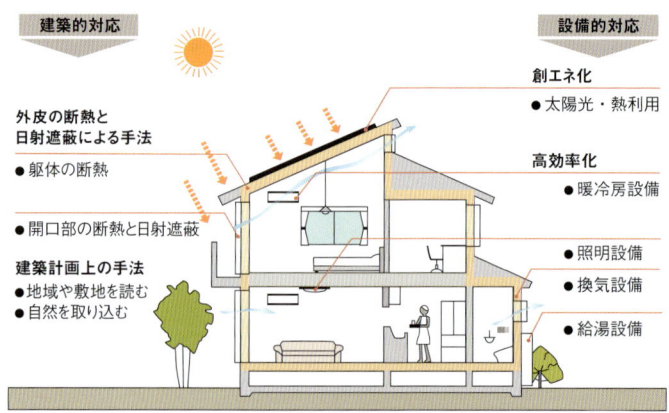

建築的対応と設備的対応

住まいのエネルギーの推移とは？

わが国の住宅のエネルギーは図1に示すように，この40年余りで大幅に増加しているのが現状です。「本設計ガイドブックのねらい」でも紹介したように，その理由はさまざまありますが，ここで大切なことは，暖冷房・給湯や照明設備機器は必ず更新が必要となり，そのたびに間違いなく高効率なものになっていきます。その一方で，住宅外皮は後から性能向上を図るのは極めてコストがかかり，住宅を建設するとき，あるいは耐震改修や大規模な模様替えなどの改修時に，将来を見据えた「備え」をしておかないとならないという点です。外皮の性能向上を図るチャンスは限られている，最大のチャンスは「新たな住まいをつくる時」なのです。

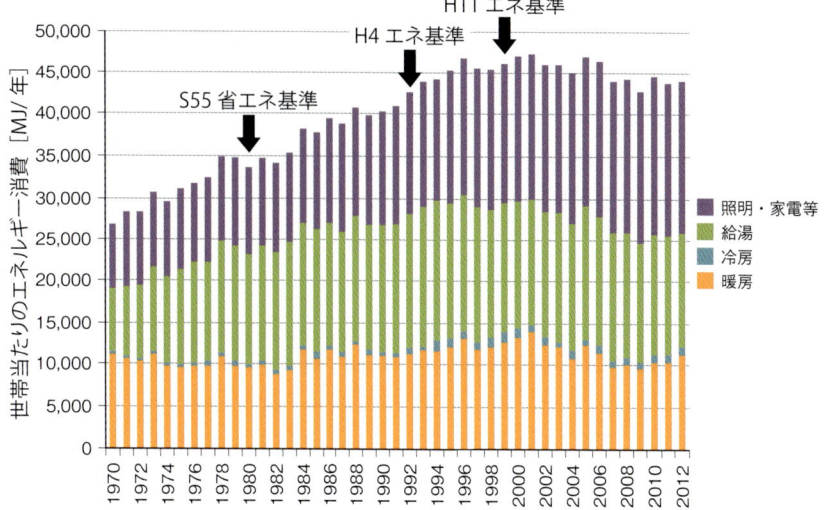

図1 住宅の用途別エネルギーの推移

キーワード
- 住まいのエネルギー消費
- 建築手法（建築計画手法）
- 設備手法
- 住まい方
- 外皮性能
- 一次エネルギー消費量

関連項目
- A05 →p.026
- A06 →p.028
- A07 →p.030
- A09 →p.034
- C03 →p.074
- C06 →p.080
- C15 →p.098
- D04 →p.108
- F02 →p.140

外皮の性能向上，設備の高効率化がもたらす省エネルギー

暖冷房エネルギーの削減は，外皮性能を高める方法と暖冷房設備機器の高効率化による方法があります。図2は住宅省エネ基準に定める6地域において，暖冷房設備（ここではエアコンを想定）の高効率化と外皮性能の向上がどのような関係にあるかを示したものです。平成25年省エネ基準の住宅に対して，本書で推奨する「HEAT20 G1」の外皮性能にした住宅は，平成25年省エネ基準の住宅でエアコンを標準的なものから高効率なものに置き換えた住宅より，はるかに高いエネルギー削減効果があることがわかります。

また，図3は太陽光発電との比較をしたものです。標準的な屋根に載せることができる太陽光発電はせいぜい数kW前後（図3では2kWを想定）であることを前提とすると，平成25年省エネ基準の住宅に太陽光発電を載せた住宅と，「HEAT20 G1」の住宅の省エネルギー効果はほとんど同じであることがわかります。

このように，建築的手法である「住宅外皮の性能向上」は他の設備的手法と遜色のない省エネルギー効果がありますが，単に省エネルギー効果だけにはとどまらない「温熱環境性能の質の向上」の効果があり，それが建築的手法の最大の魅力といえます。

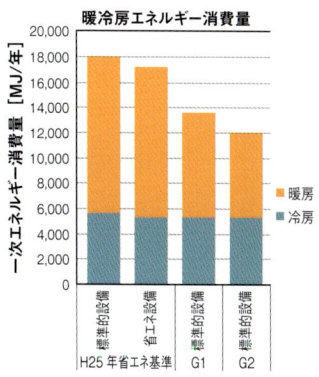

図2 省エネ方法別エネルギー消費量

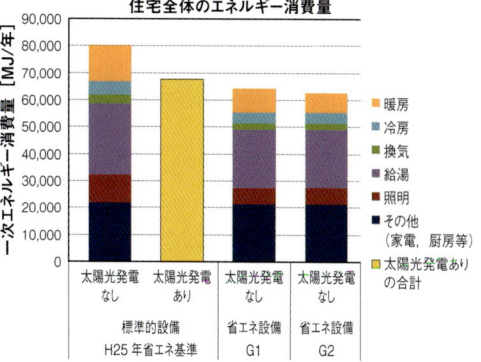

図3 省エネ化と太陽光発電導入

図2, 3は，住宅の省エネルギー基準の外皮性能計算ソフトと一次エネルギー消費量計算プログラムを用いて計算した結果です。これらのソフトは，（独）建築研究所，（一社）日本サステナブル建築協会のホームページで無料公開されていますので，省エネ計画の検討ツールとして活用されることをお奨めします。

A 全体 省エネの効果 断熱の目標

02 外皮性能（断熱性能，日射遮蔽・取得性能）を高めた住宅の省エネ以外のメリットは

外皮性能を高めると省エネルギーだけでなく，住空間の「温熱環境の質」が向上する

厚着して，こたつ ←→

普段着で伸びやかに団らん

断熱性能を高め，日射取得をコントロールすれば住空間が快適になる

　住宅外皮性能を高めて日射のコントロールを上手に行うと，屋外の暑さ寒さの影響を受けにくくなります。A01で述べたような省エネ効果のほかに「同じ暖房設定温度でもより暖かく感じる」，「床と天井付近の温度むらが小さくなる」，「暖房している部屋と暖房していない廊下などの温度むらが小さくなる」，「北向きの暖房していない部屋での結露が解消する」など，住空間の「温熱環境の質」が大幅に向上します。また，朝方や夕方以降の暖冷房開始時のエネルギーロスも少なくなり，時間をかけずに所定の温度まで保つことができます。

　これらの効果により，設置する暖冷房設備の容量が小さくなり，設備機器のイニシャルコストが少なくなるというメリットもあります。外皮性能を高めることは、エネルギー上の効果の他に、住空間の質を高める効果があります。これが設備的対応にはない，建築的対応の魅力なのです。

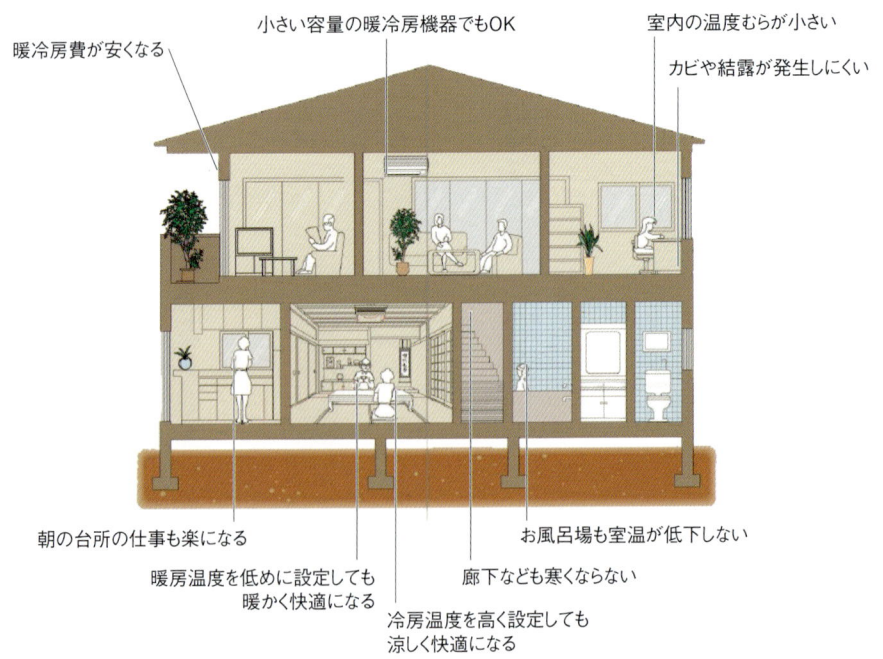

外皮性能（断熱性能，日射遮蔽性能）向上による効果

同じ暖房エネルギー消費量でも，体感温度や非暖房室の温度が異なる

断熱性能が向上することで，暖房室の天井と床付近の温度むらや，暖房室と非暖房室の温度差が少なくなります。

体感温度

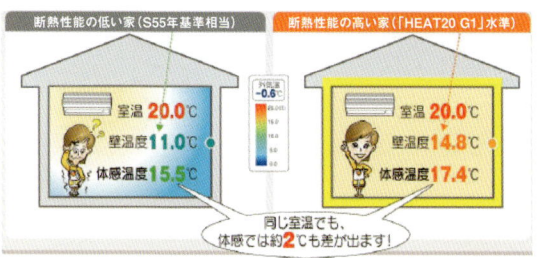

図1　断熱性能と体感温度の違い

非暖房室の温度

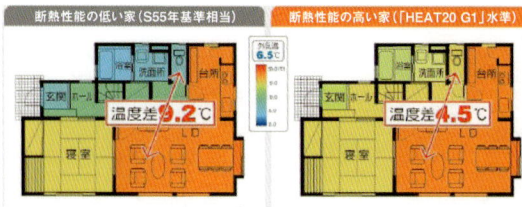

図2　断熱性能と室温の違い

ピーク時の電力量が大きく異なり，小さな容量の暖冷房設備で快適性を持つことができる

断熱性能が向上することで，暖房開始時の最もエネルギーが必要となる朝夕のピーク電力量（エネルギー消費量）が少なくなります。それらにより，設備機器の容量を小さくすることが可能となり，設備にかけるイニシャルコストの負担を小さくできるメリットがあります。

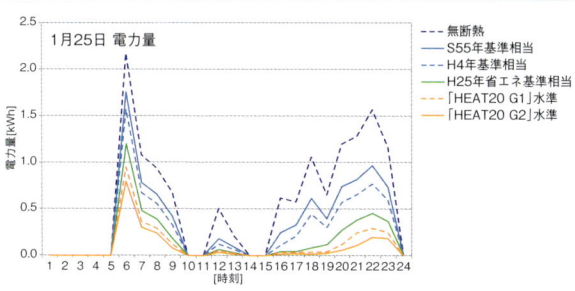

図3　真冬のエアコン運転状況と電力量

暖まるまでの時間が短くなる

断熱性能が向上すると，設定した暖房温度に至る時間が短くなり，また，暖房停止後も温度が下がりにくくなります。

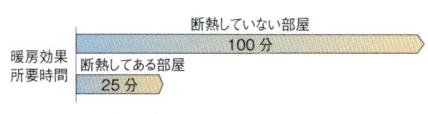

図4　5℃の室温が20℃になるまでの所要時間

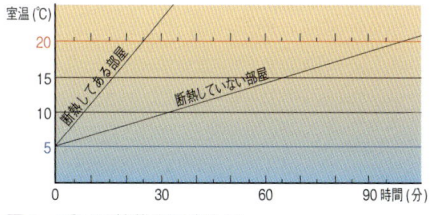

図5　暖房開始後の温度上昇

浴室，脱衣室の温度が高くなる

日常生活における年間別死亡者数のうち1万人以上は「入浴中」に起きており，その数は交通事故死よりも多いというデータの報告があります。脱衣室，浴室の温度が低いと血圧が上昇，暖かい湯船に入って急降下という血圧の大きな変動が，これらの原因の一つと考えられています。

図6　1年間の死亡者数

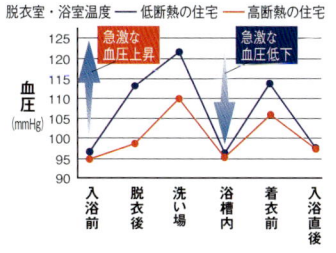

図7　入浴時の血圧の変動

キーワード
- 外皮性能
- 省エネ
- 健康
- 体感温度
- ピーク時電力量
- 入浴死
- 日射取得
- 温度むら
- 血圧

関連項目
- A05 →p.026
- A06 →p.028
- C06 →p.080
- C15 →p.098
- F02 →p.140
- F03 →p.142

021

A 全体 省エネの効果 断熱の目標

03 地域の気候を活かし，地域にふさわしい住まいをつくるには

地域の気象と立地条件をしっかり把握する

立地条件を考える

冬は人体，家電，照明などの室内発生熱量が同じであれば，断熱性能を高め日射取得ができれば，室内温度は高くなります。**図左**は東京に建つ住宅の1月25日における洗面室（この住宅モデルでは最も室温が下がる空間）の日平均室温を，断熱性能と日射取得の多寡で比較したものです。例えば，平成25年省エネ基準の住宅を日射条件の悪い敷地に建てた場合と比べて，断熱強化し日射取得量を増すことで，洗面室の室温は数度以上，上昇することがわかります。

一方，夏は人体，家電，照明などの室内発生熱量が同じであれば，断熱性能を高め日射遮蔽を適切に図ることで，室内気温の上昇が抑えられます。具体的には，窓ガラスからの透過による日射熱を，遮蔽部材などを用いて日射遮蔽をしっかり行い，屋根・天井，および壁の断熱性能を高めることが大切です。**図右**は8月15日における寝室の日平均室温を比較したものですが，例えば，平成25年省エネ基準で日射遮蔽が適切でない住宅に比べて，日射遮蔽と断熱強化を図ることで，主寝室の日平均室温は4℃程度，低下することがわかります。

これらの例は，東京に建つ住宅を想定した場合ですが，地域によって効果の差はあっても，これらの考え方は原則変わりません。

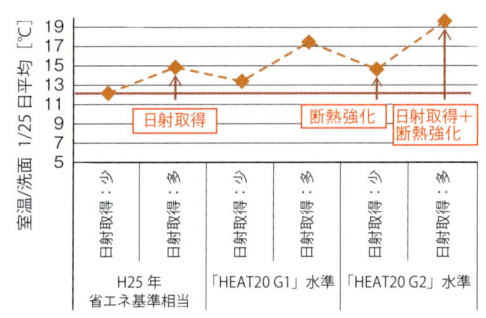

冬期における断熱強化，日射取得の効果比較（東京）

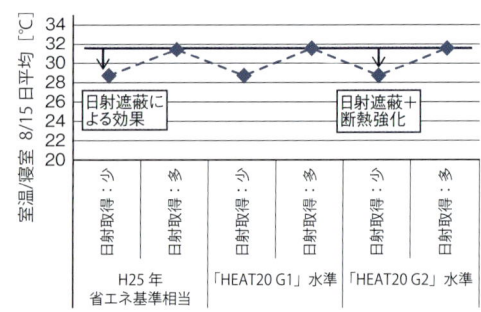

夏期における断熱強化，日射遮蔽の効果比較（東京）

地域特性をしっかり把握する

日本は南北に長く，寒冷な地域と温暖な地域，亜熱帯に属する蒸暑な地域と，異なる気候特性を持ち合わせています。住宅の室内環境設計の際には，外気温や湿度，日射量，風雨などの気候特性を考慮する必要があります。

ここでは，室内温度環境に密接にかかわる外気温について，代表的な4都市（札幌（寒冷地），東京，鹿児島（温暖地），那覇（蒸暑地））の気象データを示します。

キーワード

日射取得

日射遮蔽

断熱水準

気候特性

デグリーデイ

1) 季節の外気温：最高気温・平均気温・最低気温

最寒月である1月の外気温は，東京と鹿児島は大きな差は見られませんが，この2都市と札幌，那覇では，顕著な差が見られます。

那覇は最低外気温が10℃であるのに対して，札幌は最高でも10℃まで上昇しない，非常に寒さの厳しい地点であることがわかります。

夏期で最暑月である8月の外気温は，冬期（1月）のような明確な差異はみられません。

沖縄県那覇は非常に暑いイメージがありますが，このデータが示すように，最高気温は札幌とほぼ同じで，東京，鹿児島より若干低い温度となっています。

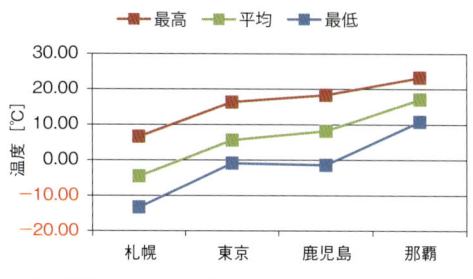

図1　冬期（1月）の外気温

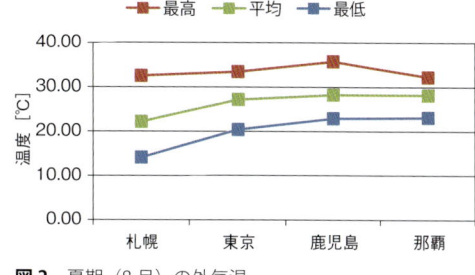

図2　夏期（8月）の外気温

2) 暖冷房期間

1)で示したデータでは，どれだけ寒い・暑い日々が続くのか，という期間の要素が入っていません。当然のことながら，冬が長い地域では，寒さ対策が重要となります。

図3は，暖房期間と冷房期間の日数です。右下に位置するほど，暖房期間が長く冷房期間が短い，左上は暖房期間が短く，冷房期間が長いことを示しており，それぞれの傾向がよくあらわれています。1)の暖房期，冷房期の外気温がほぼ同じ東京と鹿児島は図3では大きく異なり，鹿児島は東京よりも暖房期間が長く，鹿児島では冷房期間の対策は東京よりも入念に行わなければなりません。

3) 暖房度日，冷房度日（度日）

図4は，4都市の暖房度日と冷房度日を表します．暖房（冷房）度日とは，暖房（冷房）期間中の外気温と暖冷房設定温度との差を積算したものです．暖房（冷房）度日は，寒さ，暑さの期間長さと外気温の要素が合算されているので，その地域の温度的な気候特性を知るうえで有効なデータになります．

関連項目

A04 →p.024
A07 →p.030
A08 →p.032
A09 →p.034
B09 →p.058
B11 →p.062
C05 →p.078
C09 →p.086
C15 →p.098

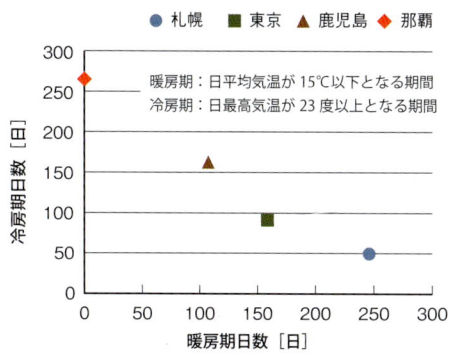

図3　暖房期と冷房期の日数

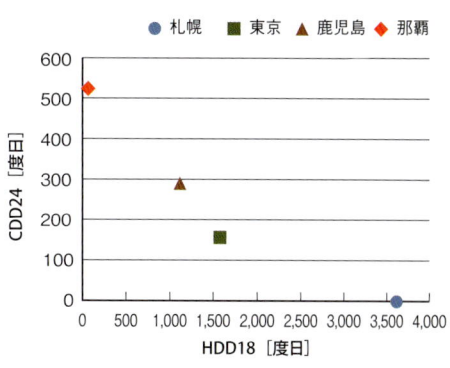

図4　暖房度日（HDD）と冷房度日（CDD）

023

A 全体 省エネの効果 断熱の目標

04 冬暖かく,夏涼しい家をつくるには

外皮の断熱性能を高め,夏は日射遮蔽性能の向上＋通風(排熱)を,冬は夜間の窓の断熱性能向上を図る

相反する冬と夏の対策

「冬暖かく夏涼しい住まい」にするための建築的対応を考えるに際しては,夏と冬で,室内と屋外との外皮熱収支の関係を考慮することが大切です。

冬は,熱損失を少なくするために,躯体および開口部の断熱性能を高め,日射熱取得はできるだけ多くするように開口部の計画を行います。

夏は,室内への日射熱の侵入を少なくするため,日射熱が最も多く侵入する窓の日射遮蔽性能を向上させることが重要です。室温よりも外気温が高いときは,室内に熱を侵入させないようにする。また,侵入した熱がこもらないよう,外気温が低い夜間などは,速やかに排熱できるような開口部計画を行うことが大切です。

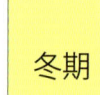 冬期
①熱を外に逃がさないようにする
　→断熱化・気密化
②熱を外から取得する
　→日射熱の取入れ(日射取得)
③熱を供給する
　→暖房設備,内部発生熱

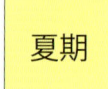 夏期
①熱を外に逃がすようにする
　→窓による通風(排熱)など
②熱を外から入らないようにする
　→日射熱を遮る(日射遮蔽)
③熱を除去する
　→冷房設備,排熱

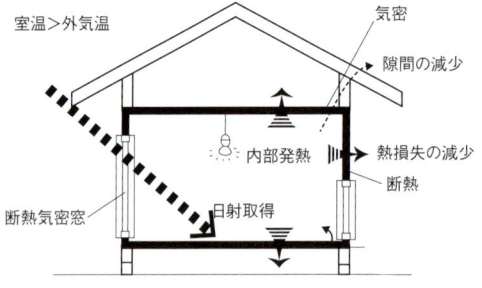
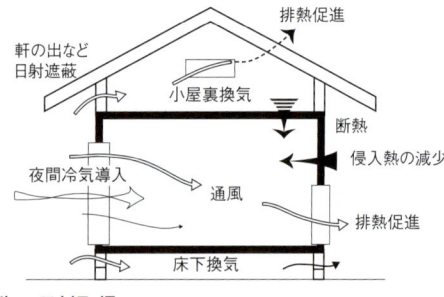

冬と夏の外皮の熱損失・日射取得

冬と夏の基本的ポイント

躯体や軒，庇などは季節に応じて機能・性能を変えることができないので，冬と夏とで開口部の性能，機能を可変させることが大切です。冬は雨戸やシャッター・カーテンなどによる夜間の断熱強化，夏は窓の開閉による通風，ブラインドや庇による日射遮蔽など，考えるべき要素はたくさんあります。建築的に設けられた庇や軒の出などの設計については，C06 を参照してください。

図1は，冬を対象に，断熱水準，窓の対策を変化させた場合の1階洗面室（計算した住宅モデルでは最も寒くなる空間）の1月の最低室温と住宅全体の暖房負荷を示したものです。

平成25年省エネ基準の断熱水準の住宅に，冬期夜間のみ雨戸やシャッターを閉めて窓の断熱化を図ることで，最低室温が上昇し，暖房負荷も20％程度まで低減することがわかります。

これらの効果は「HEAT20 G1」，「HEAT20 G2」レベルの住宅でも同様であり，冬の日中は日射を室内に取得し，夜間は付属部材などを活用して窓の断熱性能を高めるなどのちょっとした工夫により，室内の温度環境性能の向上と省エネルギー化を図ることができるわけです。

冬を旨とする外皮の基本は，「断熱化，そして日射取得」です。

図2は，夏を対象に，断熱水準，窓の対策を変化させた場合の2階寝室（計算した住宅モデルでは最も暑くなる空間）の8月の最高室温と住宅全体の冷房負荷を示したものです。

平成25年省エネ基準の断熱水準の住宅でも，窓の遮熱と夜間通風を図ることで，最高室温が数度以上低くなり，冷房負荷も半分程度まで低減することがわかります。

これらの対策を行わずに「HEAT20 G1」のレベルまで高断熱化すると，最高室温も冷房負荷も増加し，「HEAT20 G2」ではさらに量・質ともに悪化することがわかります。

一方で，窓の遮熱や夜間通風を行うと，平成25年省エネ基準の住宅に比べて最高室温が下がり，冷房負荷も減少します。高断熱化は夏の環境を悪化させるといわれますが，何の工夫も対策も講じなければそれは当然のことであり，高断熱化を図ることは，夏の遮熱と通風もこれまで以上にきちんと考えていくことが最低要件と考えてください。

夏を旨とする外皮の基本は「日射遮蔽，通風，そして断熱化」です。

キーワード
断熱水準
日射遮蔽
日射取得
夜間通風
排熱

関連項目
A05 →p.026
A06 →p.028
A07 →p.030
A08 →p.032
C01 →p.070
C02 →p.072
C05 →p.078
C06 →p.080
C14 →p.096
C15 →p.098
D04 →p.108

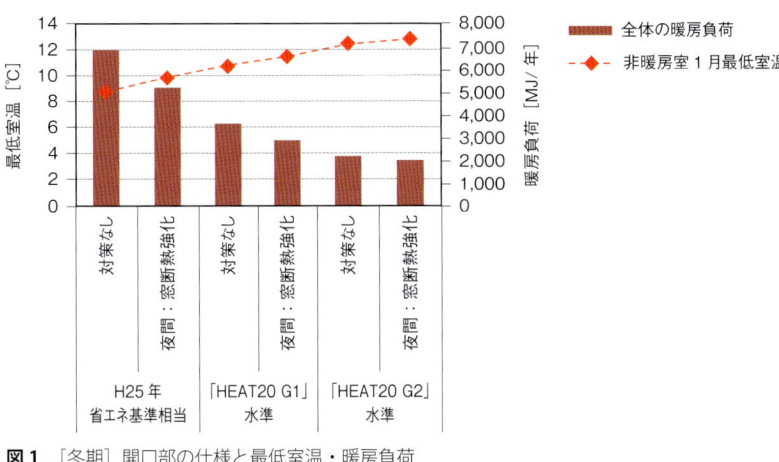

図1　[冬期] 開口部の仕様と最低室温・暖房負荷

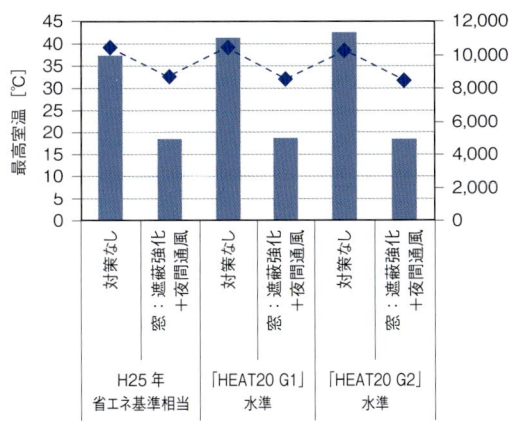

図2　[夏期] 開口部の仕様と最高室温・冷房負荷

A 全体 省エネの効果 断熱の目標

05 高断熱化することで、冬、何が変わるのか──住空間の「温熱環境の質」①

高断熱化により、暖房室と非暖房室の温度むらが小さくなる

温度むらを小さくするには、どの程度の水準が必要か

　断熱性能を高めると、外気の影響を受けにくくなり、暖房室と暖房していない室（非暖房室）の温度むらは小さくなり、非暖房室の温度は低下しにくくなります。

　下図は、暖房期において最も室温が低くなる洗面所（非暖房室）の温度を断熱水準別に示したものです。平成25年省エネ基準と同等の断熱水準（外皮平均熱貫流率：U_A＝0.87、熱損失係数：Q＝2.7）では、10℃以下まで温度低下し、暖房室との温度むらは10℃以上となります。現行省エネ基準に達していない住宅に比べると「はるかにまし」といえますが、快適性など温度環境の質の面からは問題は少なくありません。

　一方、本書が推奨する「HEAT20　G1」レベルの水準にすると最低温度は10℃以上となり、「HEAT20　G2」レベルの水準になると15℃程度まで上昇します。

　このように断熱水準を高めることで、暖房機器が設けられない空間の温度環境は飛躍的に変わり、住空間の質を高めることができます。

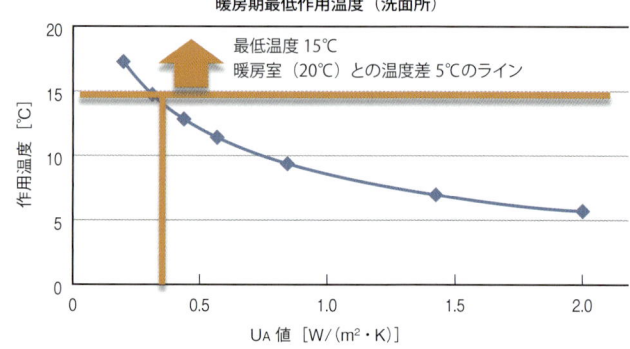

東京、部分間歇暖房、6時における暖房期全体を通じての最低温度

断熱性能の違いによる暖房室・非暖房室との温度むら

図1は，断熱水準の作用温度の関係を示したものです。最寒期の朝の暖房開始直後の6時，昭和55年基準相当の住宅では暖房室でも16℃程度にしかならず，暖房室との差は10℃以上になります。

一方，「HEAT20 G1」の住宅では差は7〜8℃，「HEAT20 G2」の住宅では4℃以内となります。断熱性能を高めることによって，暖房していない空間でも極端な温度低下が起らず，暖房室との温度差が小さく，ヒートショックの少ない住宅にすることができます。

キーワード

温度差

作用温度

ヒートショック

快適性

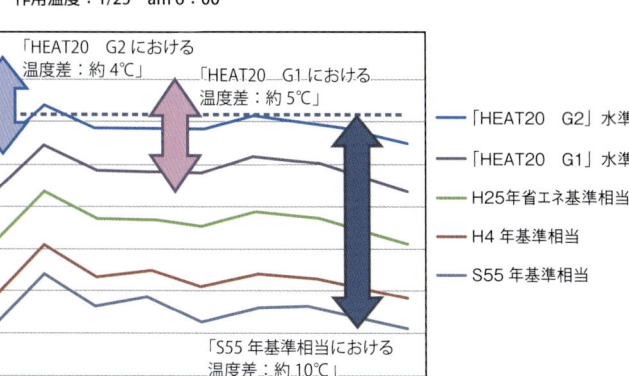

図1 最寒期早朝における断熱水準と暖房室・非暖房室の温度差の関係

各部屋の温度（1/25，6時，空気温度）を色分けすると，図2のようになります。非暖房室の温度が，昭和55年基準相当の住宅は7℃前後（青色）になるのに対して，「HEAT20 G1」水準の方は14℃前後（緑色）となります。

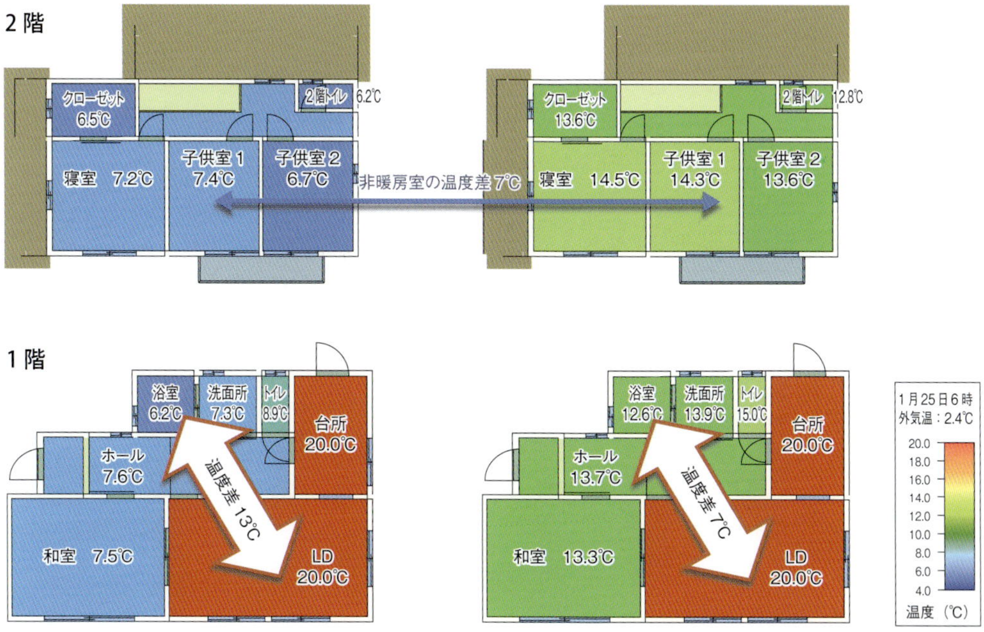

関連項目

A02→p.020

F02→p.140

F03→p.142

2階

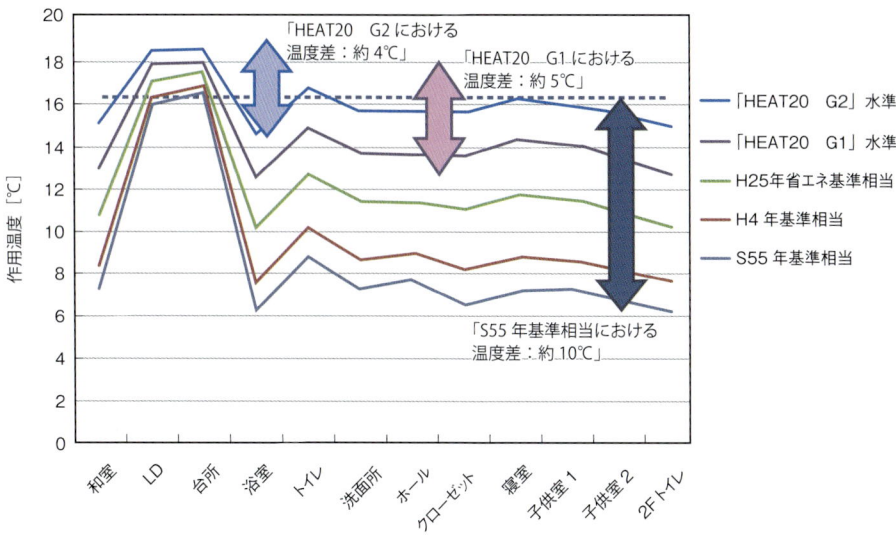

1階

昭和55年基準相当の住宅の温度分布

「HEAT20 G1」水準の温度分布

図2 冬の早朝の各部屋の温度の比較

027

A 全体 省エネの効果 断熱の目標

06 高断熱化することで，冬，何が変わるのか――住空間の「温熱環境の質」②

高断熱化により，暖まりやすく，暖房停止後も冷めにくくなる

高断熱化による暖房効果

　高断熱化することは，暖房開始後の立ち上がりを速くし，暖房停止後の温度低下は小さくする効果もあります。このことは夜間，就寝時（暖房停止時）や朝方の起床時の室温保持，また，暖房開始時の暖まりやすさにも大きく関係し（**下図**），温熱環境の質の向上のほか，暖房設備機器の容量を小さくし，イニシャルコストを下げることにも大きく貢献します。さらに，住宅全体の断熱性能を高めることに加え，日射取得が得られない夜間には窓に雨戸・シャッター，厚手のカーテンや断熱シェードを使用すると，より効果が上がります（A04参照）。

断熱の有無	暖房効果が出るまでの時間
a. 断熱された部屋	25分
b. 断熱されていない部屋	100分

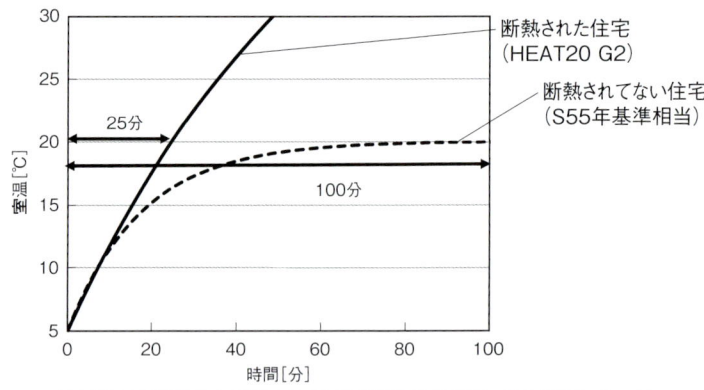

外気温と同じ温度（5℃）の室温が同じ熱量（80W/m²）の暖房によって，20℃に達するまでの所要時間の比較（室温は指数関数近似）

就寝時の室温低下

図1は、断熱水準と居間における夜間の室温低下の関係を示しています。昭和55年基準相当の住宅では暖房停止後、朝方までの室温低下は10℃以上となるのに対し、「HEAT20 G1」水準の住宅では7℃前後、「HEAT20 G2」水準の住宅では5℃以内にとどまることがわかります。

また、図1には平成25年省エネ基準相当の住宅の寝室に、夜間、雨戸+厚手のカーテンを使用した例を掲載していますが、このような開口部対策も、非常に有効であることがわかります。

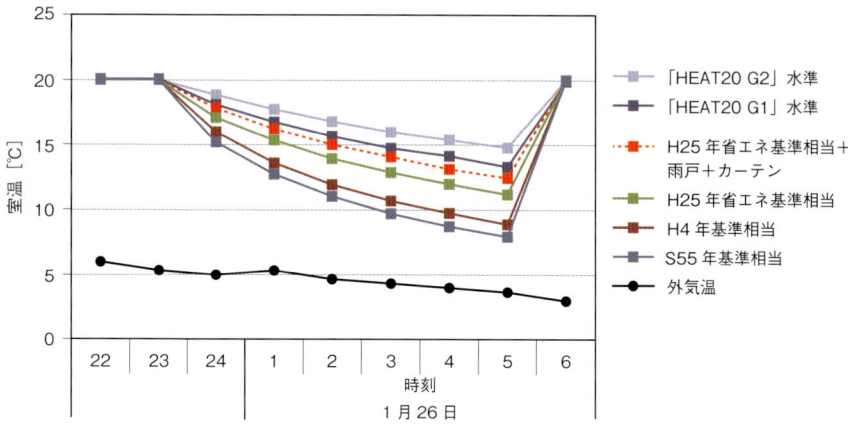

図1　断熱水準と夜間暖房停止後の室温低下（LD）

起床時の室温

図2は、就寝時に室温20℃の状態で暖房を停止した場合の起床時（朝6時）の室温を示しています。外気温3.0℃のとき、平成4年基準水準以下では10℃以下まで低下しますが、「HEAT20 G1」水準の住宅では14.5℃、「HEAT20 G2」水準の住宅では16.1℃に室温を維持できることがわかります。

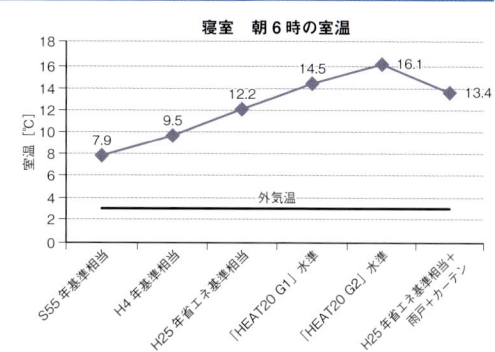

図2　断熱水準と朝6時の室温（寝室）

床面温度低下にも注目！

早朝、台所に立ったときに、床表面温度が低いと暖房しても室温以上に寒く感じます。暖房をつける直前の床面温度を、断熱水準別に比較したのが図3です。平成4年断熱水準以下では10℃程度なのに対して、「HEAT20 G1」水準、「HEAT20 G2」水準では、約15℃の表面温度が維持できます。このように、床の表面温度は、床の断熱性能に大きく影響を受けることがわかります。

断熱水準	床の断熱材仕様例
S55年基準相当	グラスウール 10K　25 mm
H4年基準相当	グラスウール 10K　50 mm
H25年省エネ基準相当	グラスウール 16K　100 mm
HEAT20　G1	グラスウール 24K　105 mm
HEAT20　G2	グラスウール 24K　145 mm

表1　床の断熱材仕様例

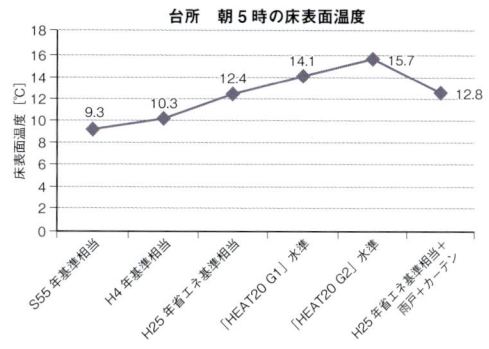

図3　断熱水準と朝5時の床表面温度（台所）

キーワード

断熱性能

室温

床表面温度

関連項目

A05 →p.026

A09 →p.034

C15 →p.098

D04 →p.108

F02 →p.140

A 全体 省エネの効果 断熱の目標

07 夏, 快適な住まいにするための基本は ― ①

夏の対策の基本は「日射遮蔽」と「断熱強化」

夏を省エネで快適にするためには, 日射遮蔽性能とともに断熱強化も向上させることが大切

　断熱性能を強化した住宅は, 高断熱化によって排熱が少なくなり, いわゆる「熱籠り現象」によって暑くなる, という懸念をよく耳にします。**下図**の青のラインは, 日射遮蔽性能は同じで, 断熱性能だけを向上させたときの冷房負荷を示していますが, その懸念どおり, 断熱性能が高いほど冷房負荷が大きくなります。

　下図の赤のラインは, 断熱性能とともに日射遮蔽性能も向上させた場合の冷房負荷を示していますが, 両者の性能を向上させるほど, 冷房負荷は大きく減少します。

　暖房期では断熱性能を強化することが, 省エネで暖かい住宅をつくるのに最も有効になります。冷房期ではそれに加えて日射遮蔽性能を向上させることで, 夏期も省エネで涼しい住宅とすることが可能になります。

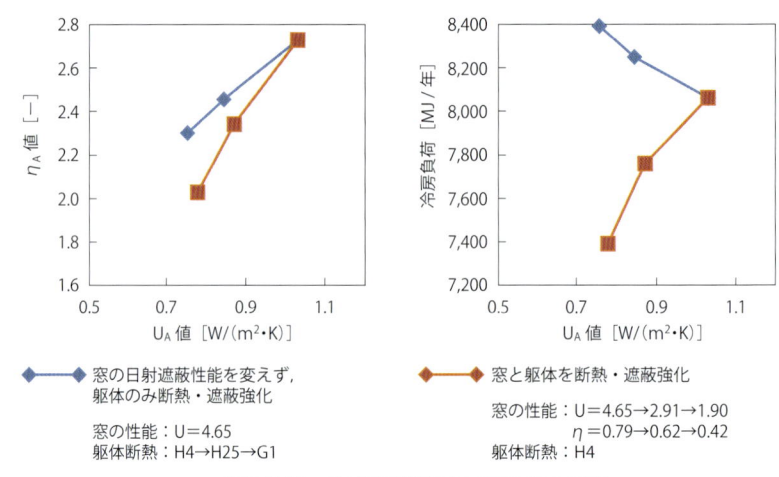

◆ 窓の日射遮蔽性能を変えず,
躯体のみ断熱・遮蔽強化

窓の性能：U＝4.65
躯体断熱：H4→H25→G1

◆ 窓と躯体を断熱・遮蔽強化

窓の性能：U＝4.65→2.91→1.90
　　　　　η＝0.79→0.62→0.42
躯体断熱：H4

断熱性能・日射遮蔽性能と冷房負荷の関係

断熱性能・日射遮蔽性能と通風の有無による冷房負荷

図1は，暖房期において断熱性能の違いによる暖房負荷を示していますが，当然のことながら，断熱性能が高いほど，暖房負荷が小さくなっています。

図2は，冷房期において断熱性能別に，「①通風，日射遮蔽措置ともになし ②断熱強化，通風あり，日射遮蔽措置なし ③断熱強化，通風，日射遮蔽措置ともにあり」の場合の冷房負荷（部分間歇冷房）を示しています。

「①通風も日射遮蔽もない場合」は，断熱性能が平成25年省エネ基準水準までは冷房負荷が減少しますが，それよりも断熱性能が高くなると，逆に冷房負荷が増加する傾向があります。

それに対して，通風効果を見込んだ②は，断熱性能が向上するとともに冷房負荷も減少する傾向があり，さらに，日射遮蔽措置を加えると，高断熱化を図っても冷房負荷が減少することがわかります。

キーワード
- 断熱性能
- 日射遮蔽
- エアコン

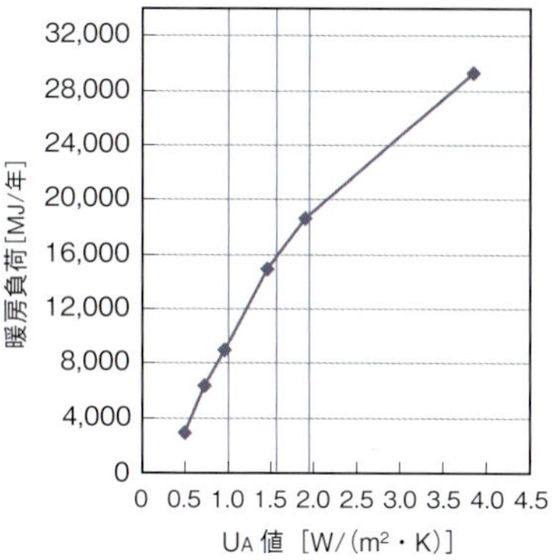

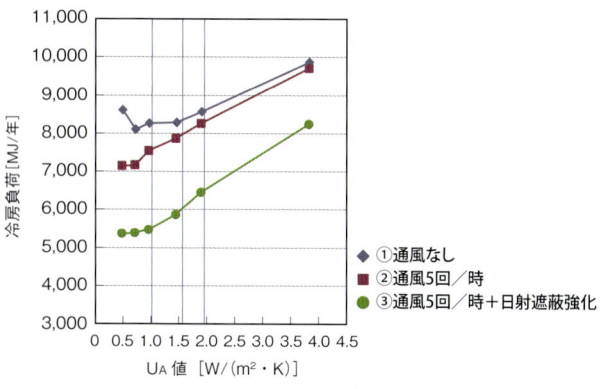

図1 断熱性能と暖房負荷（室温20℃）　　図2 断熱・通風・日射遮蔽と部分間歇冷房負荷（室温27℃）の関係

全館連続冷房の可能性は？

全館連続冷房は，冷房エリアが大きく冷房時間も終日となるため，部分間歇冷房よりエネルギーが大きく増加するのが一般的です。ここでは，全館連続冷房と部分間歇冷房の冷房負荷の比較から建築的対応の可能性を探ってみます。

家中を常に冷房することで温度差が少なくなり，冷房設定温度を高めにすることも可能となるため，一般的に部分間歇冷房で行われている27℃冷房のほかに，29℃冷房の条件でも検討しています。

図3に，東京における結果を示します。右下の全館連続29℃冷房で，日射遮蔽性能と断熱性能を強化した場合には，部分間歇27℃冷房のときの冷房負荷とほとんど変わらないレベルまで冷房負荷が減少することがわかります。断熱性能と日射遮蔽性能を向上させることは，小さなエネルギーで全館連続冷房することも可能になるわけです。

関連項目
- A04 →p.024
- A08 →p.032
- C01 →p.070
- C10 →p.088
- D04 →p.108
- E03 →p.132
- F06 →p.148
- F07 →p.150
- G01 →p.156

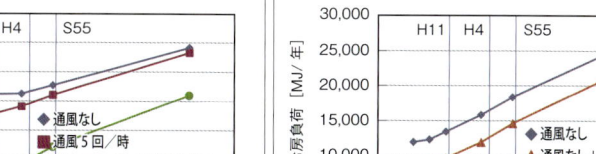

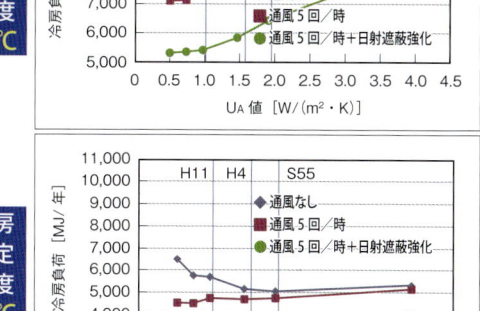
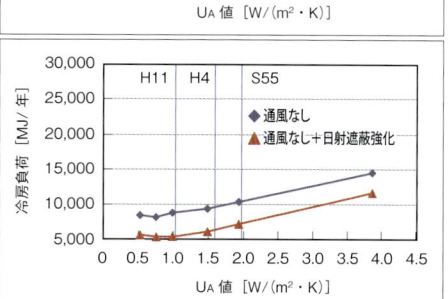

図3 断熱・通風・日射遮蔽性能と冷房運転方式別冷房負荷の関係

A 全体 省エネの効果 断熱の目標

08 夏, 快適な住まいにするための基本は——②

窓や壁の日射遮蔽と, 通風による排熱を考えた設計をすること

窓の日射遮蔽と通風の仕組み

　夏の室温を上昇させる熱はどこから来るのか？　まず一番大きいのは, 窓からの侵入する日射熱です。これに対しては, 窓に庇やブラインド, 植栽などを効果的に設置して, 日射熱が極力入れないようにします。次に大きいのは, 日射により高温となった屋根や壁外表面から侵入してくる熱です。これに対しては, それぞれの部位を高断熱化して侵入する熱を低減させます。また, 室内側では日射熱に加え, 人体発熱や家電などから発生する（内部発生熱）に対しても, 住空間全体に拡散することなく, なるべく発生した箇所から通風や換気装置により速やかに排出することが大切です。

　特に内部発生熱の処理については, ただ単純に開口部を設ければよい, 換気装置を設ければよいというわけではありません。日射遮蔽と通風・排熱に留意した開口部設計, そして通風を妨げない平面・空間計画とすることが重要です。

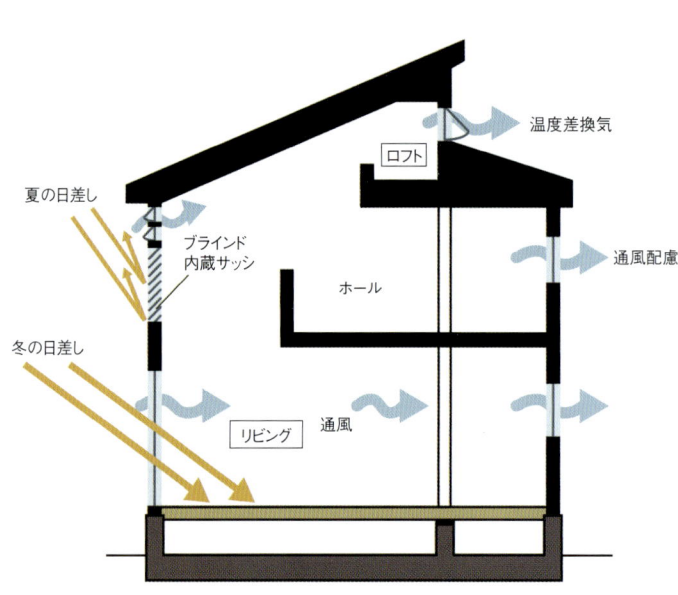

日射熱の遮熱・取得と排熱（通風）

窓の日射遮蔽

夏期は日射を遮蔽して，冬期は日射をたくさん採り入れられるように適切な庇を設置します。加えて，ブラインドなど，夏冬のモードを可変できる遮蔽装置を併用することが望まれます。室内側ブラインドやレースのカーテンは，日射熱がブラインドなどに吸熱・再放熱されるので，大きな遮熱の効果はなく，過度に期待するのは禁物です（C07参照）。ブラインドの設置などの付属部材の遮熱効果は一般に，「窓の外側の設置＞複層ガラスの間の設置＞室内側の設置」の順になります。

街中で住宅を見ていると，特に吹抜け上部に設置された天窓に対して，日射遮蔽が配慮されていない住宅が多いので注意してください（C11参照）。

断熱強化と日射熱の遮蔽

図1は，低い断熱水準の屋根と高い水準の屋根の，外からの侵入熱量の比較をしています。屋根表面温度は夏の日中では70℃以上に上昇するので，屋根や天井の断熱性能を高めることで，熱貫流量を40%に低減することが可能となります。これらは日射のあたる外壁についても同じであり，屋根や天井，外壁からの熱貫流量の影響は無視できないものといえます。

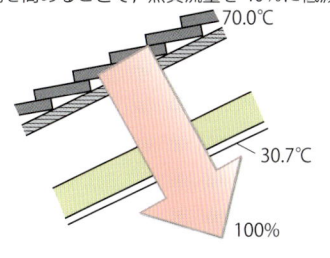
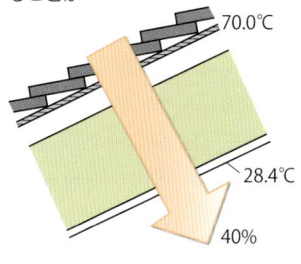

定常計算
野地表面温度 70℃,
室温エアコンにて 27℃想定
断熱材：グラスウール 10K
(a) 30mm, (b) 100mm
熱伝導率λ=0.05（W／(m・K)）
室内側熱伝達率：9.1（W／(m²・K)）

（a）低い断熱水準の屋根（GW 10K−30 mm 相当）　　（b）高い断熱水準の屋根（GW 10K−100 mm 相当）
図1 屋根の断熱性能と熱の侵入量

通風への配慮（B09参照）

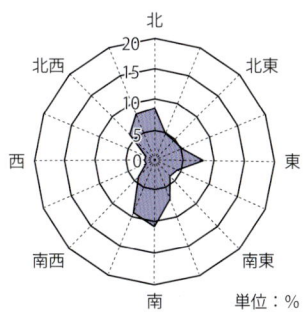

ただ窓を設置しても，良好な通風量を得ることはできません。建物の配置を考え，通風に配慮した間取り，窓配置とすることが大切です。

図2はさいたま市の風配図です。また，**図3**は外気温度28℃で分けた風配図を示していますが，南の風はほとんど28℃より高く，南の窓を開けることはむしろ熱風を呼び込む原因にもなります。

通風を効果的なものにするためには，北の風を取り込む配慮をするか，南側に**図4**のような気温を下げるような配慮を行って，外気を導入することが大切です。

図2 さいたま市の夏期の風配図（標準年気象データ）

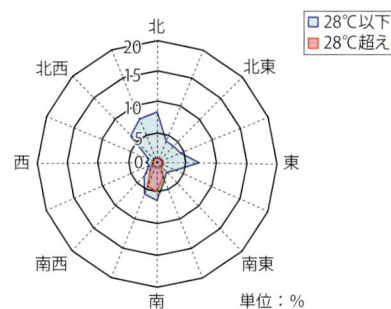
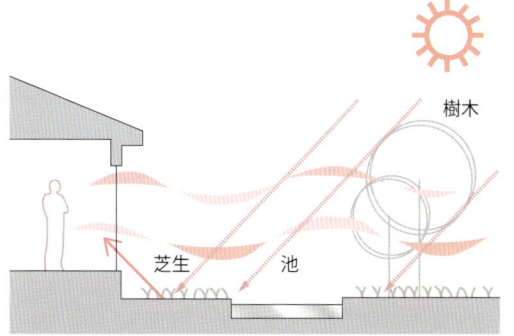

図3 図2の気温別風配図　　**図4** 取り入れる風の温度を上げない外構計画の例

A

全体
省エネの効果
断熱の目標

09

コストパフォーマンスのよい住まいをつくるには

暖冷房費の削減効果だけでなく，居住空間の快適性を含めて判断する

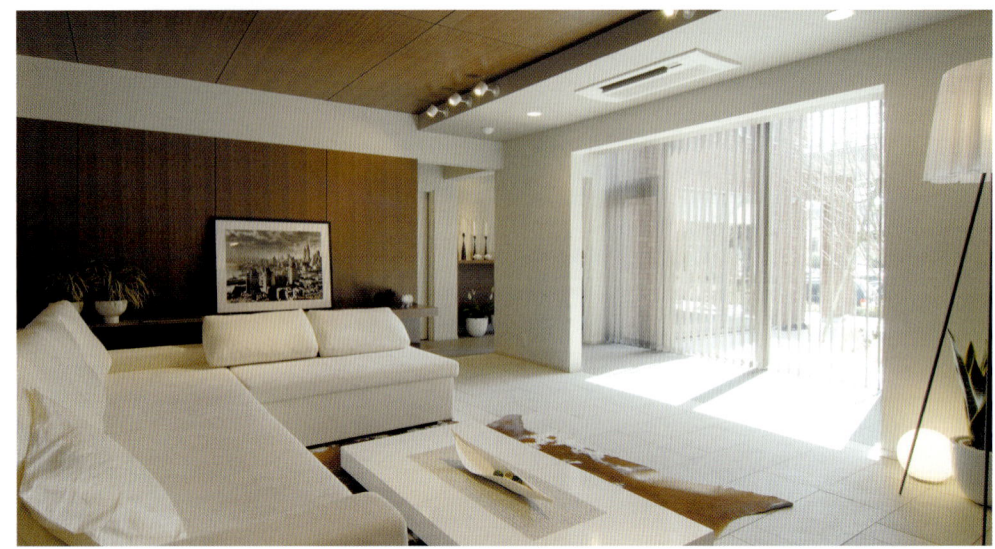

建築的対応により暖冷房のためのランニングコストは下がりますが，イニシャルコストは増加します。**下表**にはそれらの違いと，増加した断熱のイニシャルコストがどれくらいの年数で回収できるかを示しています。本書が推奨する「HEAT20 G1（U_A=0.56）」の水準まで性能向上すると，その費用を回収するには20年前後の時間を要します。それを長いと考えるか短いと考えるかは人それぞれかもしれませんが，忘れてならないのは，お金には換えがたい快適で質の高い居住空間での生活（NEB）を得られることです。大切な住まいづくりにおいて，悩む余地はあるでしょうか。

コストパフォーマンスを考えるときの視点

■エネルギーコストの上昇

■借入資金の場合の金利負担

■暖冷房設備のイニシャルコスト（外皮性能が高くなると，設備の小容量化が可能）

■暖冷房設定温度は，冬は低め，夏は高めでも，体感温度は，冬は上がり，夏は下がる

■外皮性能が高くなると，温度むらが少なくなる

■外皮性能が高くなると，自由な空間設計が可能になる

回収年数［年］ 25.0 20.0 15.0 10.0 5.0 0.0	S55年基準相当住宅との1年間の暖冷房費差額［千円/年］	S55年基準相当住宅との工事費差額［千円/年］	断熱水準	暖冷房費（年間）［千円］	年間暖冷房費［千円］ 0 50 100 150 200
	0	0	S55年基準相当	151	
	36	70	H4年基準相当	115	
	53	462	H11年基準相当	98	
	74	1,100	「HEAT20 G1」水準	77	
	82	1,551	「HEAT20 G2」水準	70	
	89	1,922	U_A=0.34相当	62	

暖冷房費減額による断熱工事費増額分回収年数（S55年基準相当を基準とする）

この試算に含まれていない項目は以下のとおり。

・エネルギーコストの上昇

・借入資金の場合の金利負担

・暖冷房設備機器のイニシャルコスト

トータルコストで考えることが大切

断熱工事費と暖冷房費、および体感温度が 20℃となる暖房設定温度のときの暖房費増加分を加算した、30 年間のトータルコストを図1に示します。

図1左はエネルギーコストが新築時と変わらず一定であった場合、図1右はエネルギーコストが年に 1%ずつ上昇した場合を想定しています。

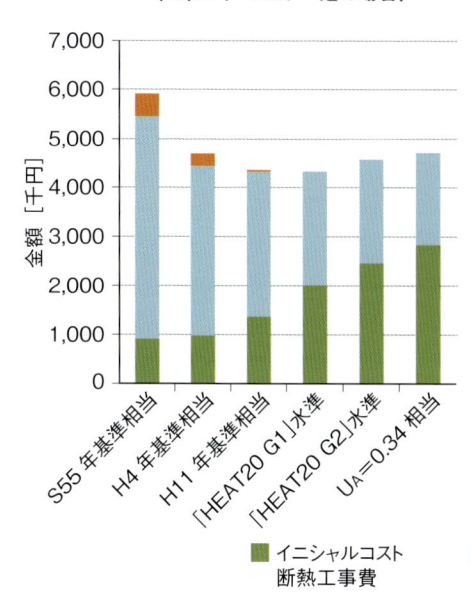

いずれの場合も、「HEAT20 G1」の断熱水準が最も少なくなっています。

キーワード
- コストパフォーマンス
- エネルギーコスト
- イニシャルコスト
- ランニングコスト
- NEB
- 体感温度

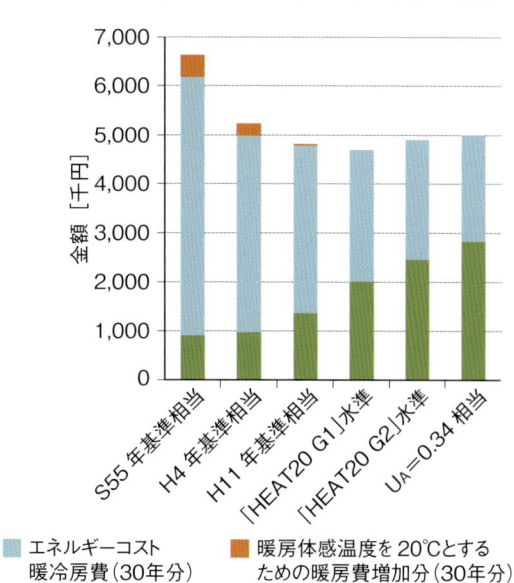

図1 30 年間のトータルコスト

関連項目
- D03→p.106
- D04→p.108
- F02→p.140

暖房時の体感温度の違いと同じ体感温度とするために必要な暖房負荷

暖房温度が 20℃であっても、体感温度（作用温度）は、図2の◆で示すとおり、断熱水準が低いと暖房期間の暖房時間帯の平均で約 1.0℃低くなっています。体感温度を 20℃とするためには、暖房設定温度を 21℃以上に設定しなければなりません。

断熱水準が高い場合は、体感温度が 20℃に近いため、暖房温度を上げる必要はほとんどありません。そのため、体感温度を同じ 20℃にするために必要となる暖房負荷は、年間で図3のとおり、大きな差が生じています。

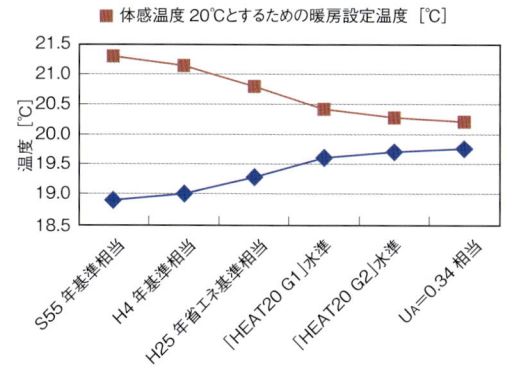

図2 20℃での体感温度と暖房設定温度

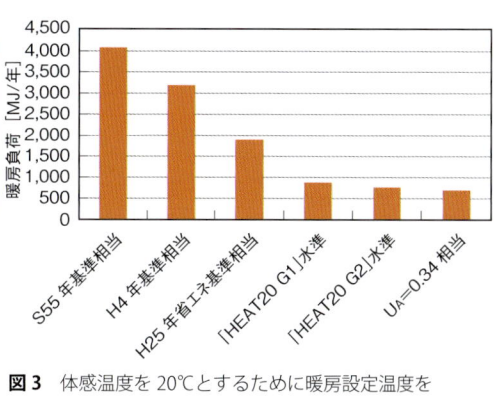

図3 体感温度を 20℃とするために暖房設定温度を上昇させたときの暖房負荷の増加量 [MJ/年]

A 全体 省エネの効果 断熱の目標

10 地球温暖化への貢献は

「HEAT20 G1・G2」水準にすることで暖冷房に要するCO_2を30%以上削減できる

外皮性能の向上によるCO_2排出量の削減効果

地球温暖化や近年の異常気象は，温度効果ガスの3/4程度を占める二酸化炭素濃度の上昇が大きく関係しているといわれています。低炭素化を図ることが，限りある資源を未来へとつなげ，持続可能な社会に貢献します。これまで述べてきた水準まで外皮性能を高めることで，どの程度のCO_2排出量を削減できるのでしょうか。

下表は，東京に建つ戸建住宅（120m²）を対象に「HEAT20 G1」，「HEAT20 G2」水準とした場合のCO_2削減率を示したものです。

無断熱の住宅と比べると，平成25年省エネ基準レベルの住宅は54％削減，平成25年省エネ基準相当の住宅から「HEAT20 G1」水準の住宅にすることで29％削減，「HEAT20 G2」水準の住宅とすることで34％の削減効果が見込まれます。地球環境のため，私たちの暮らしのため，住まいの省エネ化は真剣に取り組まなくてはなりません。

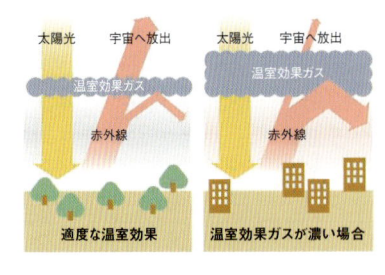

化石燃料の消費の増大
↓
CO_2排出量の増加
↓
温室効果ガス濃度の上昇
↓
地球温暖化

温室効果ガスによる地球温暖化のメカニズム

U_A値	断熱水準	CO_2削減率 [%] 無断熱住宅からの削減率	H25年省エネ基準相当住宅からの削減率
3.86	無断熱	0%	
1.67	S55年基準相当	30%	
1.54	H4年基準相当	40%	
0.87	H25年省エネ基準相当	54%	0%
0.56	「HEAT20 G1」水準	60%	29%
0.46	「HEAT20 G2」水準	63%	34%

計算条件
住宅モデル：木造戸建住宅
　　　　　　120.08 m²（Appendix1参照）
断熱部位：床―壁―天井
建設地：東京

暖房条件・内部発熱条件：
「住宅事業建築主の判断基準」の策定に用いられた条件と同じで，暖冷房運転は部分間歇運転とした

断熱水準とCO_2消減率

日本全体の戸建住宅における暖冷房にかかる CO₂ 排出量の試算

図1は，今後建設される新築住宅が，ある一定の割合で断熱水準の高い住宅に替わっていくと仮定した場合の日本全体の戸建住宅で，暖冷房にかかる CO₂ 排出量の試算結果です。新築住宅の断熱性能を高めることによる CO₂ 削減効果は急速にあらわれませんが，50 年後には 6 割程度まで減少する可能性があります。

また，自然エネルギーの利用も想定していないので，それらも含め総合的に取り組んだ場合は，さらなる削減も期待できます。建築的対応と設備的対応を進めていけば，2050 年には，50%削減を図ることも十分可能です。

キーワード
地球温暖化対策
温室効果ガス
断熱水準
CO₂ 排出量

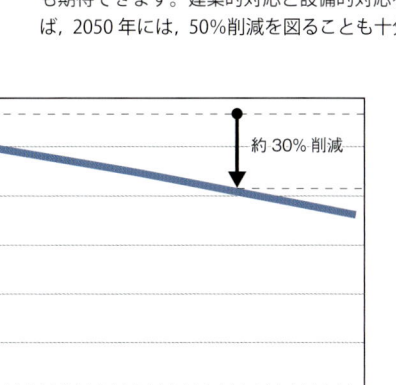

図1 ストック住宅（戸建住宅のみ）における暖冷房にかかる CO₂ 排出量試算

関連項目
A01 →p.018
A09 →p.034
D04 →p.108

推定のための設定条件

CO₂ 排出量は，**図2** に示す日本全体の戸建住宅の断熱水準別比率を基に算出しました。各年の断熱水準比率算出のための設定条件は，以下のとおりです。

- 既築住宅は，新築戸数分が断熱水準ごと均等に減失すると仮定し，ストック住宅の数は一定とした。
- 2009 年から 2019 年までは，新築住宅における平成 25 年省エネ基準相当の住宅の着工比率が 2009 年時点の比率とした。
- 2020 年から 2029 年までは，新築住宅はすべて平成 25 年省エネ基準相当とした。
- 2030 年から 2039 年までの新築住宅は，「HEAT20 G1」水準が 100%，2040 年から 2049 年までは「HEAT20 G2」水準が 100%，2050 年以降は U_A=0.34 相当の水準が 100% とした。

凡例: U_A=0.34 相当 ／ H25 年省エネ基準相当 ／ 無断熱 ／ 「HEAT20 G2」水準 ／ H4 年基準相当 ／ 「HEAT20 G1」水準 ／ S55 年基準相当

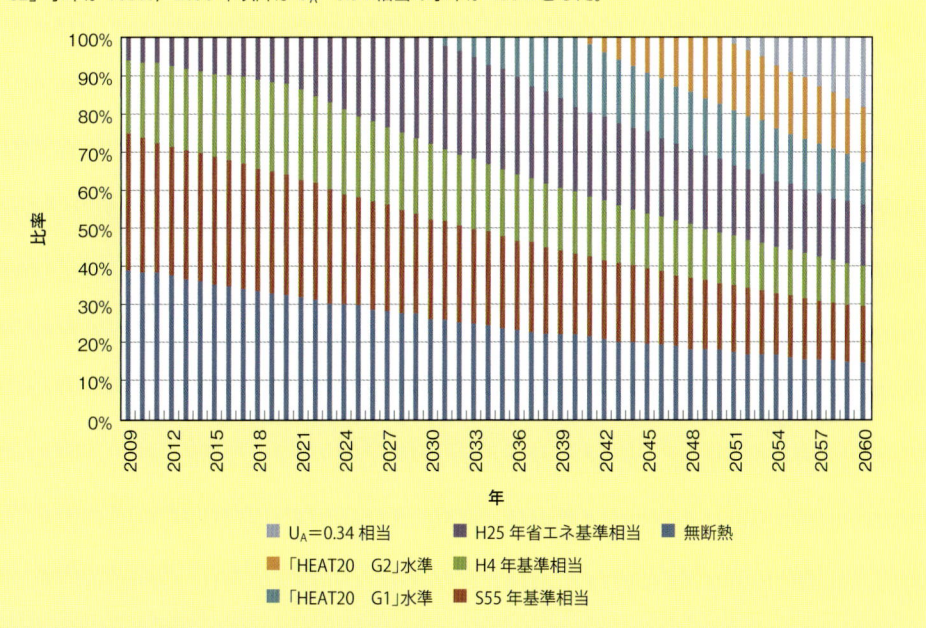

図2 日本全体の戸建住宅の断熱水準比率の推移

column 1

「豊かさという広さ」がもたらしたもの

鈴木大隆

　日本が高度経済成長へと走り始めた1970年，それから40年間で，日本の住宅の床面積は約30〜40％以上拡大したといわれています。当時100 m^2 に満たなかった戸建住宅の規模は，最近は減少傾向にはあるというものの，全国平均は130 m^2 前後となっています。
　私たちの暮らしは，以前とはくらべものにならないほど，豊かになりました。

　ところで，この40年間で，もっとも広くなったスペースはどこでしょう。

　最も広がったのは台所。その増加率は約6倍といわれています。確かに最近の台所は，大型冷蔵庫，収納庫，豪華なシステムキッチンなどが，ところ狭しと並んでいます。しかし，考えてみると，ほとんどは保存食品のストックのため……。スペースは大きくなり，家庭料理の味はどうなったのかは微妙です。

　次に広くなった場所は子供室。求められたのはプライバシー。親が望む理想の子供像と現実はどうか……，なかなか微妙です。
　三番目に広くなったのはリビング。その空間には，まさに「豊かさ」の象徴ともいえる大型テレビやソファがところ狭しと並んでいます。しかし，家族のだんらんの時間ははたして増えているのか……，これもまた微妙です。

　他方，新築住宅数の半分は集合住宅というのも，日本の住まいの現実です。
　考えてみると集合住宅は平屋の集合体。戸建の120 m^2 と集合住宅の70 m^2，戸建の140 m^2 と集合住宅の100 m^2 では，果してどちらが使い勝手は優れているでしょうか。
　そして高齢者ほど，街中に建つ集合住宅を望む昨今の傾向は，床面積が豊かさのGOALではないことをあらわしているといえないでしょうか。

「豊かさ」に憧れ，私たちの住まいは広くなり，世帯は分離し，生活を支えるエネルギーは増え続けています。今後，日本はこれまで経験したことのない少子高齢社会を迎えることになりますが，それをきっかけに，すまいのあり方そのものをもう一度，見直し，本当の豊かさをもたらす住まいの像を見つけ出すことが大切になってきます。そして，それを支えるデザイン手法と技術を構築していくことが，住まいづくりにかかわる私たちに求められています。

撮影／筆者

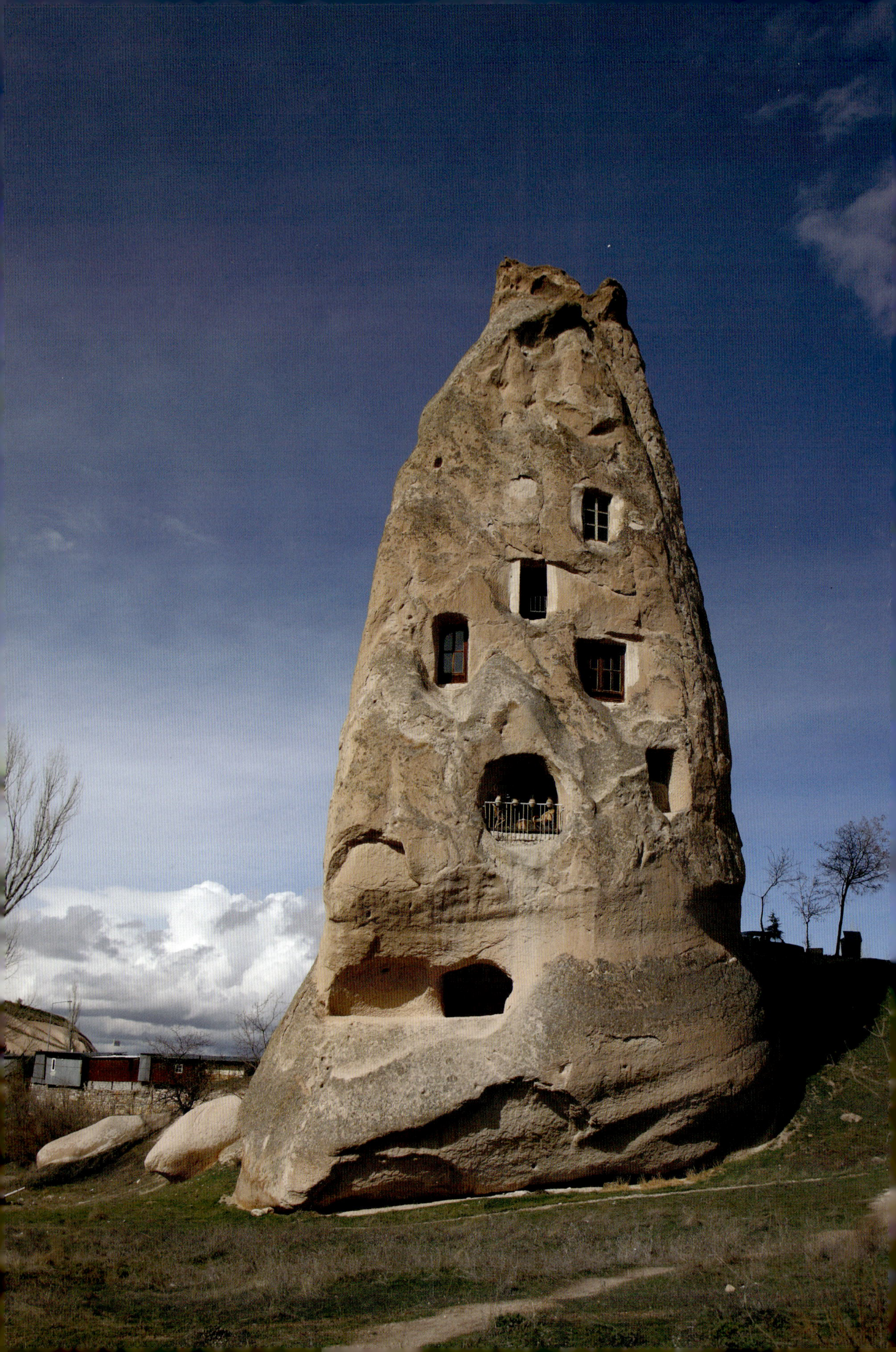

INDEX

01 住宅形態と省エネ性能とのかかわりは

02 吹抜け空間を暖かな空間にするには──建築

03 吹抜け空間を暖かな空間にするには──暖房設備

04 リビングは1階と2階で，暖冷房エネルギーにどのような違いが生じるか

05 サンルーム・縁側の効果を活かすには

06 土壁などの蓄熱容量の大きな住宅は省エネか

07 地下室をどうつくるか

08 遮音のために，間仕切壁や階間の天井などに断熱した場合の注意点は

09 通風を行うための基本計画は

10 屋上緑化の効果は

11 緑のカーテンの効果は

12 太陽光発電の年間発電量は

B

住宅計画とのかかわり

01〜12

住宅は，敷地条件や住まい手の嗜好・さまざまなニーズの中で計画されます。

本書で推奨する住まいの計画では，これまでの常識を改めて考え直さなければならない部分や各種手法・技術の特性を活かすための工夫も求められます。

ここでは，住宅計画とのかかわりのなかで考えるべきポイントについて解説します。

B 住宅計画とのかかわり

01 住宅形態と省エネ性能とのかかわりは

形態・方位・窓面積により省エネ性能は異なる

同じ床面積でも，形態・方位・窓面積で暖冷房エネルギーは大きく変わる

　住宅の形態は，敷地形状や間取り，そして住まい手の嗜好などによって大きく変わります。住宅を単純な形態にすることは，建設コスト，利用できる外部空間面積，運用後のクレームなどさまざまな観点からのメリットもありますが，設計技術が伴わない場合は住空間への制約が生じる，住宅地の街並みが画一化するなど負の側面もあり，必ず優位性があるとはいえません。ただ，住宅形態に深くかかわりがあり，住宅計画の際には省エネルギーの観点から住宅形態を考えることが大切です。

　下図上は，床面積が同じ場合の外表面積の違いを模式的に表したものです。

　総2階建を想定したモデル（**左図**）より，複雑な形状の住宅（**右図**）の方が，外表面積は約40%も大きくなってしまいます。

　また，床面積・外表面積が同じでも，窓面積が異なれば（**下図下**），適切な対策を講じないと暖冷房エネルギーが増大するほか，住空間の温熱環境の質も大きく低下してしまいます。心地よさとエネルギーのデザイン……，それも住宅計画で考えるべき大切なポイントです。

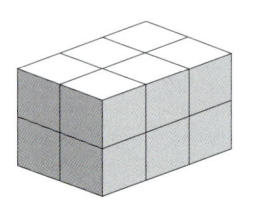

床面積：12
外表面積：32

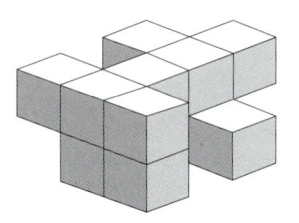

床面積：12
外表面積：44

延床面積：立方体の数で表される
外表面積：表に現われている立方体の面の数で表される

形態と外表面積の違い

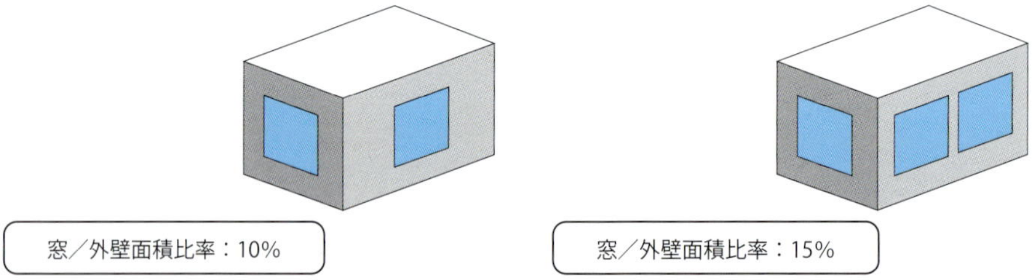

窓／外壁面積比率：10%

窓／外壁面積比率：15%

窓面積の違い

住宅形態や方位による冷暖房エネルギー消費量の違い

表1は，シンプルな形状の住宅（図2）と複雑な形状の住宅（図3）の一次エネルギー消費量を示しています。

床面積はいずれも約120 m²，外皮性能（U_A）はどちらも平成25年省エネ基準の外皮性能基準を満たす水準となっていますが，主採光面が南向き，南東向きの場合で15%程度のエネルギーの増加があることがわかります。

建物の方位（窓が最も多い面の方位）	建物形状	外皮性能 U_A	熱損失量（建物全体）q	日射熱取得量（建物全体）夏期 m_C	日射熱取得量（建物全体）冬期 m_H	暖冷房一次エネルギー消費量 [MJ]	南向き・シンプルプランを100としたときの比率	南東向き・シンプルプランを100としたときの比率
南向き	シンプル	0.85	260.5	7.58	14.47	18,040	100	—
南向き	複雑	0.85	295.8	8.33	13.70	20,695	115	—
南東向き	シンプル	0.85	260.5	8.71	13.28	18,875	105	100
南東向き	複雑	0.85	295.8	8.69	12.26	21,299	118	113

表1 建物形状別，方位別外皮性能，暖冷房一次エネルギー消費量

外皮性能（U_A）が同じでも，建物形状が複雑になると，床面積に対する外気に接する表面積が大きくなるため，熱損失が増加します。また，日射熱取得量は，夏は複雑形状の住宅の方が多くなり，冬は日射熱取得量が少なくなります。

その結果，表1に示すような暖房，冷房エネルギーの差が生じるわけです。

表2は，南向きの複雑形状プランの暖冷房一次エネルギー消費量を，シンプルプランと同等にするために，断熱または窓の性能を強化して試算した結果を示したものです。複雑な形状の住宅をシンプルな住宅と同等程度のエネルギーにするには，例えば，天井と外壁を1，2地域基準相当まで向上させるような断熱強化を図るか，窓の断熱性能を熱貫流率4.65（アルミ＋複層ガラス（A6））から3.49（アルミ樹脂複合サッシ＋複層ガラス（A12））にするなどの窓の断熱強化が必要になります。建物形状は，イニシャル・ランニングコストの面では無視できない影響をもたらすわけです。

建物の方位（窓が最も多い面の方位）	建物形状	外皮性能 U_A	熱損失量（建物全体）q	日射熱取得量（建物全体）夏期 m_C	日射熱取得量（建物全体）冬期 m_H	暖冷房一次エネルギー消費量 [MJ/年]	南向き・シンプルプランを100としたときの比率
南向き	シンプル	0.85	260.5	7.58	14.47	18,040	100
南向き	複雑：断熱強化	0.75	259.7	7.69	12.96	18,490	102
南向き	複雑：窓強化	0.75	259.3	8.33	13.7	18,520	103

表2 シンプル形状の住宅と断熱強化・窓強化した複雑形状の暖冷房一次エネルギー消費量（南向きプラン）

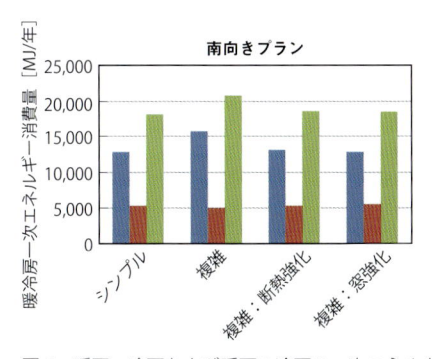

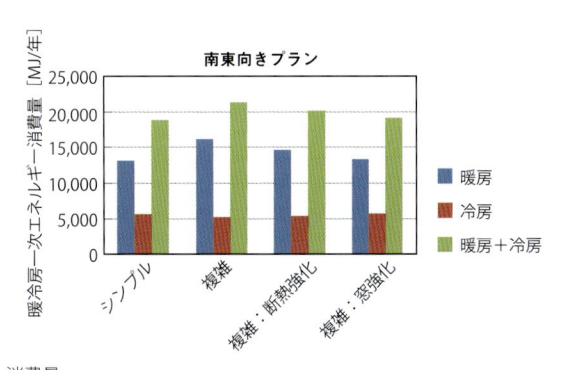

図1 暖房，冷房および暖房＋冷房の一次エネルギー消費量

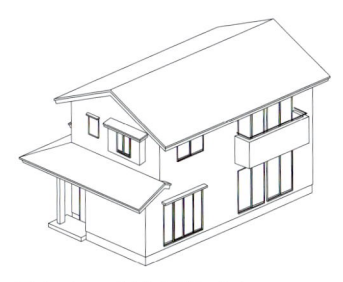

図2 シンプルな形状の住宅

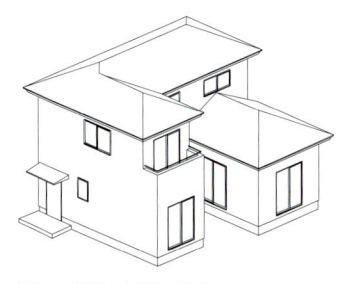

図3 複雑な形状の住宅

キーワード
建物形状
窓面積比率
一次エネルギー消費量
方位

関連項目
C03 →p.074
C05 →p.078
C15 →p.098

B 住宅計画とのかかわり

02 吹抜け空間を暖かな空間にするには──建築

空気の流れをイメージして設計する

吹抜け空間のダウンドラフト防止

　吹抜けは，空間を開放する，居室の明るさを確保する，夏には排熱のための空間として利用できるなど，魅力的な設計手法です。しかし，適切な対策を講じないと，冬の暖房時には，暖かい空気が上昇して居住空間を暖めないばかりか，冷やされた空気が空間を循環して，居住ゾーンの足元付近の温度を低下させます（**下図**）。特に最近はリビング階段（リビングに廊下などを介せず階段を直結させるプラン）が増えており，空気が家全体で循環しやすくなっています。

　これらを防止し暖かな吹抜け空間をつくるためには，空気の流れをイメージしながら，以下のことに配慮する必要があります。

① 断熱水準を「HEAT20　G1」同等以上とし，全館暖房を基本とする。

② リビング階段の場合は，ストリップ階段とするなど，明確な縦ダクト空間にならないようにする。

③ 階段室を設ける場合は，居室と階段室の間にドラフトを遮るもの（ドアやカーテンなど）を設置する。

④ 吹抜け空間と居室ゾーンの間に，冬期は開閉可能なスクリーン（閉鎖時に隙間が生じないもの）を設ける。

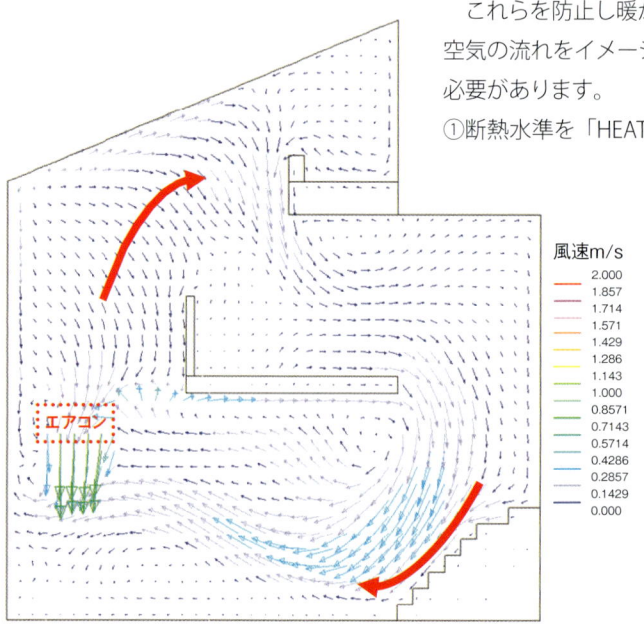

吹抜け空間とリビング階段のエアコン暖房時の気流（CFD計算結果）

風速m/s
- 2.000
- 1.857
- 1.714
- 1.571
- 1.429
- 1.286
- 1.143
- 1.000
- 0.8571
- 0.7143
- 0.5714
- 0.4286
- 0.2857
- 0.1429
- 0.000

エアコン暖房の際の問題点

暖まった空気は上部に移動します。燃焼型暖房機と比較して，暖房能力が劣ると思われるエアコンの吹出し温度は50℃にもなるときがあります。このような高温の空気の比重は軽いので，足元に行き渡らないうちに上方に移動する（**図1**）ため，居住空間を十分に暖めることができないおそれがあります。

その空気は窓ガラスや外壁や天井などで冷されて，例えば階段室などから下降し，気流速度の速い空気がリビングの居住ゾーンに流れてくると寒さを感じてしまう。これが，暖房時に起こり得る吹抜け空間の典型的な問題です。

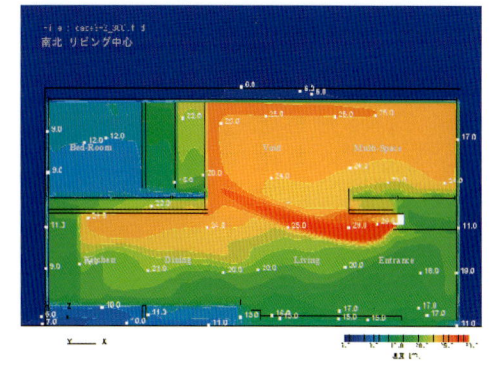

キーワード
- 暖房
- 吹抜け
- ドラフト
- リビング
- 高断熱化

図1 リビング吹抜けのエアコン暖房の温度分布（CFD計算結果）

リビング吹抜けを設ける際のダウンドラフトの防止方法

最低でも「HEAT20　G1」以上の断熱水準とします。高断熱化することによって，少量の暖房で家全体が暖まれば，ドラフトの原因である高温，大風量の暖房が必要なくなるので，ドラフト量が減ります。

また，下降気流の温度も高くなるので寒さは感じなくなります。

そして，リビング階段としない計画とするか，階段室型にする。階段室型でない場合は手摺壁タイプとしない（スリットタイプ手摺などを用いる）ことなどが重要です。また階段室にする場合でも，居室と階段室の間にドアやカーテンなどを設置し，ダウンドラフトを防止する方法もあります（**図2左**）。

さらに，吹抜け天井に開閉可能なスクリーンなどを設けて，暖房時は暖房した空気が上部に行かないようにするなどの方法もあります（**図2右**）。

関連項目

B03 →p.046
C04 →p.076
D04 →p.110
F03 →p.140
F04 →p.142

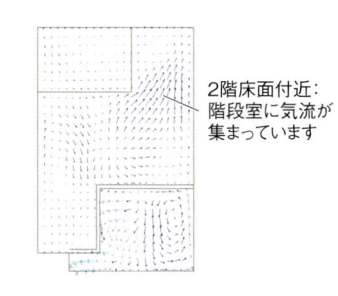

2階床面付近：階段室に気流が集まっています

1階床面付近：階段室からリビングに流れ込む様子

風速m/s
1.350
1.254
1.157
1.061
0.9643
0.8679
0.7714
0.6750
0.5788
0.4921
0.3957
0.2993
0.1929
0.0643E-01
0.000

エアコン
階段下のドラフトがほとんどなくなっています
階段室に仕切りあり

エアコン
階段下のドラフトがかなり低減されています
吹抜け天井に仕切りあり

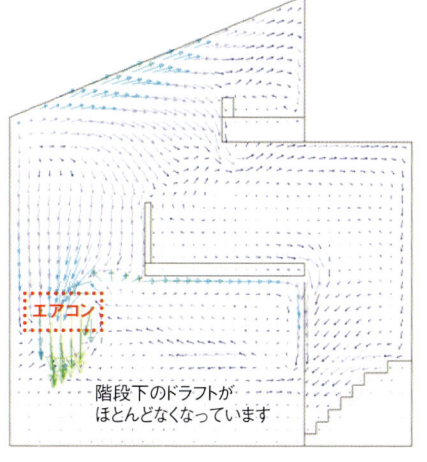

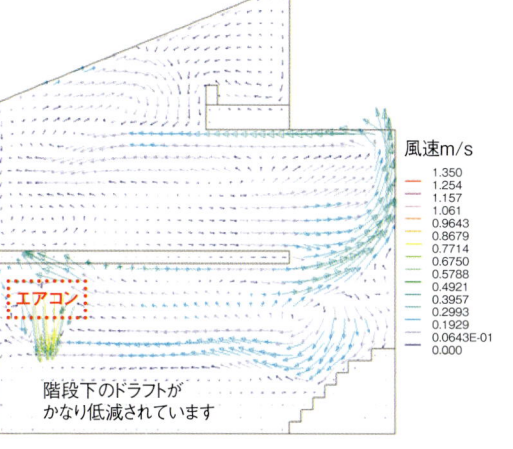

図2 吹抜け空間とリビング階段のエアコン暖房時の気流（CFD計算結果）

B 住宅計画とのかかわり

03 吹抜け空間を暖かな空間にするには──暖房設備

適切な暖房方式を考える

床暖房の併用や吹抜け上部に暖房設備を設置する

B02では建築的対応を述べましたが，ここでは設備的対応を解説します。ダウンドラフトの問題は，ファンにより吹き出した空気が循環する空気循環式暖房（エアコン）を用いている限り，完全に解消することはできません。

この問題を解決するには，床暖房もしくは床下暖房などで床面の温度が維持できる暖房方式を採用し，吹抜け上部にエアコンなどを設置するなどの方法が最善といえます。

これらの暖房容量の設定は，吹抜け部分にも床面があると考えて検討するのは当然ですが，吹抜けと連続する2階ホールや廊下なども床面積に含めることを忘れてはいけません。

また，吹抜けのない通常のリビングに比べて，外壁や暖房していない部屋との間仕切壁などとの接触面積が多くなり，隣室への熱ロスも多少生じるため，それらも考慮してエアコンの能力を決定することが望まれます。

また，急速に空間を暖めるなどの要求に対応するには，エアコン1台で暖房するのではなく，2階吹抜け上部にもエアコンを設置するなど，熱源を分散することも一つの方法です。

吹抜け上部にもエアコンを設置，全体を暖めることによって，ドラフトが低減されます

風速 m/s
2.000
1.857
1.714
1.571
1.439
1.336
1.143
1.000
0.871
0.7143
0.5714
0.4314
0.3851
0.1439
0.000

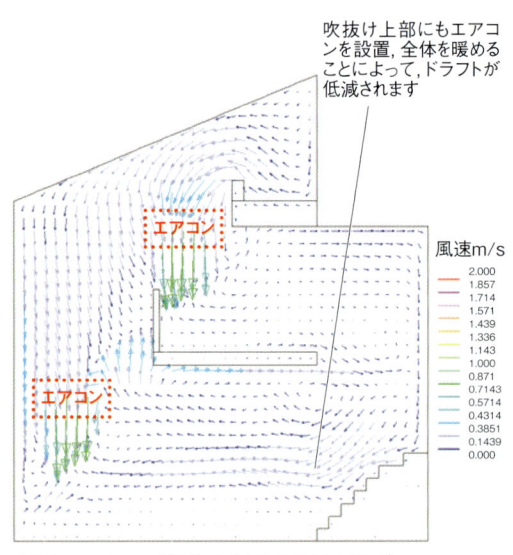

上下でエアコン暖房した場合の気流の動き

床暖房とエアコン暖房を併用した場合の実測値

図1はリビング吹抜けの縦方向の温度実測値です。どちらの住宅も高さ2〜3mの部分で温度が高くなっていますが、これはエアコン暖房の温風が吹抜けでない天井面に沿って、吹抜け部分に流れてきているためです。床面から高さ2m程度の空間の温度は20℃以上になりますが、足元は寒いままです。これは、空間の大きさに対してエアコンの能力が足りないことと、循環して冷された空気が足元に降りてきているのが原因です。この不快さを防止するためには、床暖房もしくは表面温度が維持できる暖房方式を採用することが望まれます。

図2は、床暖房とエアコンのような空気暖房を併用した場合の吹抜け縦方向の温度実測値を示したものです。暖房運転開始から90分後には床面付近も含めた居住空間での温度がほぼ20℃で一定、床表面温度が26℃程度になり、快適になることがわかります。

ただ、吹抜け空間は空間の気積が大きくなるため、エアコンなどの空気暖房でもなかなか暖まりません。また、床暖房も図2のように60分以上経ってようやく足元が適温になります。したがって、間歇暖房の場合は寒くなってから運転するのではなく、その数時間前から暖房を開始することが大切です。

キーワード
- 暖房
- 暖房設備
- リビング吹抜
- ドラフト
- 床暖房

関連項目
- B02 →p.044
- F02 →p.138
- F03 →p.140
- F04 →p.142

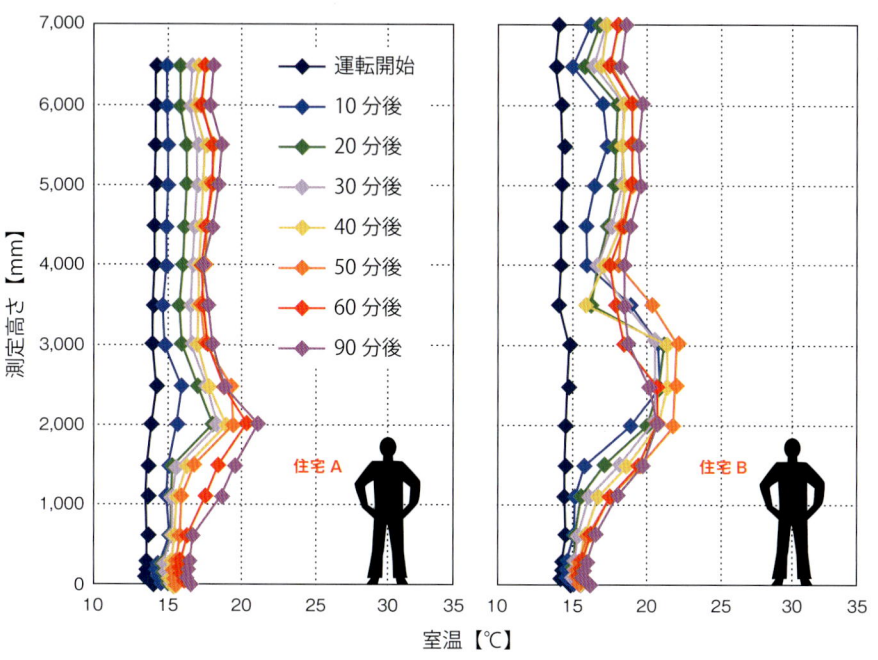

図1 リビング吹抜け高さ方向の温度分布（実測値）

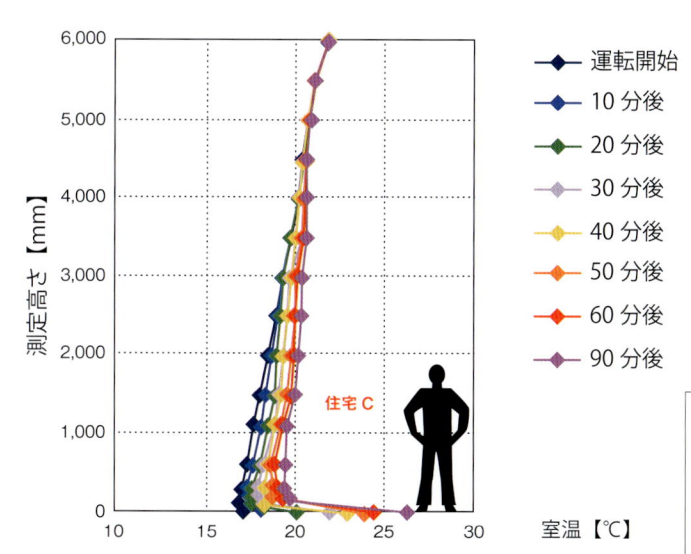

図2 床暖房と空気暖房を併用した場合の高さ方向の温度分布（実測値）

住宅A〜Cはいずれも平成11年省エネ基準以上の断熱性能
[建設地]
住宅A：埼玉県さいたま市
住宅B：埼玉県越谷市
住宅C：千葉県柏市

B 住宅計画とのかかわり

04 リビングは1階と2階で、暖冷房エネルギーにどのような違いが生じるか

1階リビングは冷房エネルギーが少なく、2階リビングは暖房エネルギーが少ない

設置する階数でエネルギー特性が異なる

　同じ断熱水準であれば、1階と2階の熱損失および日射取得には違いがあります。また、同じ断熱性能の場合、1階の方が2階より、床や天井から損失する熱量が少なくなります。

　また、日射取得については夏期、冬期ともに、2階リビングは壁と窓の他、天井（屋根）から日射侵入するのに対して、1階リビングは壁と窓からの日射侵入分のみになるため、2階リビングの方が日射取得が多くなります。

　これらのことから、暖冷房エネルギー消費量は、夏期は日射取得の少ない1階リビングの冷房エネルギーが、冬期は日射取得の多い2階リビングの暖房エネルギーが少なくなります。そして、冬期、夏期を通じた年間の暖冷房エネルギー消費量は、1階リビングより2階リビングの方が少なくなります。

　以上のようなエネルギー消費量の多寡は、温熱環境にも影響を及ぼすため、床面積に余裕のある計画を行える場合は、団らんの場を季節に応じて使い分けるような空間計画とすることも面白いアイデアといえるでしょう。

1階リビング・2階リビングの熱性状

図1は東京におけるリビング（床面積：21.53 m²）の部位別熱損失量，日射熱取得量を，省エネ基準の外皮性能計算法に基づいて算出したものです。

断熱仕様は，平成25年省エネ基準の仕様基準に基づいて設定しているため，床と天井の性能が異なるほかは，外壁・窓も同じ性能です。また，階間は1階，2階ともに無断熱です。

図1からもわかるとおり，冬の熱損失や日射熱取得，夏の日射熱の侵入などに相当な違いがあるわけです。

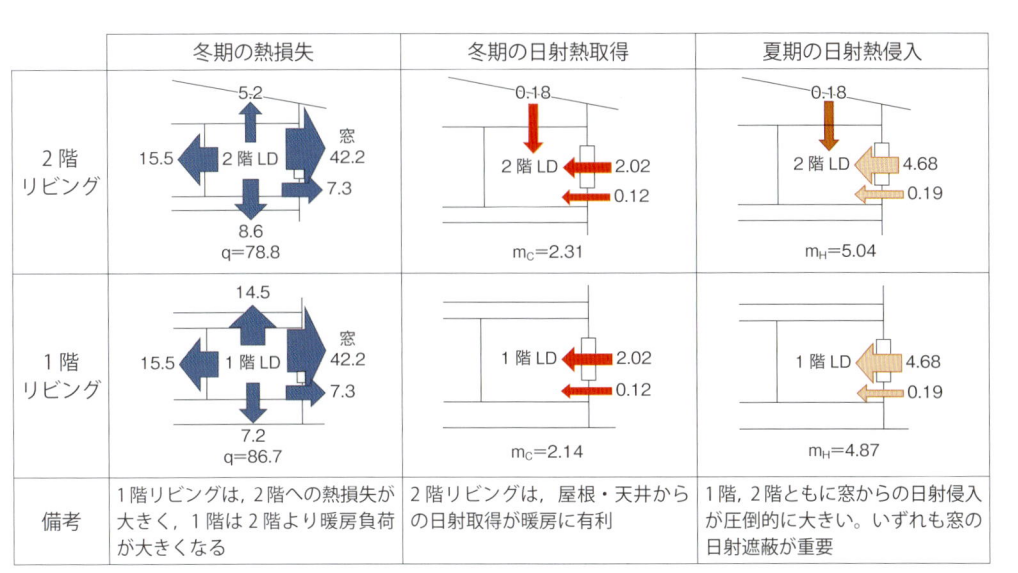

キーワード
リビング
日射取得
日当り
日射侵入

	冬期の熱損失	冬期の日射熱取得	夏期の日射熱侵入
2階リビング	5.2 / 15.5 / 2階LD / 窓42.2 / 7.3 / 8.6 / q=78.8	0.18 / 2階LD ← 2.02 / 0.12 / m_C=2.31	0.18 / 2階LD ← 4.68 / 0.19 / m_H=5.04
1階リビング	14.5 / 15.5 / 1階LD / 窓42.2 / 7.3 / 7.2 / q=86.7	1階LD ← 2.02 / 0.12 / m_C=2.14	1階LD ← 4.68 / 0.19 / m_H=4.87
備考	1階リビングは，2階への熱損失が大きく，1階は2階より暖房負荷が大きくなる	2階リビングは，屋根・天井からの日射取得が暖房に有利	1階，2階ともに窓からの日射侵入が圧倒的に大きい。いずれも窓の日射遮蔽が重要

矢印の数字は，LDの熱損失量（q），日射熱取得量（m_C，m_H）を部位別に表したものです。

図1 部位別の熱損失，日射熱取得・侵入の大きさ（日当たりが同程度の場合）

関連項目
C07→p.082

1階リビング・2階リビングの暖冷房エネルギー量

2階リビングは，天井（屋根）面からの日射熱取得があるため，暖房エネルギー消費量削減には有利ですが，冷房エネルギー消費量削減には不利になります。

隣棟などの影響で日当たりの悪い1階リビングは，さらに冷房エネルギー消費量が少なくなり，日射熱取得が少ないため，暖房エネルギー消費量は多くなるなど，より差が生じることになるので，計画時に配慮することが肝要です。

寝室，子供室など，リビング以外の居室の暖冷房一次エネルギー消費量の傾向はリビングの場合と同じですが，暖冷房時間が短いため，前述した程の差は生じないと予想されます。

リビングの階	暖房	冷房	暖房＋冷房
2階リビング	9,640	2,665	12,305
1階リビング	11,552	2,389	13,941
参考）日当たりの悪い1階リビング	16,018	1,318	17,336

表1 リビングの一次エネルギー消費量 [MJ/年]

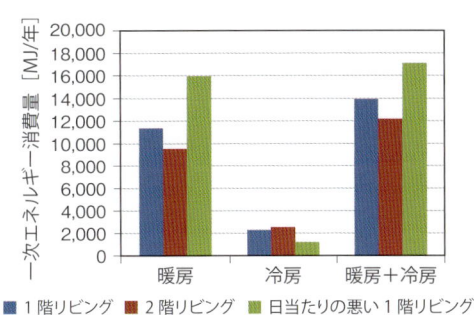

図2 リビング（21.53m²）の一次エネルギー消費量
■1階リビング ■2階リビング ■日当たりの悪い1階リビング

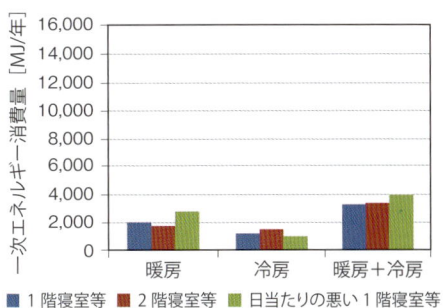

図3 寝室・子供室（34.79m²）の一次エネルギー消費量
■1階寝室等 ■2階寝室等 ■日当たりの悪い1階寝室等

B 住宅計画とのかかわり

05 サンルーム・縁側の効果を活かすには

居室との間に設けた建具は断熱性能を高め、サンルーム・縁側の温度に合わせて開閉する

サンルーム・縁側などの緩衝空間の利用

　サンルームや縁側などの緩衝空間（以下，サンルームなどと称す）は，穏やかな晴天日は心地よい空間となりますが，省エネルギーな手法として活用するには設計上留意すべき点はたくさんあります。

　例えば真冬でも，日射取得時には暖房温度以上の高温になるので，サンルームなどは生活空間というより，集熱空間として割り切る必要があります。また，真夏などの晴天日はサンルームなどの空間を外気に開放しないと，生活空間とは程遠い環境になることはいうまでもありません。サンルームなどを冬の暖房エネルギーの低減に活用し，夏は心地よい空間にするには，以下に示すような建築的対応と上手な住まい方との協働が必要です。

①ガラス面を多くして日射熱をできるだけ取得する（隣接住宅などの日陰になる場合は，サンルームなどは適さない）。
②サンルームなどは，熱的境界の外側として計画する。
③サンルームなどと居室の間には開閉可能な建具を設け，住宅の外窓と同様の断熱性能を確保する。
④サンルームなどは，夏期のために外気に開放できるようにする。
⑤サンルームなどの屋根部には，夏期の日射遮蔽のためのスクリーン，シェードなどを設置する。

　なお，サンルームなどの空間の取得熱を冬期利用や夏期の排熱のため，サンルームなどと外気，サンルームなどと室内の間で，機械換気を用いて熱移動しようとする試みもありますが，温度調整のためには大量の空気を移動させる必要があり，一般的な住宅用ファンでは風量が不足し，電気代もかかるため，賢い方法とはいえません。

冬はサンルームなどの室温が高いときだけ，居室との間に設けた建具を開ける

図1は，サンルームなどの場合の室温と居室の室温（ここではLDの自然温度（暖房なし））の日変動を示したものです。晴天日（1月25日）は，日中のサンルーム内の温度が高くなりますが，曇天日（1月26日）は日射がほとんどないため，サンルームの温度が上昇しません。晴天日は建具を締め切っていても，サンルームの室温に追随して居室の室温も上昇します（実線の折れ線）。サンルーム室温が暖房温度20℃以上になったときに建具を開けると，LDの室温も20℃まで上昇することがわかります（点線の折れ線）。

サンルームと居室の間の建具を，昼夜問わず開けた場合は，サンルーム外側の各部位が熱的境界となり，サンルーム内とそれに隣接する居室の断熱性能は低くなります。その結果，日射取得が得られるときは効果がありますが，日射取得のない天候のときや夜間は熱損失が増大します。

サンルームなどの緩衝空間を熱的に上手に活用するには，サンルームと居室の間の建具は原則閉めておき，サンルーム内の室温が日射取得で十分に高い（暖房温度以上）ときに開放という住まいの工夫が重要となります。また，その建具は，住宅の外窓と同程度の断熱性能を確保する必要があります。

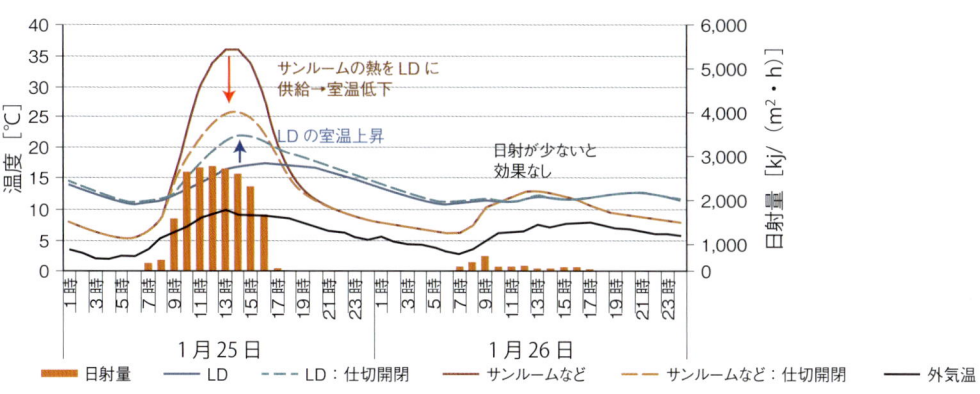

図1 サンルームなど内の室温と居室の室温

夏は屋外同等になるように開放し，屋根部は日射遮蔽部材を設置する

夏は，サンルームなどを閉め切った状態にしていると，図2のように50℃近くまで温度上昇してしまいます。サンルームなどに通風可能な開口部を設けて，外気が導入されるようにすることで，サンルーム内の室温は10℃以上低下します。そのうえで，屋根採光面にスクリーン・シェードなどの日射遮蔽部材を設けることができれば，サンルームなどの空間内部の室温を下げる効果があるほか，居室に対しては深い庇としての効果も発揮できます。

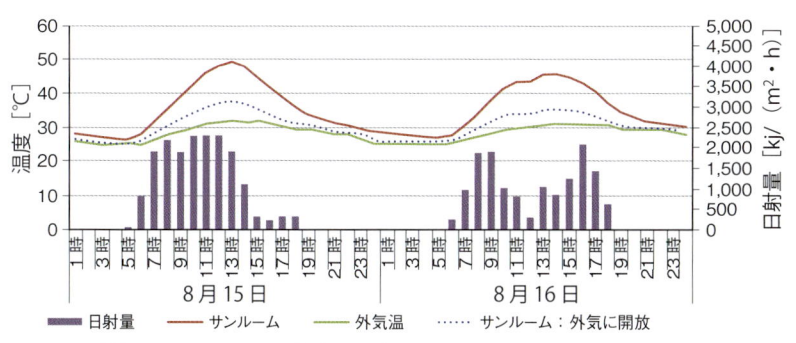

図2 夏の外気温とサンルームなど内部の温度

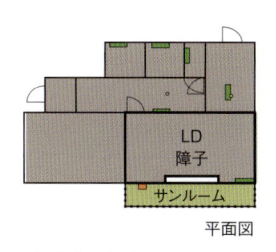

図3 検討に用いた住宅の概念図

キーワード
- サンルーム
- 日射取得
- 日射遮蔽
- 縁側
- 集熱

関連項目
C10 →p.080

B 住宅計画とのかかわり

06 土壁などの蓄熱容量の大きな住宅は省エネか

冬期に熱容量を活用するには，断熱化を図り，蓄熱を促進することが重要

　土壁などの熱容量の大きな材料を用いた住宅では，蓄熱部位に蓄えた熱は，周囲の温度が材料温よりも低下したときには放熱し，周囲の温度が高いときには吸熱（蓄熱）する作用があります。この作用を暖冷房エネルギーの低減や住空間の温熱環境の質の向上につなげるには，冬は暖房，もしくは日射熱取得を積極的に取り込んで蓄熱させる必要がありますし，夏は冷房，もしくは夜間通風などにより材料を低い温度に保つ必要があります。

　一般に土壁造の住宅は無断熱か低い断熱水準のことが多く，冬は室温が十分に上がらないため，土壁が蓄熱壁として省エネルギーや冬期室内環境の改善に貢献しているケースはほとんどありません。

　下図は土壁造住宅を対象に，土壁が暖房負荷に与える影響を示したものです。部分間歇暖房，全館連続暖房のいずれの場合でも，無断熱とした場合は，暖房エネルギーはほとんど変わらないか，わずかに増加し，断熱化を図り，さらに暖房時間を長くしないと（土壁に熱を供給しないと），エネルギーの削減効果があらわれません。部分間歇暖房では土壁ありの方が暖房負荷は大きくなり，全館連続暖房にするとわずかながら暖房負荷が減少するのはこのような理由によるのです。

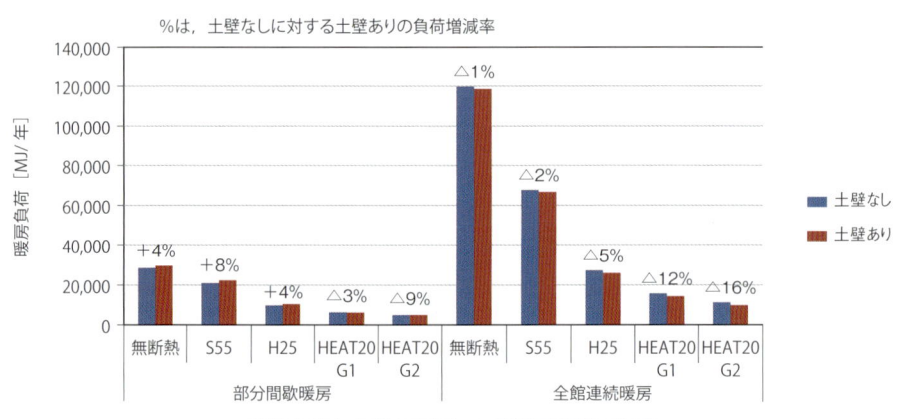

断熱水準と土壁の有無による暖房負荷の比較

熱容量が大きく，断熱性能の高い住宅では，熱容量の効果は高い

図1は，平成25年省エネ基準相当の断熱水準と無断熱での住宅における部分間歇暖房室のLD（暖房室）と和室（非暖房室）の一日の温度推移を示したものです。

和室の室温は早朝に最低となり，早朝の室温は土壁がある方が約3℃高くなるものの，日中の最高温度は約3℃低くなります。

暖房室であるLDも，同様の傾向になります。これらは熱容量によりもたらされた効果といえますが，無断熱の場合は，その温度がかなり低く推移しています。

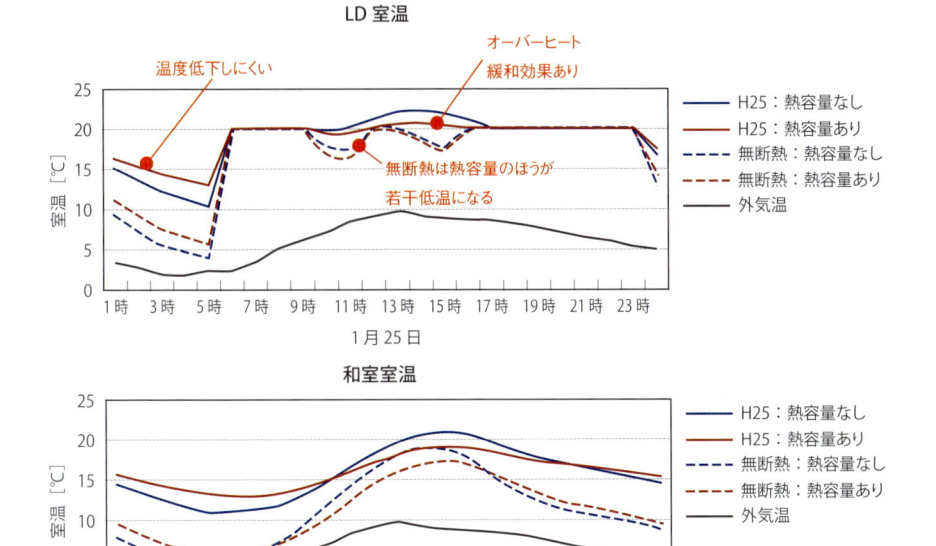

図1 土壁造住宅のLDと和室の室温（部分間歇暖房時）

暖房負荷と暖房設備容量も小さくなる

図2は，土壁造住宅を平成25年省エネ基準に対応にした場合の時刻別暖房負荷の推移を示したものです。

熱容量を大きくすることで暖房時間などのほとんどで暖房負荷は小さくなり，設備容量も小さくすることが可能となります。

以上のように，熱容量（蓄熱量）は断熱化を図り，蓄熱材に熱が蓄えられることにより，はじめてさまざまなメリットが生まれることは案外知られていません。特に，伝統的な土壁造住宅のように，ほとんど暖房せず室温が低く保たれたままの住宅では，熱容量はエネルギーと室内環境の質の観点では，むしろマイナスになることに注意が必要です。

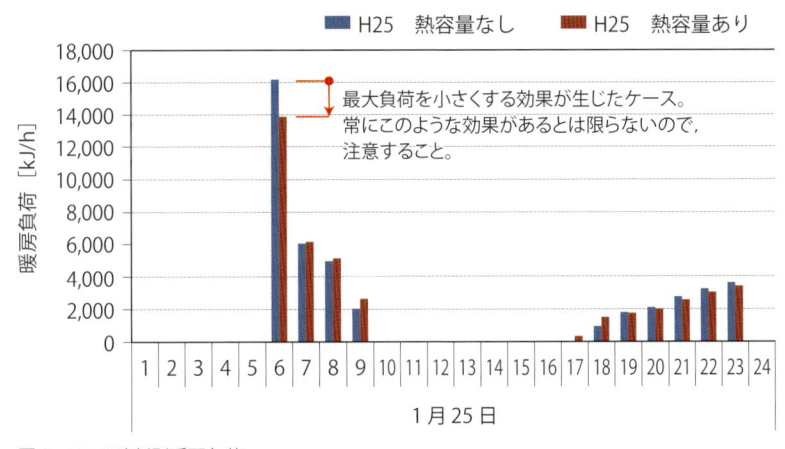

図2 LDの時刻別暖房負荷

キーワード
蓄熱容量
蓄熱体
土壁
日射取得熱
温度の平準化

関連項目
D10→p.122

B 住宅計画とのかかわり

07 地下室をどうつくるか

断熱化を図ることで室内表面温を室温に近づけ，夏は除湿を行う

地下室の最大の問題は表面結露の発生──その対策は

　地下室が夏期に結露する，または高湿になるのは，地中深くなるにつれ温度が年間を通じて一定となり，夏期には躯体表面が室内温度に比べて低くなることが主な原因です。夏の暑さが有名な埼玉県越谷市でも，地下5mの地中温度は夏におおよそ15℃となります。例えば室内温度が27℃，相対湿度60%の場合，地下室の床壁表面温度が18℃になると結露します。結露しない場合でも，表面温度が22℃の場合，壁表面付近の相対湿度は80%となり，カビの生えやすい環境になります。

　地下室壁や床を透湿抵抗の高い断熱材で断熱して，夏期はエアコンなどの除湿器で除湿を図ることが大切です。換気システムとしては，夏期は1階などで除湿された空気を導入する第3種か，除湿も兼ねて全熱回収型換気装置を用います。外気を直接地下室に導入する換気システムの採用は絶対避けなくてはなりません（下図）。

　地下室の外壁や基礎床は透湿抵抗の高い断熱材で断熱し，躯体表面温度を室温に近付けるようにします。地下室は熱的には安定した空間ですが，最大の問題は夏期の結露であり，その緩和策は除湿と断熱化です。

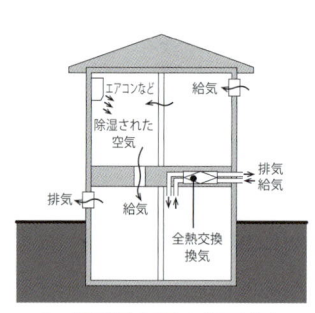

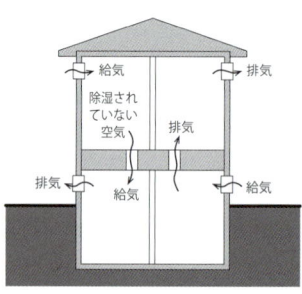

○ 結露対策を講じた地下室換気　　× 結露発生の危険性がある地下室換気

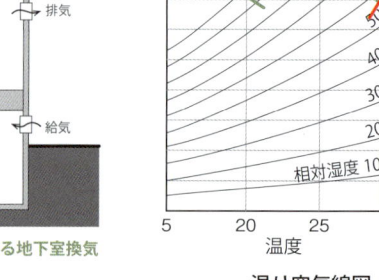

地下室の換気手法と結露問題

湿り空気線図

地下室の表面結露，高湿化の原因

図1は，埼玉県越谷市の年間地中温度実測値を概念的に示したものです。地盤は熱容量が大きいので，深くなるにつれて夏の外気温度のピークが徐々にずれて，振幅が小さくなり一定温度に近付いていきます。井戸の水が夏に冷たく感じて，冬に温かく感じるのはこのためです。

この地中温度に接している壁や床は夏期に低温になるため，前頁で述べたように，結露が発生したり，高湿化してカビの発生の原因となります。

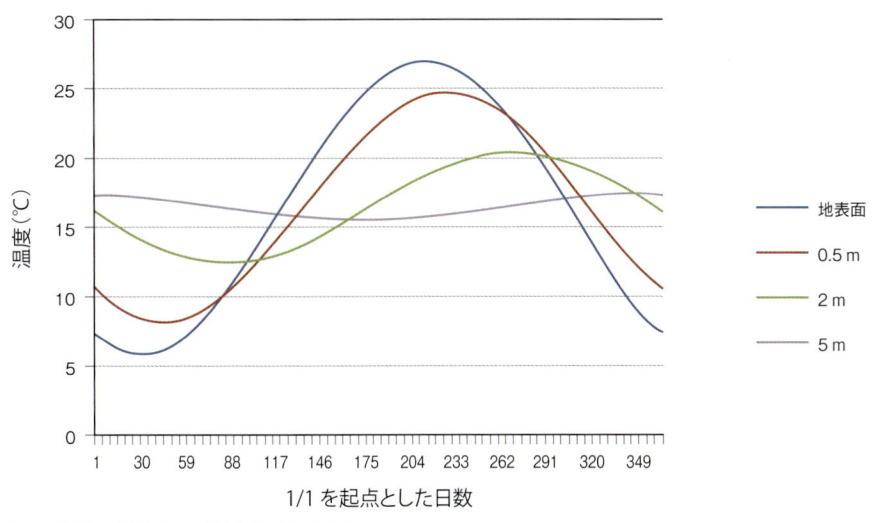

図1 埼玉県越谷市の年間地中温度の概念

夏期の結露対策

地下室の壁・床コンクリートの室内側に発泡プラスチック系断熱材などの透湿抵抗の高い断熱材を施工し，地下室空間はエアコンか除湿器で除湿します。断熱材の最低厚さとしては，発泡ポリスチレン厚20 mm以上と考えられますが，居室として利用する場合は，平成25年省エネ基準相当の断熱化を図ることを推奨します。理想的には，地下室および地中内の非定常熱計算で地域の気象データを用いて決定します。

家具がある場合の注意点

図2は埼玉県越谷市に建つ実験住宅の地下室で，家具を部屋の隅に設置した場合の地下室内と家具下空間の温度と相対湿度を示したものです。

この住宅では，除湿器は使用せず，家具は壁からと床から約5 cm離して設置していますが，家具下空間では相対湿度が100％に達していることがわかります。

家具を置くと，家具の断熱効果により，室内の熱が伝わり難くなるので，その背面や下面は低温の基礎や地中（図1）の影響を受けて，室内温度より低くなり，一方で，絶対温度は室内とほぼ同じになるので，相対湿度が高くなってしまうわけです。

家具裏での結露対策としては，家具裏の空気が循環するよう家具の下にすのこを敷くなど空隙を設けるほか，家具を置くことが予想される部分は断熱材を厚めにすることや，除湿器の除湿された空気が供給されるようにするなどの工夫が必要になります。

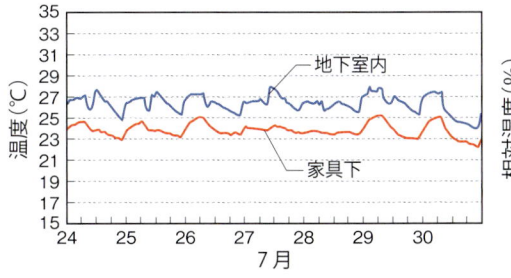

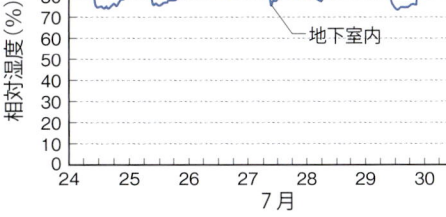

図2 地下室内と家具下空間の温湿度測定例（埼玉県越谷市）

キーワード
- 透湿抵抗
- 夏期
- 除湿
- 換気方式
- 結露

関連項目
- D03 →p.108
- D08 →p.118
- E02 →p.130

B 住宅計画とのかかわり

08 遮音のために、間仕切壁や階間の天井などに断熱した場合の注意点は

住宅外皮の断熱性能を高め、間仕切壁や階間の天井などには防湿層を施工しない

　部屋の遮音・防音性を向上するために、間仕切壁や階間の天井などに、吸音材として断熱材を施工するケースが少なくありません。その結果、片方の空間が暖房室で、もう一方の空間が非暖房室の場合は、両空間の間に大きな温度差が生じ、それと同時に間仕切や階段の天井などを通じて高温側から低温側に水蒸気も移動し、非暖房室で表面結露などが発生するおそれが出てきます。また、部位断面の低湿側に水蒸気を通しにくい材料があると、そこで水蒸気がせき止められて、内部結露する危険性もあり得ます。

　このような場合、一般的に外壁などと同様に、高温・高湿側の壁内に防湿層を設置することが、結露防止対策として有効ですが、住まい方の変化や長期にわたりさまざまな世帯が居住することを想定すると、温湿度状況が逆転して、かえって結露が発生する危険性が高くなります。このため、「HEAT20 G1」水準以上に断熱化を図り、非暖房室の室温を10℃以上に高め、防湿層を原則設置しないようにすることが、多世帯利用が可能な良質なストックにふさわしい対応といえます。

― 断熱層：
室内側に防湿層設置

― 間仕切等の断熱層：
防湿層は設置しない

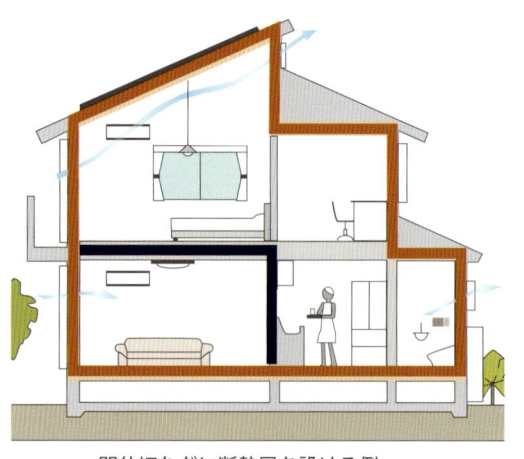

間仕切などに断熱層を設ける例

通風への配慮

　防湿層を設置しないと，水蒸気の流れをせき止めないため，内部結露は発生しにくくなりますが，断熱材の両側にビニルクロスなどが施工されていると，水蒸気をせき止め，非暖房側の断熱材と下地材などとの境界で，内部結露が発生する危険性があります。その防止のために，以下の対策を講じることが大切です。　なお，防湿層付きの断熱材を用いる場合は，付属防湿層を取りはずすか，穴や切れ込みを入れたうえで施工します。また，間仕切壁や階間の天井などで気密化を図る場合は，石こうボードなどを利用した「ボード気密化」の方法をお奨めします。

キーワード

防湿フィルム

結露

遮音

間仕切壁

対策1：外皮の断熱性能を少なくとも「HEAT20 G1」以上の水準とし，非暖房室のなりゆき温度を10℃以上に保つ

対策2：暖房室と非暖房室に計画換気を導入し，それぞれの空間の相対温度の適正化を図る

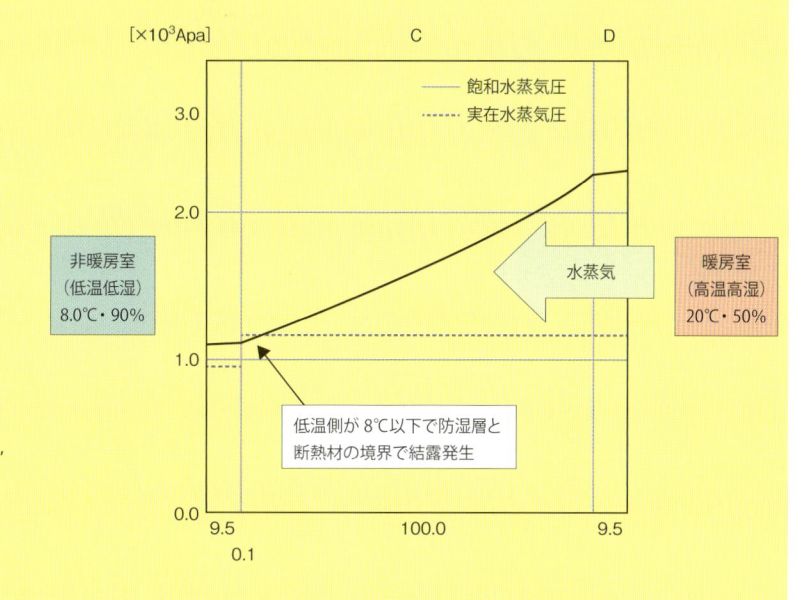

関連項目

D01→p.104

D04→p.110

D07→p.116

低温側に防湿層があると，低温側が8℃以下で結露の危険性あり

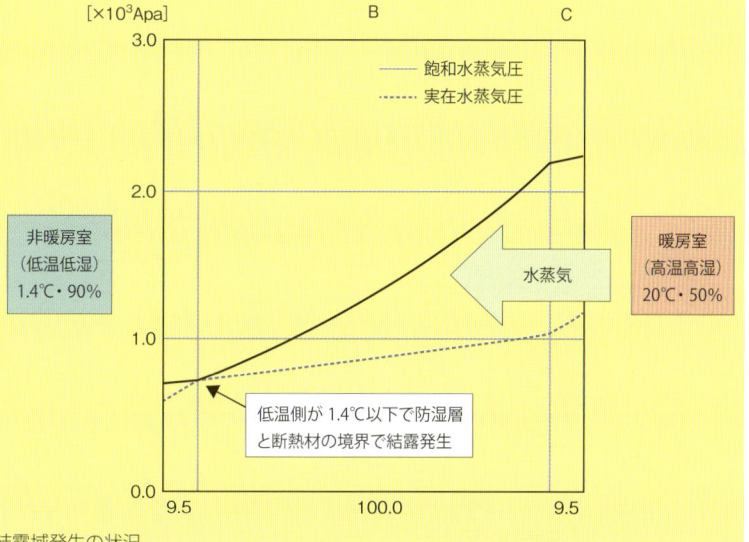

両面石こうボードで防湿層なしの場合でも，低温側が1.4℃以下で結露の危険性あり

図1　防湿層の有無によって結露域発生の状況

B 住宅計画とのかかわり

09 通風を行うための基本計画は

地域の風向状況，敷地周辺を流れる風を読み，
建物への風の出入口窓を設ける

地域の風向情報を入手し，風の流れを考えて採り込む工夫

　最初に，地域の夏期の卓越風向（風がよく吹いて来る方位）を気象データや現地調査などを入手します。気象庁のHP"過去の気象データ"から簡単に入手できますが，方位別風向や最多風向の平年値などは掲載されていないので，**下図**のような風配置図を作成するには別途解析が必要になります。

　下図のように外気温別や時間別などで分析すると，南風が吹くのは温度が高い時だから南側に植栽を配置する，寝室に風通しをよくする場合は…など設計の際の参考になります。ただし，周辺の土地の起伏や建物により風向きが変わる場合もありますので，現地調査による情報も勘案して建設地の卓越風向を把握するのがよいでしょう。

　卓越風向がわかったら，風は道路や川に沿って流れ，建物の間を流れる性質がありますので，計画住宅の周辺にどのように風が流れるかを想像します。そうすると，どの窓から風を入れてどの窓から出す，という窓の配置のイメージが出来上がります。

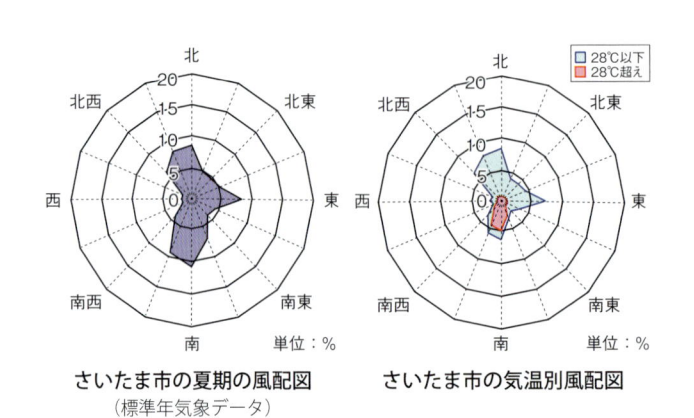

　間取り上では給気側窓から排気側窓までスムーズに風が流れるように，また，なるべく間仕切・建具などの障害物がないことが理想です。そのうえで，現実には風向きは時々刻々変わるので，風向きが変わっても風を採り入れられる工夫が必要です（C12参照）。

さいたま市の夏期の風配図（標準年気象データ）

さいたま市の気温別風配図

敷地周辺を流れる風を想像し，風の出入口窓をイメージする

地域の夏期の卓越風向を気象データや現地調査などで入手し，敷地周辺を流れる風を考えます。風は住宅地なら**図1左**のように道路に沿って流れます。また，同様に建物が並んでいる場合は，その間に沿って流れます。敷地外郭の風が**図1右**のように流れることが想像できれば，図中の注釈に示したように，入口窓に袖壁を設けたり，縦すべり出し窓によってウインドキャッチなどの工夫ができ，より多くの風を建物内に取り込むことができます。

なお，同一面上にある縦すべり窓は風向きが変わって流れが逆向きになっても，風が取り込めるように開き勝手を逆にしたものを複数設置するとよいでしょう。

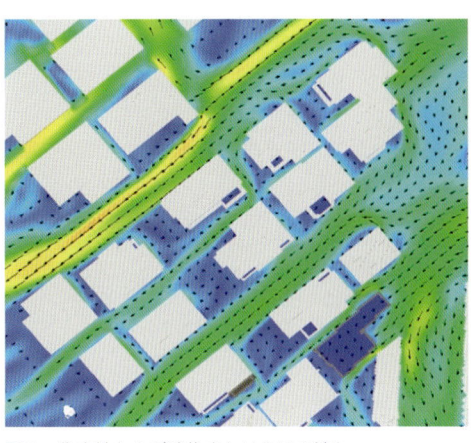

図1 住宅地および建物まわりの風の流れ

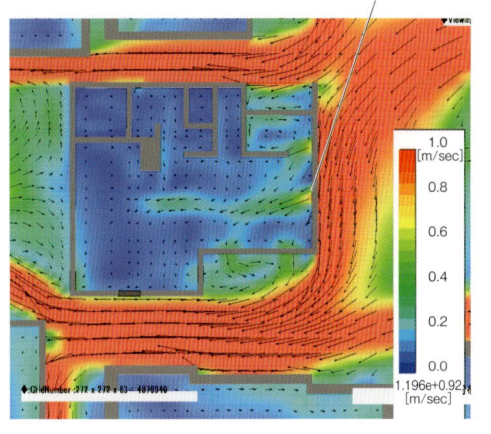

間取り上は風の入口窓から出口窓までなるべく障害物を設けない

図2・3は，家の中を流れる風の流体計算（CFD）の結果に基づき，建物内の水平断面（床上1.5 m）の風速分布を示したものです。図2の下部がリビングで，上部は洗面所や階段室です。下端の窓から風が入り，上部から風が抜けていく条件で計算しています。

図2は居間と洗面所・階段室の間に廊下がある場合で，洗面所の扉や居間に入る扉を全開にしています。

図3は廊下のない場合です。風速のやや大きい水色が広範囲に渡っており，リビング・ダイニング全体に通風が得られていることがわかります。

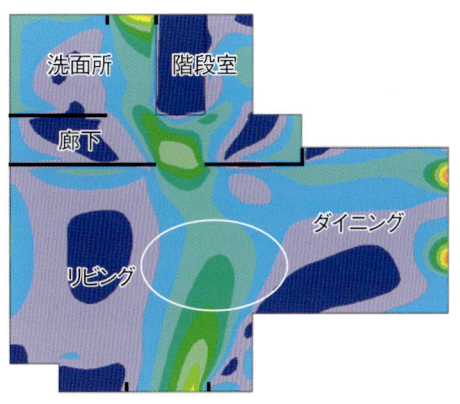

図2 廊下（間仕切壁）がある場合

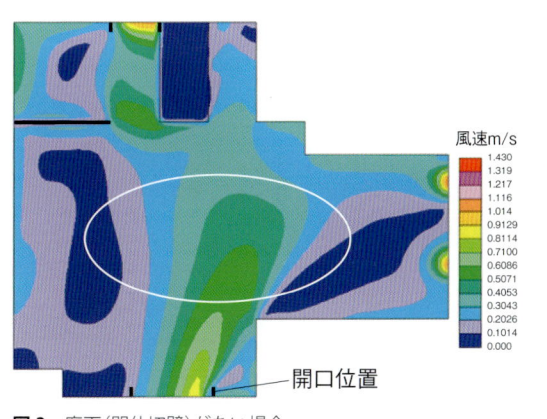

図3 廊下（間仕切壁）がない場合

キーワード
- 卓越風向
- 風配置図
- 周辺状況
- 外気温度
- 流出側窓
- ウインドキャッチ

関連項目
- C01 →p.070
- C02 →p.072
- C11 →p.090
- C12 →p.092
- C14 →p.096
- E02 →p.130
- F06 →p.146
- G01 →p.152

B 住宅計画とのかかわり

10 屋上緑化の効果は

屋上緑化には屋外空間への効果はあるが，屋根を断熱した場合は屋上緑化の効果は期待できない

断熱した屋根において，屋上緑化の効果はあるか

　公共施設やビルなど建物をはじめ，最近では住宅にも屋上緑化をしている建物が増えています。屋上緑化には，屋外空間への効果と室内空間への効果の両面があります。

・**屋外空間への効果**

　屋上緑化は植物の蒸散作用により，気温の上昇が抑制され，都市部などでみられるヒートアイランド現象を緩和する効果があります。また，二酸化炭素や大気汚染物質を吸収・分解するため，空気を浄化する作用もあります。さらに，緑に虫や鳥などが集まってくるので自然が豊かになり，心が癒やされるなど心理的効果も期待できます。

　建物の構造により異なりますが，RC造などの建物では，植物や土壌の層があることにより，屋根が無断熱であれば日射によるコンクリート躯体部の表面温度の上昇が抑えられ，酸性雨や紫外線による建物の劣化防止にも役立ちます。

・**室内空間への効果**

　しかし，屋内空間に対しては，その部位を断熱するか否かで，その効果は大きく変わります。

　本書で推奨するような断熱水準を屋根に施している住宅では，屋上緑化による室内熱環境の向上や，暖冷房負荷の低減効果は期待できません。

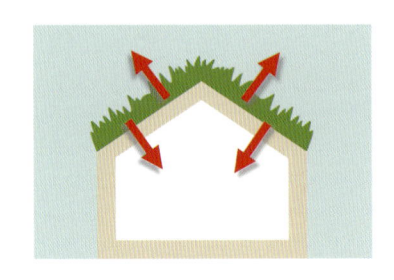

屋上緑化の有無による屋根から流出入する熱量の比較

屋根の断熱仕様3タイプと，それぞれの屋根に屋上緑化を施工した場合の計6パターンについて，屋根から流出入する熱量を，夏と冬で比較してみました。なお，屋根以外の部位の断熱仕様は同一としています。

図1は，屋根の断熱性能（U値）と日射遮蔽性能（η値）を示しています。各パターンは，以下の仕様となっています。

A）無断熱の屋根（A-1）と無断熱の屋根＋屋上緑化（A-2）
B）昭和55年基準相当の屋根（B-1）と昭和55年基準相当の屋根＋屋上緑化（B-2）
C）「HEAT20 G1」水準の屋根（C-1）と「HEAT20 G1」＋屋上緑化（C-2）

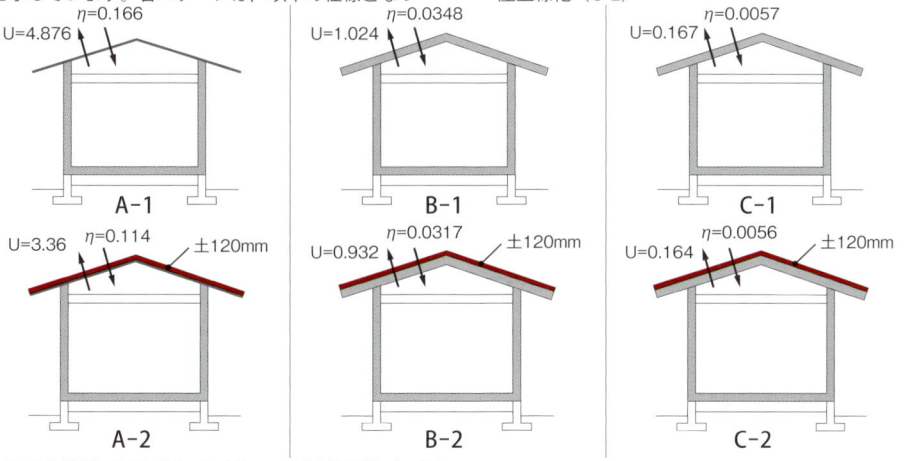

図1 屋根仕様別の断熱性能（U値），日射遮蔽係数（η値）

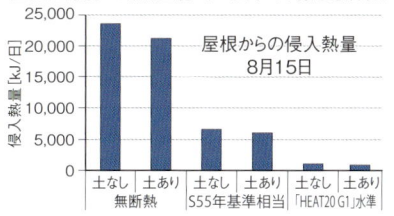

図2 屋根仕様別の侵入熱量（左図）と損失熱量（右図）

図3 屋根仕様別の寝室の作用温度

図2は，夏と冬における屋根からの侵入および損失熱量を示しています。屋根からの夏の侵入熱量と冬の損失熱量はともに，断熱仕様が無断熱から昭和55年基準相当，「HEAT20 G1」となるにつれて減少します。屋上緑化の有無による違いをみてみると，無断熱の場合は，屋上緑化のある方が熱の侵入および損失熱量が少なくなっています。これは，土が断熱材の役割をしているからです。それに対して，断熱を施した昭和55年基準相当および「HEAT20 G1」の屋根の場合は，屋上緑化による大きな効果はみられません。適切に断熱施工した屋根においては，屋上緑化が室内熱環境に与える影響は少ないといえます。建物全体の断熱性能や気密性能は，屋上緑化だけでは担保できないことからも，まずは屋根を含む外皮で行うことが肝要です。

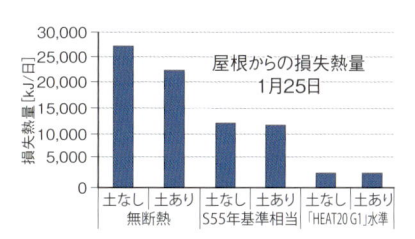

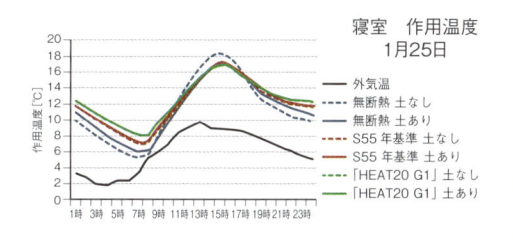

また，図3に示す夏と冬の寝室における1日の作用温度の日変動をみても，無断熱の場合は屋上緑化の有無により温度差はありますが，断熱施工した昭和55年基準相当と「HEAT20 G1」水準仕様では屋上緑化の有無による差異はほとんどなく，同等の傾向となることがわかります。

計画上の注意

設計に際しては，植栽の種類，積載荷重，防水・防根対策，給排水対策などの検討は必須ですが，入居してからのメンテナンスも大切です。日々の手入れや水やり，落葉樹や台風の強風による飛散による近隣への配慮も必要です。

また，屋上緑化は，設備のように途中で必要なくなったからといって簡単にやめるわけにはいかず，建物の寿命と同じだけ継続します。植物の成長とともに重量も増加し，一般的には，年間0.2〜2.0 kg/m²増加し，最終的には2.0〜5.0 kg/m²の増加の可能性があるといわれていますので，設計段階から，将来のことも見据えて計画しておく必要があります。

キーワード
屋上緑化
ヒートアイランド現象
蒸散作用

関連項目
B11→p.062

B 住宅計画とのかかわり

11 緑のカーテンの効果は

緑のカーテンには，主に壁面や窓の日射遮蔽効果と蒸散作用による温度上昇抑制効果があります

　緑のカーテンとは，建物の壁面や窓の外側に蔓性の植物をネットに這わせて日射遮蔽を図り，室内の熱環境の改善をする手法です。建設途中の工事ではなく，入居後，住まい手自身によって手軽にできることもあり，広く普及しています。

　日本の夏の風物詩であるすだれと同じように日射を遮るとともに，打ち水に似た原理で，植物の蒸散作用の際に発生する気化熱により建物と緑のカーテンの間の温度上昇を抑えられ，室内温度環境にも効果があります。

　緑のカーテンは，主に西日遮蔽を目的として西面の外壁に設置するものと，窓からの日射を遮蔽するために窓面に設置するものがあります。窓面のカーテンは，ベランダにプランターを置くなど，共同住宅でも手軽にでき，ベランダからの反射日射やベランダの表面温度上昇による再放射対策にも有効です。

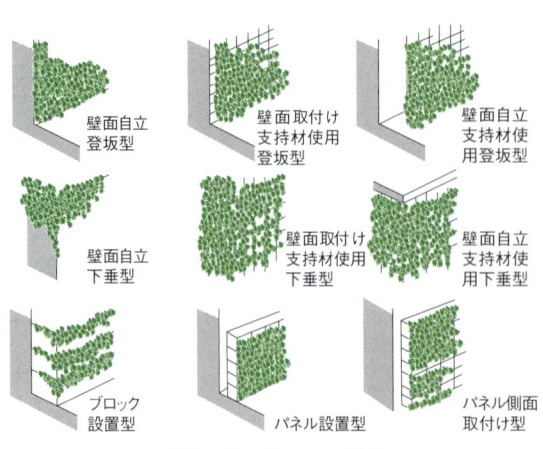

「緑のカーテン」の種類
（壁面自立登坂型／壁面取付け支持材使用登坂型／壁面自立支持材使用登坂型／壁面自立下垂型／壁面取付け支持材使用下垂型／壁面自立支持材使用下垂型／ブロック設置型／パネル設置型／パネル側面取付け型）

プランターによる事例

窓の緑のカーテンによる室温の変化

図1は，夏日（8/15）における南面の窓に緑のカーテンがある場合とない場合の温度変化です。

緑のカーテンがある室温の方が，ない場合より日中を通して低くなります。通風がある場合は，さらに低い温度になっています。

緑のカーテンの茂り方にも起因するので，外付けブラインド程度の効果も期待でき，緑のカーテンの隙間を通って入ってくる風は心地よく，実際の温度より涼しく感じられます。

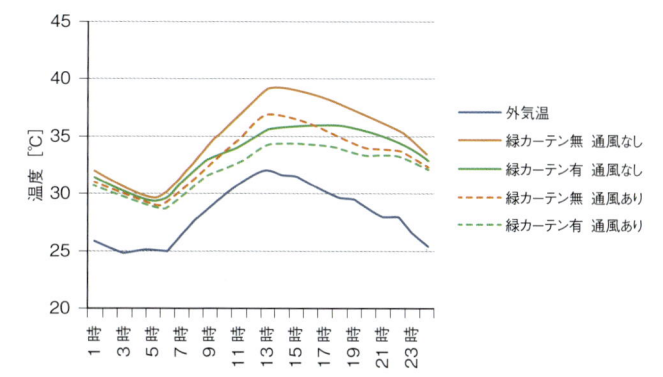

図1　南面の窓に緑のカーテンによる温度変化

西面の外壁の断面温度分布

夏は，屋根からの熱の侵入とともに，西面の外壁からの侵入も多く，夜間から朝にかけて室内の不快感を増す要因になります。西面の壁の受ける日射量は，南面よりはるかに多いため，西日対策には有効です。

図2は，西壁全体がツタで覆われた住宅（RC造）の，夏季晴天日におけるツタのある場合とない場合の断面温度分布です。

ツタがない場合は，コンクリートの外壁が直接日射を受けるので，外表温度は45℃以上にも上昇し，室内側の表面温度も37℃に達します。一方，ツタで覆われていると，日射がツタのスクリーンで遮られるため，外壁の表面温度上昇は少なくなります。

写1　コンクリートの西壁一面にナツヅタをはわせた例

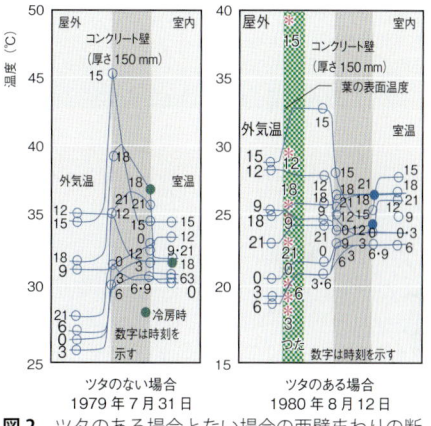

図2　ツタのある場合とない場合の西壁まわりの断面温度分布

木造の緑のカーテンの注意事項

緑のカーテンは，木造の住宅においても有効ですが，ツタなどで覆われた壁面が湿った状態にあることが多く，虫がわく，腐朽が早いなども懸念されるため，外壁には躯体に湿気が入り込まないための防水対策や，フェンスを設置し外壁との間に隙間を設けるなどの対策が必要です。

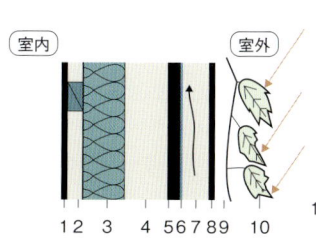

1　内壁合板（6）
2　胴縁（20）
3　断熱材（50）
4　間柱（105）
5　耐水合板（12）
6　防水紙 17 kg
7　空気層（36）
8　外壁石綿スレート（5）
9　空気層
10　ツタの葉（mm）

図3　ツタをはわせた木造外壁の一例

キーワード

日射遮蔽

壁面緑化

蒸散作用

関連項目

G01→p.152

B 住宅計画とのかかわり

12 太陽光発電の年間発電量は

地域・設置面積・方位角・傾斜角などがわかれば推定できる

設置方位と傾斜を選択して，年間発電量を推定する

　太陽光発電は，太陽光を受けて発電します。その年間発電量は，設置面積，方位角，傾斜角，機種，地域により異なりますが，太陽光発電パネル1 m²当たりのおおよその発電量は**下図**により推定することができます。**下図**は，変換効率10%の機種で，東京における太陽光発電パネル1 m²当たりの年間発電量です。方位角0°，傾斜角60°の場合，1 m²当たりの発電量は100 kWhと推定できます。方位角や傾斜角が異なる場合も，同様に，おおよその発電量を推定することができます。

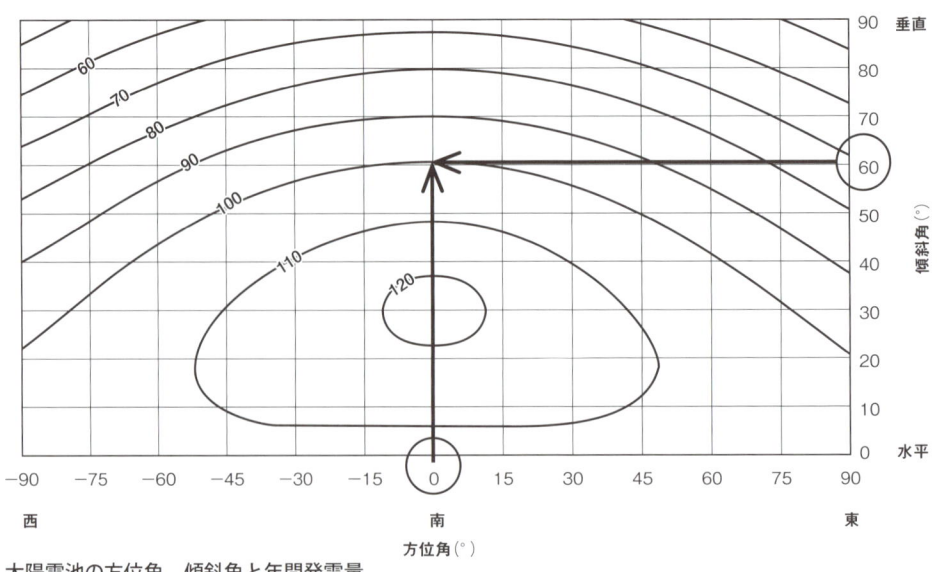

太陽電池の方位角，傾斜角と年間発電量

設置方位角・傾斜角などにより発電量が異なる

　変換効率10%，地域：東京の場合の各方位角，傾斜角の発電量を前頁の図に示しますが，変換効率が10%とは異なる機種や東京以外の地域における発電量を推定する場合は，それぞれ以下の補正値を算出し，式（1）により年間の発電量を推定することができます。

- 変換効率：例えば変換効率が12%の機種で検討する場合は，補正値A＝12/10＝1.2
- 地域：地域による日射量の影響は，**図1**を用い，東京を12として，当該地域の値との比率を補正値Bとして算出し，用いています。

図1の詳細は，独立行政法人新エネルギー・産業技術総合機構NEDOのホームページ「日射量データベース」を参照してください。

- 年間発電量（推定）＝太陽光発電パネル発電量（前頁の図参照）×太陽光発電パネル設置面積（m^2）×変換効率補正値A×地域補正値B　……（1）

留意事項

- 多雪地域の場合：太陽電池は積雪時には，発電は期待できないので，落雪させる設置角度にするなどの対策が必要になります。
- ほこりの対応：雨により流れる一般的なほこりであれば，雨で流れ落ちる設置角度（10°程度以上）であればほとんど発電に対する影響はないのですが，鉄粉や樹液など付着してしまうようなほこりの場合は表面の定期的な清掃などを考慮する必要があります。

キーワード

年間発電量

設置面積

方位角

傾斜角

地域

関連項目

A03→p.022

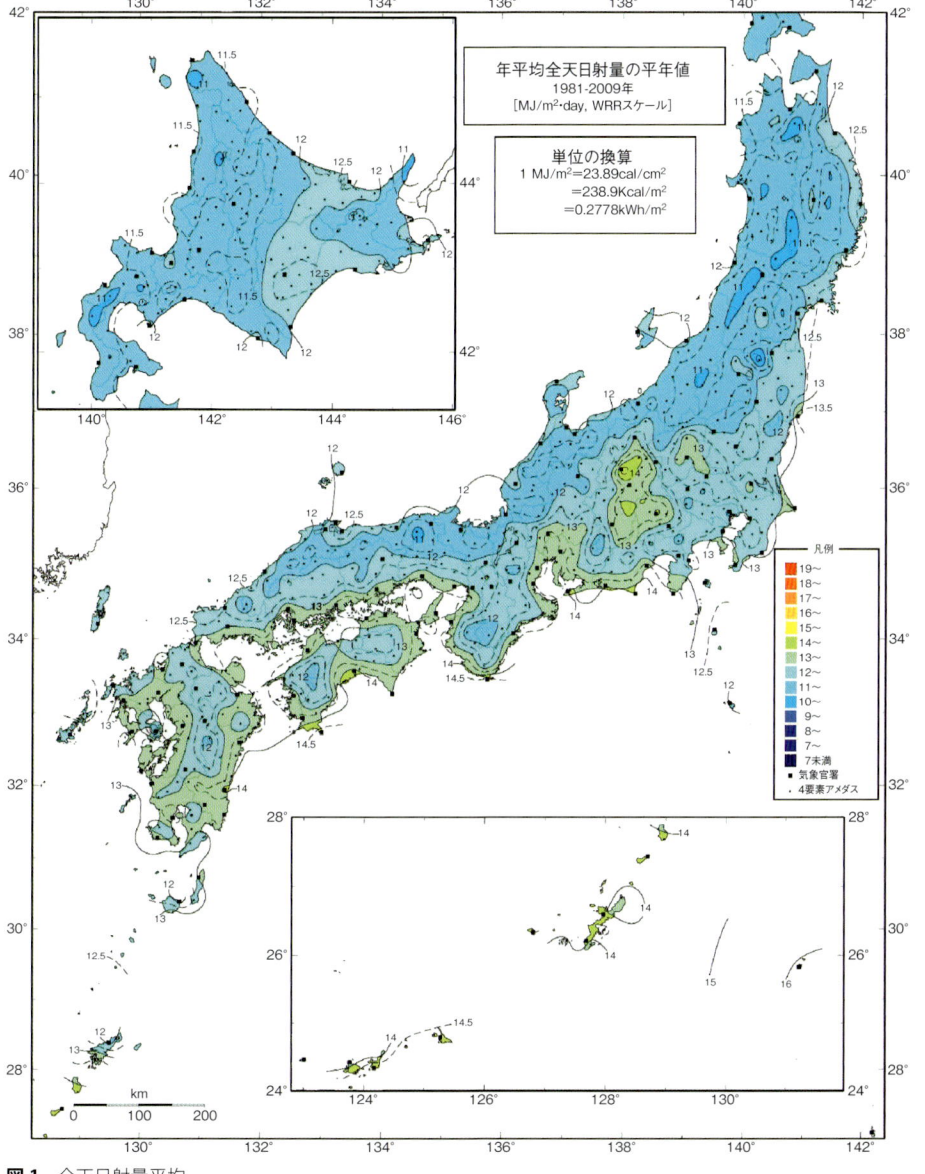

図1 全天日射量平均

column 2

「空間制御の歴史」から考察する日本の住宅のあり方

砂川雅彦

住宅の断熱化の必要性，断熱水準のレベルなど外皮性能のあり方を考える……筆者はこの命題に，以下の問い掛けをしてみました。

①住宅の断熱水準は，
　省エネ基準を目標とすればいいのでしょうか？

②断熱水準を考えるときの視点は……
　　省エネ性だけでいいでしょうか？
　　施主の意向だけで決めていいでしょうか？

③住宅は一世代のためだけにある？
　所有者が変わることは想定しなくていいですか？

④住宅は個人所有の資産，あるいは社会的な資産？

　これらの問いの答えを希求する道標として，本多昭一先生と（故）野村豪先生の書かれた文章を紹介します。
　本多昭一先生（京都府立大学名誉教授）は，1982年の「熱と環境 VOL.1／ダウ化工」に書かれた『空間制御の歴史をどう見るか』の中で，以下のように述べられています。
　「建築とは何か？──この問いに対する答えは，一つではない。〔中略〕……建築の価値をどこに見るかによって，建築の歴史もまた，違ってくる。〔中略〕私は，建築を空間制御の装置としてみる。自然の空間の中に，人間の活動に都合のよいような条件の空間を部分的につくり出したものが建築物である。ある条件の空間をつくり出すということは，実は自然の空間の一部を仕切り，区切ることである。この仕切り板が建築物である。「屋根」「外壁」「床」などさまざまな名称をもった各部分は，実は同じ役割，つまり空間の仕切り─具体的には熱の仕切り，音の仕切り etc.─

なのである。」

　そして，空間制御には，設備機器によるアクティブな制御と外皮（ビルディング・エレメント）によるパッシブな制御があるとしたうえで，（故）野村豪先生が「建築雑誌」（1971年10月号）に書かれた文章を引用してパッシブ制御の再評価の必要性を説かれています。

「（東京の全世帯が冷房を付けたとすると），自然に与える発熱量は約500万kWhとなる。これだけの発熱量が23区および周辺の都市に集中して発生し，さらに都市公共施設・ビル・工場等の発熱量や自動車の発熱量が加わるとしたら，はたして夏季の温湿度に顕著な影響はないといえるか。あまり楽観できる数字とは思えない……。」「エネルギーを，暖房，冷房，交通，その他何らかの方面に使用する時，その量の集積が巨大となれば，単に経済上の問題ばかりでなく，公害，広域災害等，必ず罰が当たる。特に都市においては著しく，都市の自家中毒を惹起するであろう。」「……総体として人工的なエネルギー発生量を減少させられないだろうか。」これを受けて本多先生は，オイルショック以前に書かれていることに注目され，「石油が不足だからという理由で問題にしているのではないのである。」そして，「近代に入って，空間制御に資源エネルギーを大量に使用する方法が急に増え，それが集積することが，重大な問題を惹起しつつあるのである。〔中略〕断熱性の向上を含めて，昔の人にまけない注意深い建築設計により，外部環境悪化を伴わないパッシブな空間制御をもっと考える必要があろう。……」

　建築は空間制御の装置であり，建築の歴史は「空間制御の歴史」とも，そして，これからの空間制御はパッシブな方法で対応すべきではないでしょうか。

　この両先生のご発言を基に，最初に掲げた問いを深慮した先に日本の未来があると筆者は考えています。

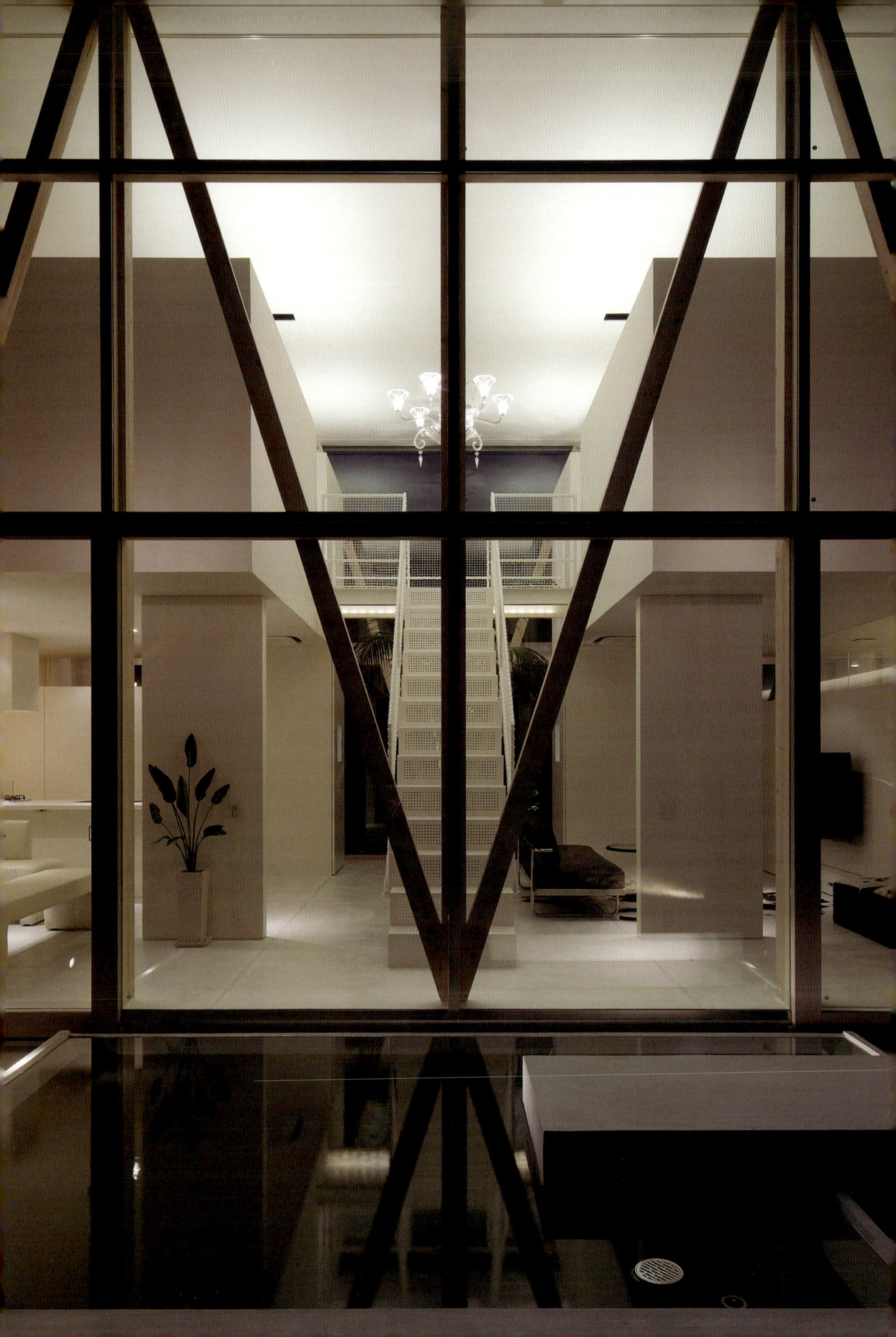

INDEX

01
窓の断熱性を高めるには

02
省エネルギーの住宅にするには，窓は小さい方がよいか

03
地域，方位に応じた最適な窓のガラスの選択は

04
内窓を取り付けた場合の断熱効果は

05
窓の結露を抑える方法は

06
最適な庇の設計はどうあるべきか

07
日射遮蔽・取得に対する付属部材の選び方は

08
高断熱窓を用いると室内環境はどのように変わるか

09
日照条件の悪い敷地における住宅の設計は

10
部屋の明るさと窓の関係は

11
天窓・ハイサイドライトなど高い位置につく窓の設計上の注意点は

12
風通しのよい家をつくるための窓の配置は

13
効率的な通風が可能な窓の形状・付属部材は

14
夜間の就寝時や不在時の非熱を行うには

15
安全性・防犯性を考えたときの窓・ドアの設計は

C

開口部

01〜15

開口部の計画は，住宅の熱的性能を決定付ける重要な部位でもあります。それと同時に，住宅の採光や通風の観点からも重要な部位です。

ここでは，開口部に求められる多様な機能，断熱，日射取得，日射遮断，採光，そして通風の観点から解説します。

C 開口部

01 窓の断熱性を高めるには

「HEAT20　G1」水準ではU値＝2.91［W/(m²・K)］以下
「HEAT20　G2」水準ではU値＝2.33［W/(m²・K)］以下の窓を選択する

本書の推奨水準

　標準的住宅の窓の断熱性能は「HEAT20　G1」水準では，熱貫流率U＝2.91［W/(m²・K)］以下，「HEAT20　G2」水準では熱貫流率U値＝2.33［W/(m²・K)］以下のものを選択します。**下図左**は代表的なガラスと枠の仕様と熱貫流率の関係を示していますが，枠材は最低でもアルミ樹脂複合サッシと同等以上の断熱性能を有する建材を選択し，ガラスは複層ガラスではなくLow-E複層ガラスと同等以上のガラスを選択します。

　なお，**下図右**は**下図左**の仕様の場合の窓サイズごとの熱貫流率を示していますが，同じ仕様でも窓の熱貫流率は異なってきます。

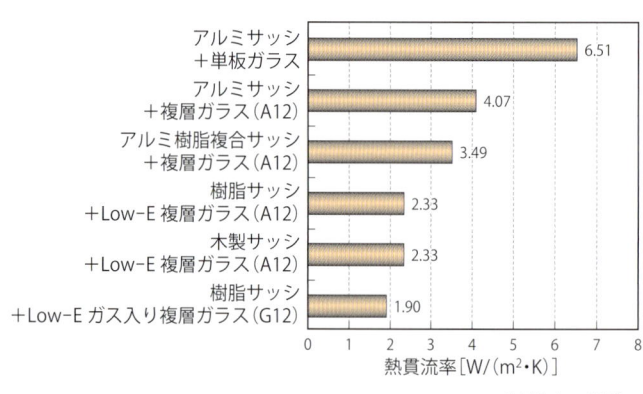

仕様	熱貫流率 [W/(m²・K)]
アルミサッシ＋単板ガラス	6.51
アルミサッシ＋複層ガラス(A12)	4.07
アルミ樹脂複合サッシ＋複層ガラス(A12)	3.49
樹脂サッシ＋Low-E複層ガラス(A12)	2.33
木製サッシ＋Low-E複層ガラス(A12)	2.33
樹脂サッシ＋Low-Eガス入り複層ガラス(G12)	1.90

断熱窓の性能

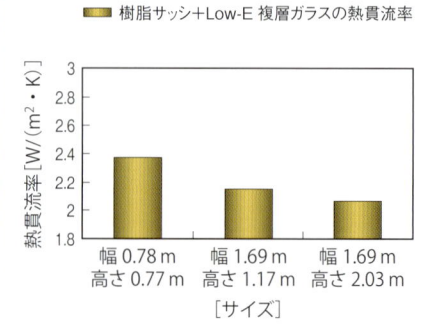

樹脂サッシ＋Low-E複層ガラスの熱貫流率

サイズ	熱貫流率 [W/(m²・K)]
幅0.78m 高さ0.77m	約2.38
幅1.69m 高さ1.17m	約2.16
幅1.69m 高さ2.03m	約2.07

ガラスの種類

複層ガラスとは，2枚のガラスの中間に乾燥空気を封じ込め，断熱性能を高めたものです。

Low-E複層ガラスは，複層ガラスの片側のガラスの中空層側に特殊金属膜をコーティングしたものです。この特殊金属膜により放射による伝熱が大きく削減されることにより，断熱性能が向上します。

特殊金属膜の種類，膜厚により，反射色，断熱性，日射の透過率が異なりますので，適切な選択が必要です。

この他に真空ガラスがありますが，中空層を薄くし，中空層を真空層にすることで，断熱性能を高めたものです。

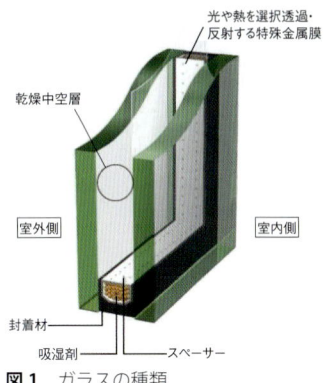

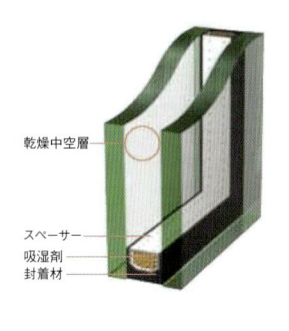

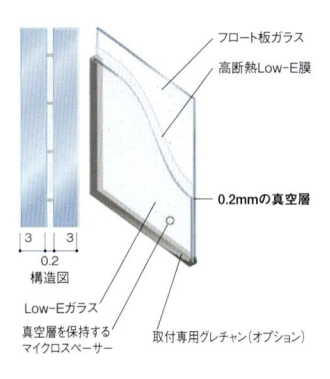

図1　ガラスの種類

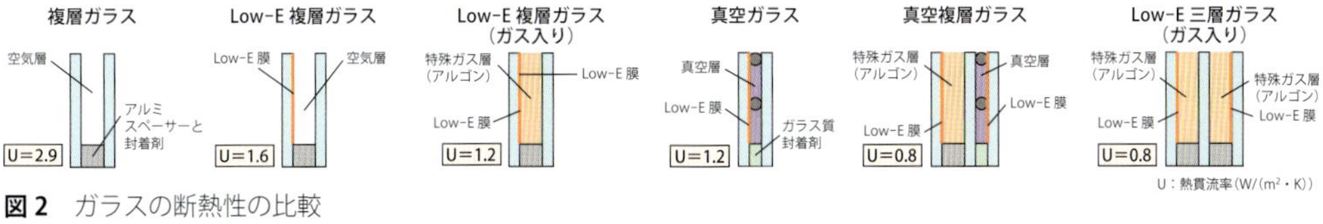

図2　ガラスの断熱性の比較

サッシの種類

サッシの構造は，大きく4種類あります。

アルミ製サッシ
一般的な構造。最近では，枠の室内側に樹脂材を設置し，枠に発生する結露を発生しにくくするものが増えています。

木製サッシ
木材で構成された構造。断熱性に優れています。

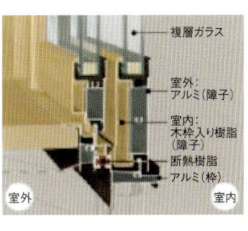

アルミ樹脂複合製サッシ（金属製とプラスチック製の複合構造）
アルミ製の室内側に樹脂材を配している構造。室内側からは，一見樹脂製サッシに見えます。樹脂を木調に色づけすることもでき，デザイン性にも配慮されています。

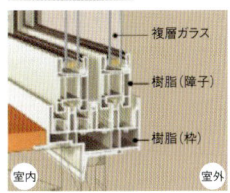

樹脂製サッシ
（プラスチック製）
樹脂材料で構成された構造。断熱性に優れています。

開口部と防火

建築基準法では，防火地域，準防火地域に建設される建物の外壁に設置される開口部のうち，延焼のおそれのある部分には「防火設備」を使用するよう義務付けています。

防火設備は20分の加熱試験により非加熱面に火炎を出さないことが条件となっており，建築基準法に基づく大臣認定を取得する必要があります。

高性能な断熱窓は，省エネや居住空間の快適性をもたらしますが，一方で，防火性能を確保するために，枠材内部に補強材を設けるなど，断熱性能に反する部品を装填する必要があります。しかし，技術の進歩により，窓種によって高い断熱性能と防火性能を兼ね備えた製品が開発され商品化されています。最新の窓情報を把握し，さまざまな設計仕様に対応することが重要です。

キーワード

断熱サッシ

Low-Eガラス

木製サッシ

樹脂サッシ

アルミ樹脂サッシ

関連項目

C02→p.072

C08→p.084

C 開口部

02 省エネルギーな住宅にするには，窓は小さい方がよいか

断熱・遮熱性能を高めると，窓面積を大きくすることで省エネルギーになる

窓の断熱性能と日射遮蔽性能を高めることが大切

一般に省エネルギー化を図るには，外皮のなかで最も熱損失の大きい窓の面積を小さくすることが有効と勘違いする方が多いようです。窓は確かに熱損失の多い部位でもありますが，一方で採光面の窓からは日射熱を取得することもでき，窓の断熱性能と日射遮蔽性能をバランスよく高めることで，住宅外皮のなかで唯一，熱収支がプラスになる部位でもあります。

下図は東京に立地した住宅において，南面開口部面積を大きくした場合の暖冷房負荷を示していますが，熱貫流率を1.90［W/(m²・K)］とし，日射取得率η_gを0.73とした場合には，窓面積を大きくしても，暖冷房負荷はほとんど変わらず，さらに断熱・遮熱性能を高めた場合には，パッシブソーラー効果により，窓面積を大きくした方が省エネルギーにつながることがわかります。

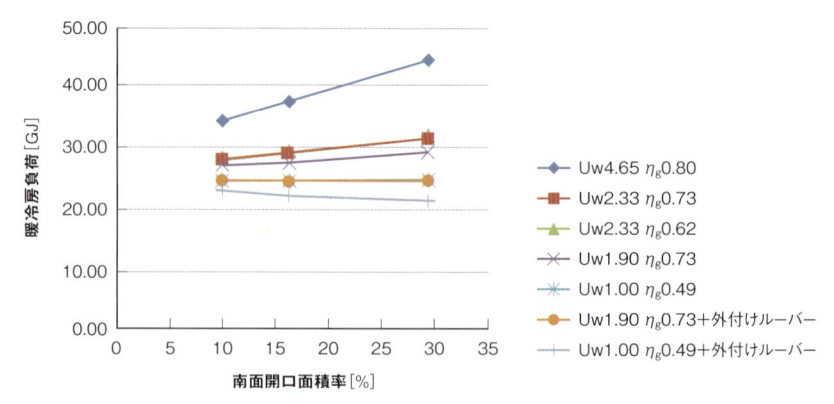

窓の高断熱化による南面開口率と暖冷房負荷の関係

暖房負荷と冷房負荷　それぞれの効果

図1は、さまざまな性能の窓の面積を大きくした場合の暖房負荷と冷房負荷を示したものです。なお、住宅開口部以外の部位は平成25年省エネ基準レベルの断熱水準としており、本書で推奨する水準とした場合には、図1で示した削減効果よりも大きくなると思われます。

参考までに、南面開口面積率を13%とした場合の南側立面図を図2に示しますが、この程度の比率でも相当な窓面積になっていることがわかります。これらの結果が示すように、窓の性能を高めることで、「省エネルギー化を図るには窓の面積は小さくすること」という考え方が誤った過去の流儀であることを理解したうえで、住宅デザインを考えるべきだと私たちは考えています。

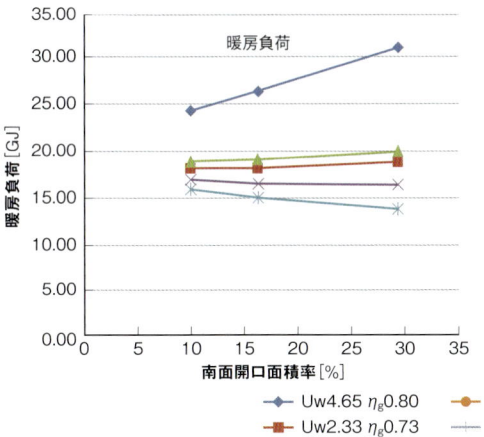

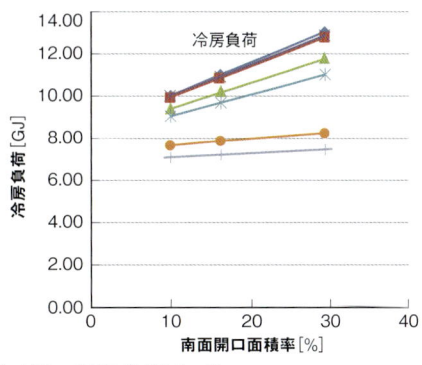

キーワード
- 開口部面積率
- 窓の方位
- 熱貫流率
- 日射熱取得率
- 日射遮蔽

図1 窓の高断熱化による南面開口率と暖房負荷と冷房負荷の関係
※「南面開口面積率」＝南側の窓の面積÷延床面積×100% として算出

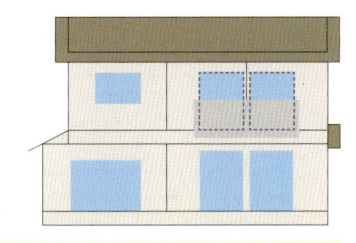

凡例：
- Uw4.65 η_g0.80
- Uw2.33 η_g0.73
- Uw2.33 η_g0.62
- Uw1.90 η_g0.73
- Uw1.00 η_g0.49
- Uw1.90 η_g0.73＋外付けルーバー
- Uw1.00 η_g0.49＋外付けルーバー

図2 南面開口面積比率 13%の場合の南側立面図

関連項目
- A01 →p.018
- C01 →p.070
- C03 →p.074

窓の性能を評価する新たな指標の事例（WEP）

窓のエネルギー性能を表す指標として、ISO18292（住宅窓のエネルギー性能（WEP：Window Energy Performance）_計算手順）に、窓製品の格付けのためのエネルギー性能計算方法が示されています。

この指標は、窓からの熱損失（貫流と漏気）と日射による窓からの熱取得の暖房に寄与する成分との差から計算されます。日射熱取得率が0.45のとき、方位別のWEPの値を窓の熱貫流率を横軸として示したのが図3です。

WEPがマイナスになることは、窓から逃げる熱よりも窓からの日射熱取得の方が大きく、暖房負荷を少なくすることができることを意味します。

東京では、Uwが3.49のとき、WEPがゼロとなり、Uwがそれより小さければ、南の窓を大きくして、暖房負荷を少なくすることができます。しかし、3.49では、他の方位の窓から逃げる熱の方が多いため、さらに高断熱の窓（Uw=2.33 程度以下）にする必要があります。

ISO18292では、冷房WEPも計算が可能です。冷房WEPの場合は、Uwの違いよりも、庇、付属物などを方位により使い分けることによる影響も大きくなります。

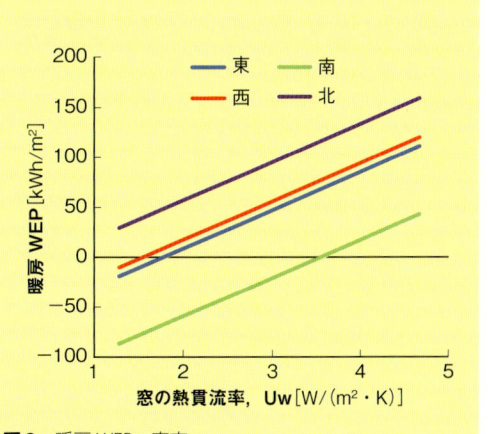

図3 暖房 WEP・東京

C 開口部

03 地域,方位に応じた最適な窓のガラスの選択は

日射取得型と日射遮蔽型を方位・敷地・階数・庇,付属部材の有無に応じて使い分ける

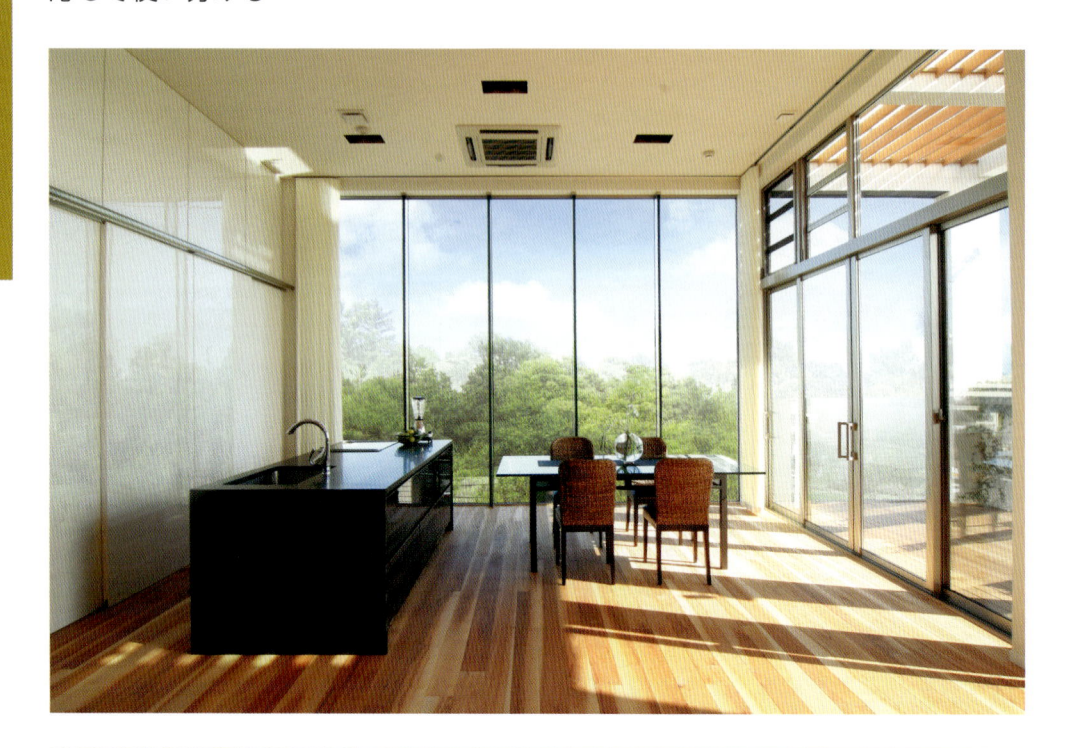

最適な窓ガラスを選択する

Low-E複層ガラスを前提とし,日射取得型と日射遮蔽型を地域・方位・敷地・階数・庇・付属部材(外付けブラインドなど)の有無などの条件に応じて使い分けることが重要です。

本書で推奨する住宅では,推奨している窓の性能値はG1水準では,U値=2.91[W/(m²・K)]以下,U値=2.33[W/(m²・K)]以下の窓を使うことを前提に(C01参照),以下に述べるように各種条件に応じてガラスを選択することが大切です(**下表**)。

①敷地の広い住宅(日影の影響をあまり受けない場合)

夏期に日射の影響を受けやすい東西面では日射を遮る付属部材などを用い,付属部材を設置できない窓は日射遮蔽型ガラスを使い,また,北面の窓は有効な庇のある窓と庇の有無にかかわらず,北面の窓は日射取得型ガラスを使用するという考え方を基本とします。

②敷地の狭い住宅(隣地からの日影の影響を受ける場合)

2階は隣戸の影響を受けにくいので,①と同じ考え方でガラスを選択します。また,1階は日射の影響を受けにくいので,日射取得型を選択するという考え方を基本とします。

方位			南	東	北	西
敷地の広い住宅	有効な庇:あり		日射取得型	日射遮蔽型	日射取得型	日射遮蔽型
	有効な庇:なし		日射遮蔽型			
敷地の狭い住宅	1階		—	日射取得型	日射取得型	日射取得型
	2階	有効な庇:あり	日射取得型	日射遮蔽型	日射取得型	日射遮蔽型
		有効な庇:なし	日射遮蔽型			

各種条件に応じたガラスの選び方

各部位の熱損失・熱流入比率

平成25年省エネ基準の戸建住宅（IV地域）の場合，冬は室外に出ていく熱の58%，夏は外から室内に入ってくる熱の73%が窓からによるものです。Low-E複層ガラスを使用し断熱性能を高めるとともに，左頁に述べたように方位などに応じて日射取得型・日射遮蔽型の2種類のガラスを使い分けます。

■冬の暖房時の熱が開口部から流失する割合 58%
- 外気温 −2.6℃
- 屋根 5%
- 換気 15%
- 外壁 15%
- 室温 18℃
- 開口部 58%
- 床 7%

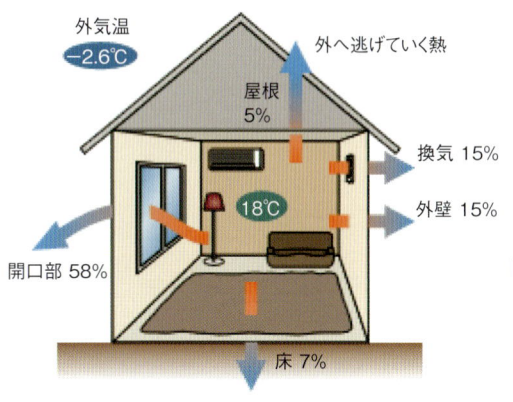

■夏の冷房時（昼）に開口部から熱が入る割合 73%
- 外気温 33.4℃
- 屋根 11%
- 換気 6%
- 外壁 7%
- 室温 27℃
- 開口部 73%
- 床 3%

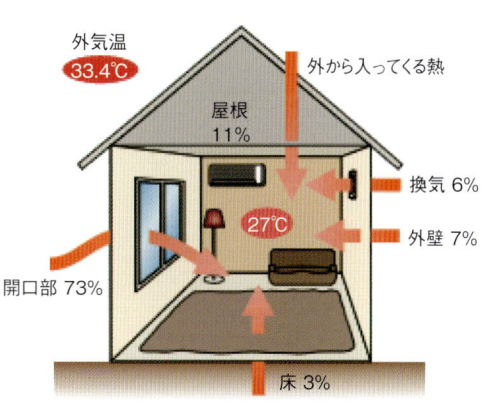

図1　各部位の熱損失・熱流入の比較

日射取得型Low-E複層ガラスと日射遮蔽型Low-E複層ガラス

Low-E複層ガラスとは，複層ガラスの中空層側のガラス表面に特殊な金属膜がコーティングされている複層ガラスですが，特殊金属膜には二つの種類があり，それぞれの膜は多層構成となっています。

金属の種類，膜の構成，各層の膜厚などによって，放射率（断熱性に関係しており，値が小さいほど高断熱性になります）・日射透過率・吸収率・反射率・可視光透過率・反射率が異なります。

住宅省エネ基準では，日射熱取得率η値が0.50以上のものを日射取得型，0.49以下のものを日射遮蔽型と呼んでいます。

本書で，省エネルギー性能および室内温熱環境の検討に用いた住宅における窓の方位別比率を表1に示します。

この場合は，窓の数は南と北が同じですが，面積では南面の窓全体の約70%を占めています。特に南向きの窓の熱の出入りの影響が大きいため，庇など日射遮蔽物を南面に設置し，日射取得型のLow-E複層ガラスを選択します。庇などの付属部材が設置できない場合は，日射遮蔽型のLow-E複層ガラスを選択します。

窓	南	東	北	西	合計
数（窓）	6	3	5	3	17
面積（m^2）	19.69	3.79	3.15	2.07	28.70
面積比率（%）	68.6	13.2	11.0	7.2	100.0

表1　南面開口面積率13%（073頁図2）の場合における温暖地の窓，方位別の比率

キーワード
- Low-E複層ガラス
- 付属部材
- 方位
- 日射取得型
- 日射遮蔽型

関連項目
- A03 →p.022
- C01 →p.070
- C04 →p.076
- C06 →p.080
- C07 →p.082

C 開口部
04 内窓を取り付けた場合の断熱効果は

内窓は熱抵抗値で 0.180 [m²・K/W] 以上の断熱効果がある

内窓の特徴

　内窓を取り付けることで，既存の窓との間に空気層が生まれます。空気の熱の伝えやすさはアルミの約 1/10,000，樹脂（PVC）の約 1/10 程度であり，空気層ができることで断熱性能の向上が見込めます。また，開口部全体の気密性能もよくなるため，隙間風の防止とともに遮音性能の効果も見込めます。

材料	熱伝導率
アルミニウム	200 [※1]
樹脂（PVC）	0.17 [※1]
ガラス	1.00 [※1]
空気	0.026 [※2]

材料ごとの熱伝導率 [W/(m・K)]

※1 （一財）建築環境・省エネルギー機構『住宅の省エネルギー基準の解説 第3版7刷』
※2 （一財）建築環境・省エネルギー機構『結露防止ガイドブック』

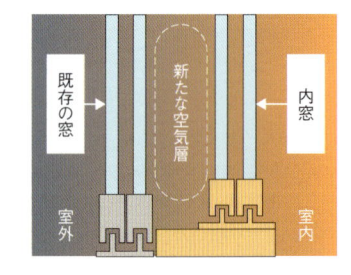

既存窓に対して，内窓はどの程度離すべきか

　既存の窓と内窓との間の距離（窓間距離）は，窓と付属部品が干渉しない程度（目安：50〜100 mm 程度）で設置します。**下表**はある一定条件下における窓間距離と熱抵抗値の関係を示しますが，70 mm 以上離すと，窓間距離による差はほとんどなく，熱抵抗値 0.182 [m²・K/W] 程度，これは断熱材で数 mm 以上の断熱性能に相当します。

窓間距離 [mm]	熱抵抗値 [m²・K/W]
50	0.180
70	0.182
100	0.183
120	0.183

【熱抵抗値の算出条件】
屋計算プログラム：TRAC3D　屋内側ガラス表面温度：16℃
外側ガラス表面温度：1℃　ガラス放射率：0.837

既存の窓と内窓の距離

内窓を取り付けると窓の断熱性能が向上する

表1は内窓有無による熱貫流率の比較表で，樹脂内窓を取り付けることで高い断熱性能を確保できます。

窓の構成やガラスの種類によって，いろいろな組合せができるので，使用される地域に応じた仕様を選定することが可能です。

仕様				熱貫流率 [W/(m²·K)]
外窓		内窓		
構成	ガラス	構成	ガラス	
金属製	単板	—	—	6.51
		金属製	単板	3.49
		樹脂製	単板	2.91
		樹脂製	複層（空気層 12 mm 以上）	2.33

表1　内窓有無による熱貫流率の比較

図1に，①金属製外窓単体と②金属製外窓＋樹脂内窓をある条件下に置いたときの熱画像を示します。樹脂内窓を取り付けた方が，既存窓単体に比べてガラス表面温度が約10℃高くなることがわかります。

①金属製外窓のみ

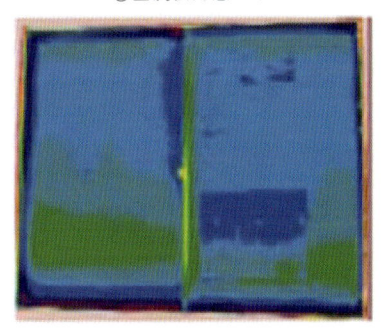

[外窓]
アルミ非断熱構造
3mm単板ガラス
※内窓なし

②金属製外窓＋内窓

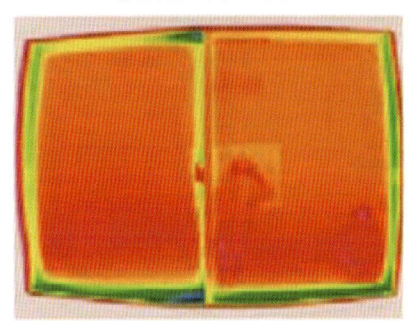

[外窓]
アルミ非断熱構造
3mm単板ガラス
[内窓]
樹脂製内窓
3mm単板ガラス

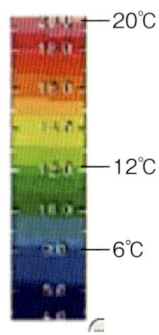

[温度条件]
室内側：20℃
室外側：　0℃

図1　内窓を設置した場合の熱画像データ

その他，断熱効果が期待できる付属部材

【窓用シャッター，雨戸】

開口部の外側に取り付くもので，夏期は日射の侵入を遮断し，窓の温度上昇を軽減します。冬期は室外側の風や冷たい外気が窓に直接当たるのを防ぐため，窓の温度低下を軽減します。

これらの部材の熱伝達抵抗 R はおおむね 0.5 [m²·K/W] 程度となります。

【カーテン・内付けブラインド・断熱スクリーン】

カーテンや内付けブラインドも，若干の断熱性は備えていますが，開口部を完全に覆うものではないため，冬場などは隙間からの冷たい空気を顕著に感じることがあります。

最近では，断熱効果の高いスクリーンも販売されています。

なお，内窓，カーテンなど，室内側へ取り付く付属部材は断熱性能を向上させますが，その断熱効果によって，サッシ・ガラスの表面温度を下げるため，結露が発生しやすくなる場合がありますので注意が必要です。

窓シャッター 　　　断熱スクリーン

写1　その他の付属部材

キーワード

内窓
熱貫流率
シャッター
雨戸
断熱スクリーン

関連項目

A02 →p.020
H01 →p.162
H03 →p.166

C 開口部 05 窓の結露を抑える方法は

サッシやガラスの室内側表面温度を高く保つとともに、室内の相対湿度を適正に保つ

結露の発生を抑える方法

結露が発生する原因は、室内外の温度差と室内の温湿度ですが、以下の方法により、結露の発生を抑えることが可能になります。

1）断熱性の高いサッシおよびガラスを用いる

断熱性能の高い窓を使用する、あるいは内窓、窓シャッター、雨戸などを設置して（C04 参照）、サッシやガラスとの間に空気層を設け断熱性能を高めることで、結露の発生をある程度抑えることが可能となります。

2）室内の相対湿度を適正に保つ

室内で洗濯物を干したり、加湿器や開放型ストーブを用いると、室内の相対湿度が上昇し、結露が発生しやすくなります。これらに対しては計画換気を常時運転し、室内の相対湿度を適正に保つことが大切です。

- 計画，換気の常時運転
- カーテンや障子などは結露を促進する場合があるので注意が必要
- 窓シャッターや雨戸もある程度効果がある
- 断熱性の高いサッシとガラスを使用する
- 洗濯物や加湿器，開放型ストーブは相対湿度を上昇させ結露を促進するので，使用を控える

※カーテン，ブラインド，障子などは断熱性を向上させますが、室内の暖かさを遮り、サッシやガラスの表面温度を下げるため、結露が発生しやすくなる場合があるので、注意が必要です。

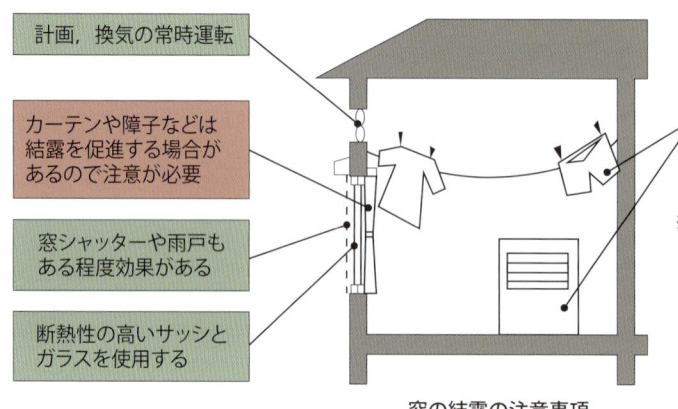

窓の結露の注意事項

結露のメカニズム

空気中に含むことができる水蒸気の量（飽和水蒸気量）は，温度が高いほど増加し，温度が低いほど減少します。湿気を含んだ空気が冷たいものに触れて温度が低下すると，最初から空気中に含まれていた水蒸気の一部は気体として存在できなくなり，水滴となります。この現象が結露で，結露し始める温度を露点といいます。

露点は，湿り空気線図で求めることができます。例えば，温度（乾球温度）20℃，相対湿度60%の空気は，湿り空気線図上のA点で示されています。この空気の温度が下がると，水蒸気は飽和状態（相対湿度100%）のB点に達し，露点温度は12℃となります。この温度以下になりますと，結露が発生し始めます。

乾球温度20℃の場合の相対湿度ごとの露点は，**表1**の値になります。

図1 湿り空気線図

相対湿度 (%)	露点 (℃)
90	18.3
80	16.4
70	14.4
60	12.0
50	9.3
40	6.0
30	1.9
20	−3.6

表1 相対湿度と露点の関係

開口部の結露

窓など一般に，サッシとガラスで構成されます。上記の現象から，サッシ（枠や框）やガラスの室内側の表面が露点以下になると結露が発生します。開口部は他の躯体部分より断熱性が劣るため，表面温度が他より低下して結露が生じやすくなります。室外温度0℃，室内温度20℃の場合のサッシの室内側表面最低温度と熱貫流率の関係は，おおむね**図2**のようになります。

断熱性の高い窓であっても，室内の相対湿度が60%を超えると，露点温度が12℃以上にもなるため，条件によっては結露することもあります。

なお，「住宅の次世代省エネルギー基準と指針」（（財）住宅・建築省エネルギー機構発行，平成11年11月1日）に，窓の室内付属品としての上下端が密閉されているカーテンを設置することによる断熱性能向上分の熱抵抗値は0.10［m²・K/W］と示されています。すなわちカーテンが設置された場合のアルミサッシ（複層ガラス）の表面温度は，他の要因を考慮せず単純に試算すると，約3℃程度低下することになるわけです。

一般的に夜間のプライバシー確保のため，窓にはカーテンやブラインドが設置されていますが，窓を選択する場合は，これらのことも考えて仕様を決定することが大切です。

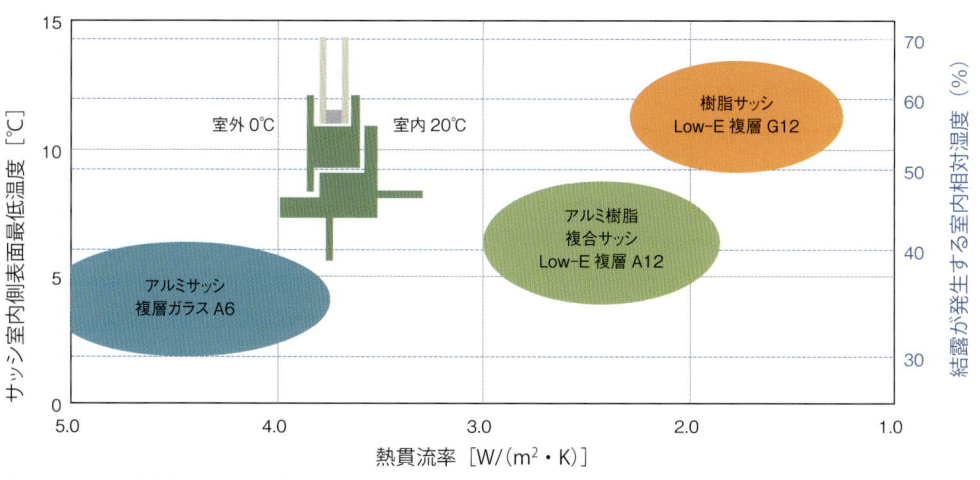

図2 サッシの室内側表面最低温度と熱貫流率の関係

キーワード
結露
相対湿度
露点
表面温度
洗濯物
加湿器
開放型ストーブ
換気扇

関連項目
C01→p.070
C04→p.076
G02→p.156

C 開口部

06 最適な庇の設計はどうあるべきか

日射熱の遮蔽と取得の観点から，庇や軒の出の最適設計を行う

地域に応じた最適な庇の考え方

庇は，雨対策・建物の劣化対策・防暑対策などの面から重要な建築的要素です。これらの機能を発揮するには，できるだけ庇を深くすることが望まれますが，深くしすぎると採光量が低下し，室内は暗くなってしまいます。また，冬期には日射取得が少なくなり，日射取得熱による暖房エネルギーの削減効果が低下してしまいます。これらに対しては，必要に応じて庇の出を可変できればよいのですが，台風などが多いわが国ではそれは容易なことではありません。ここでは，日射熱の遮蔽と取得の観点から最適な庇の設計方法について述べます。

窓から室内に侵入する日射熱は，庇を深くして遮蔽効果を高め，冬は低高度の日射を室内に取り入れる，これが省エネルギーや室内温熱環境の観点からみた場合の最適な庇の基本原則となります。

住宅省エネルギー基準では，これらを考慮した「有効な庇」の寸法ルールとして，**下図**のような考え方が盛り込まれています。しかし，地域によっては夏と冬の入射角度が異なるため，年間暖冷房エネルギー消費量が最も少なくなる庇の出の寸法は地域により異なります。次頁は，住宅省エネルギー基準で用意されている外皮性能と一次エネルギー消費量を求めるための計算ツールを用いて，庇の出と暖房と冷房エネルギー，およびその合計値を示したものです。

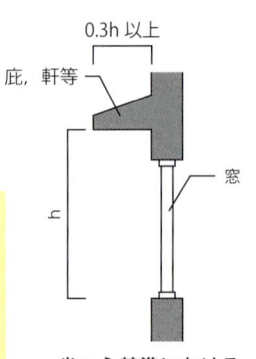

0.3h 以上
庇，軒等
窓

省エネ基準における
有効な庇

庇や軒の出の役割

- 暑い日差しを防ぐ
- 雨に濡れない空間をつくる。
- 窓からの雨の降り込みを防ぐ。
- 屋根と外壁の取合い部からの雨漏り防止
  →雨仕舞にとって有利
- 外壁面の保護
  →汚れ防止，劣化対策

省エネ基準の計算ツールを使った庇の検討

図1~3は，以下のプログラムを用いて，庇の出寸法ごとの一次エネルギー消費量を算出した結果です。
- 外皮：http://envelope.app.lowenergy.jp/
- 一次：http://house.app.lowenergy.jp/

図1より，暖房エネルギーが増加傾向になる庇の出は，5地域でおおむね450 mm程度，6地域で600 mm程度であることがわかります。一方，図2より，冷房エネルギーは庇の出が深いほど削減することがわかります。

夏冬のエネルギーバランスを考えた庇の出としては，図3に示すように，5地域であればおおむね450~900 mm程度，6地域であればおおむね600~1,200 mm程度が最適な寸法といえるでしょう。

なお，これらの検討は「APPENDIX1」に示す住宅プランを前提に算出したものであり，すべての住宅に適用できるものではありませんが，地域により庇の最適設計をすることの大切さは理解いただけると思います。

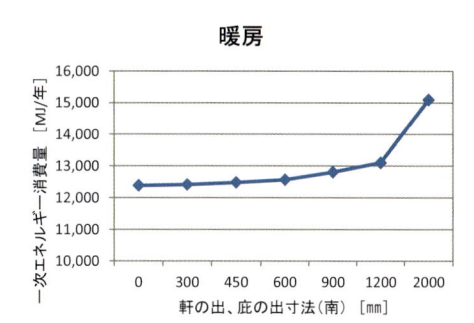

キーワード
庇
一次エネルギー消費計算プログラム
日射熱

関連項目
A01 →p.018
A04 →p.024
A05 →p.026
A06 →p.028
A08 →p.032

5地域

暖房

図1 庇の出寸法と暖房一次エネルギー

冷房

図2 庇の出寸法と冷房一次エネルギー

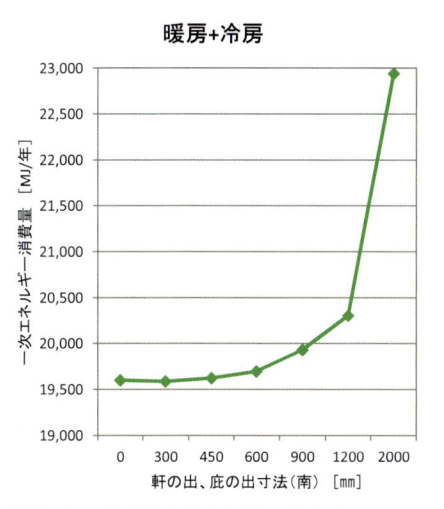

暖房+冷房

図3 庇の出寸法と暖冷房一次エネルギー

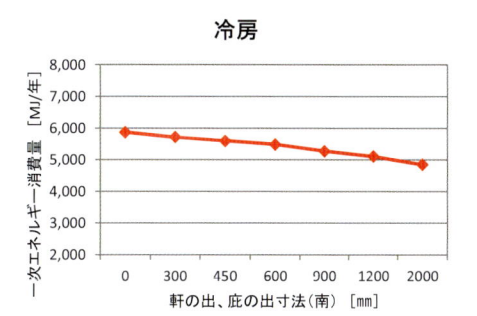

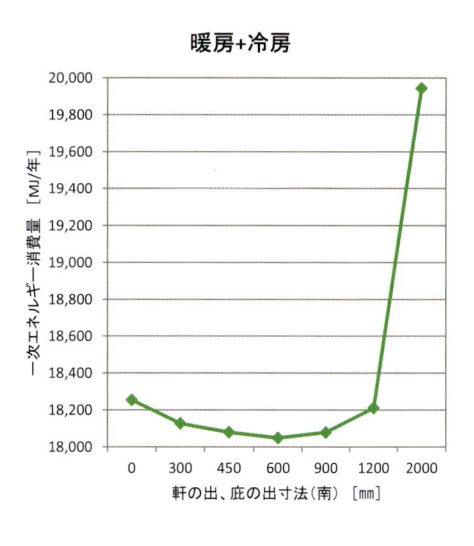

6地域

暖房

冷房

暖房+冷房

081

C 開口部

07 日射遮蔽・取得に対する付属部材の選び方は

付属部材の特徴を理解し，適材適所で使用する

外付け付属部材の方が日射遮蔽効果は大きい

【外付け付属部材の特徴】

　外付け付属部材は窓の室外に設置するため，室内に侵入する日射を全方位で遮蔽することが可能であり，日射による窓の構成部材（枠材，ガラスなど）への直射を避けることにより温度上昇が抑えられます。ただし，部材を選択する際には耐候性・耐久性・耐風圧に対する配慮が必要であるとともに，取付け部の外装材劣化や漏水などに注意する必要があります。

【内付け付属部材の特徴】

　日射量の軽減はもちろん，室内から操作ができるため操作性がよく，屋外環境（風，雨など）に影響されないことが特徴です。ただし，窓を透過してくる日射による付属部材および窓の構成部材の熱のほぼすべてが室内側へ放熱されるため，外付け付属部材ほどの効果は得られません。

【オーニング・庇の特徴】

　外側上部に取り付けることで，ある一定の角度で侵入してくる日射を遮ります。

　設置の際は方位やオーニング・庇の大きさ（出幅）を工夫することで，「夏場の強い日射を遮り冬場の日射を取り入れる」という可変的な窓にすることができます。

　また，出幅が決められている庇に比べ，オーニングは出幅の調整が可能なので，季節・時刻による日射角の変動に対しても柔軟に対応できますが，生地の色や種類によっては日射熱を吸収しやすいものがあります。また，台風の常襲地や強風地域では耐風圧強度などに注意し，採用を決定することが大切です。

外付け付属部材と内付け付属部材の遮蔽性能の比較

図1は太陽の日射を受ける窓において，室内外ブラインドの日射遮蔽効果を模式的に比較したものです。

日射遮蔽効果は外付けブラインドと内付けブラインドでは明らかな差が見られ，外付けブラインドは日射の約8割を遮蔽できることがわかります。

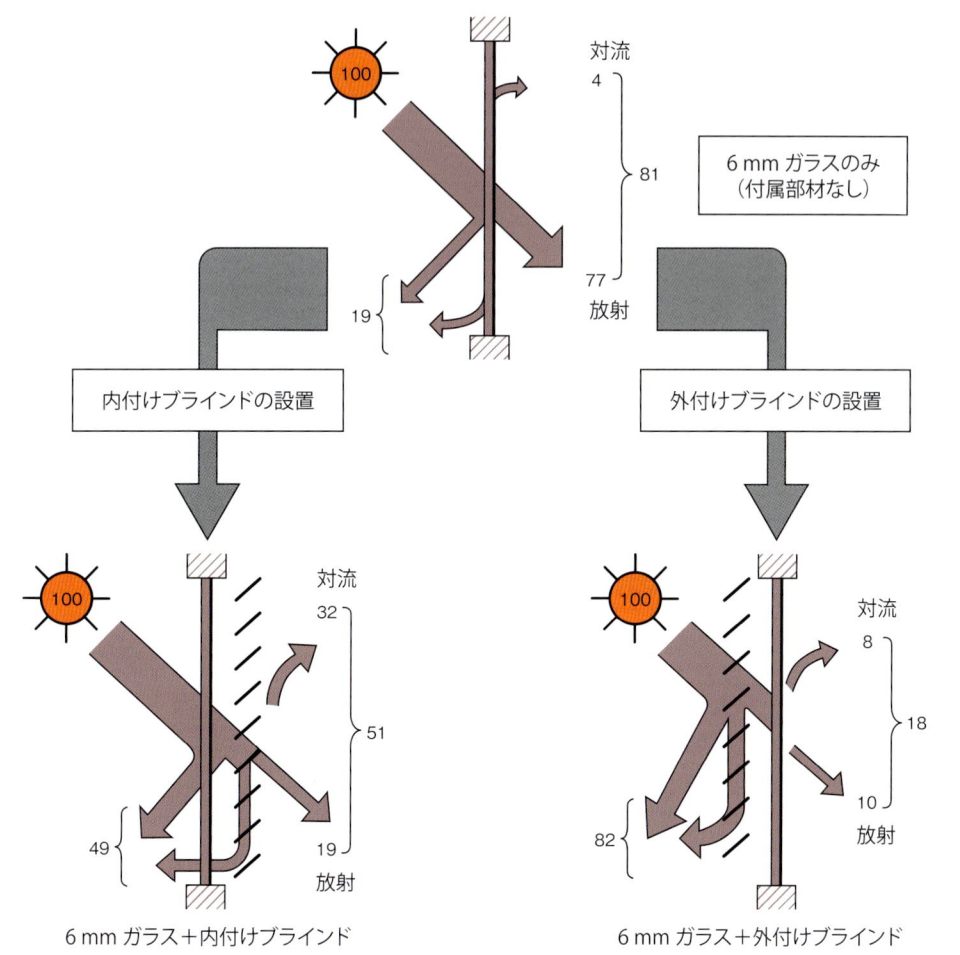

図1 ブラインドの取付位置による日射熱遮蔽効果の比較

表1に示すように，同じ日射遮蔽部材でも庇と垂直部材（ブラインド，カーテンなど）とは特性が異なります。庇は南面に取り付けることで日射遮蔽効果を発揮しますが，東西面に取り付けてもほとんど効果はありません。東西面の日射遮蔽には，ブラインドなどの垂直部材の設置が有効です。

日射熱取得率（η値）

付属部材	庇なし 真南±30°以内	庇なし 真南±30°以外	庇あり 真南±30°以内	庇あり 真南±30°以外
なし	0.79	0.55	0.40	0.55
レースカーテン	0.53	0.37	0.27	0.37
障子	0.38	0.27	0.19	0.27
内付けブラインド	0.45	0.32	0.23	0.32
外付けブラインド	0.17	0.12	0.09	0.11

※一般複層ガラスを用いたときの値

表1 代表的な付属部材の日射熱取得率※（η値）

キーワード
外付け
内付け
日射遮蔽

関連項目
A08→p.032

C 開口部

08 高断熱窓を用いると室内環境はどのように変わるか

住空間の放射環境が改善し，体感温度が変わる

高断熱窓を用いることによる温熱環境の質の向上

　断熱・遮熱性能などの建築性能を向上させることで，省エネルギー化ばかりでなく室内温度環境の質が向上することは，これまでも述べてきましたが，ここでは高断熱窓を用いることで，冬期・夏期の室内環境がどの程度変わるかを考えてみます。

　下図は冬期の居室における高断熱窓の導入効果を示した一例ですが，床や壁面の温度が上昇し，体の表面温度が改善していることがわかります。

　この計算例では，室温の上昇効果を含め，体感温度が5℃程度上昇しており，この効果を知ることができます。

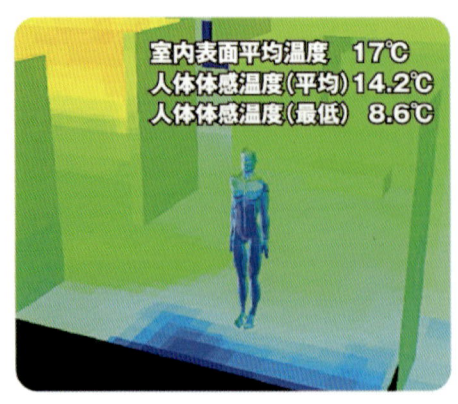

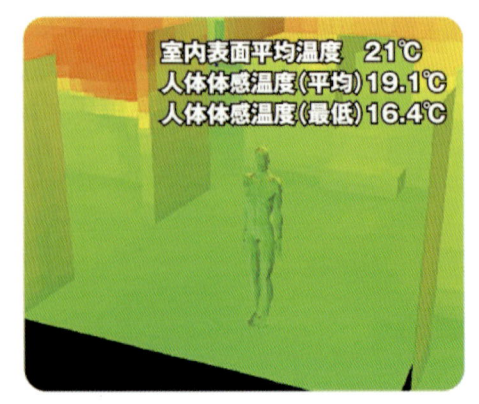

透明ガラス
- 室内表面平均温度　17℃
- 人体体感温度（平均）14.2℃
- 人体体感温度（最低）8.6℃

Low-E複層ガラス日射取得型
- 室内表面平均温度　21℃
- 人体体感温度（平均）19.1℃
- 人体体感温度（最低）16.4℃

窓の高断熱化による人体や壁・床の表面温度

冬のダウンドラフト・冷放射の改善と空間利用

図1は，外気温−8℃，室温20℃の場合に，窓の高断熱化により表面温度10℃以下の低温部分がどの程度低減されるかについて示したものです。

高断熱な窓を用いることで，居住空間の低温部分が大幅に取り除かれることがわかります。

居住スペースを温度的ストレスなしにフルに使うことができること，これも建築性能を高めることのメリットです。

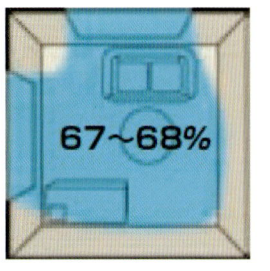

透明ガラス（3 mm）	複層ガラス （透明 3 mm＋12 mm 空気層＋透明 3 mm）	Low-E 複層ガラス日射取得型 （透明 3 mm＋12 mm 空気層＋Low-E 3mm）
67〜68%	13〜14%	2〜3%

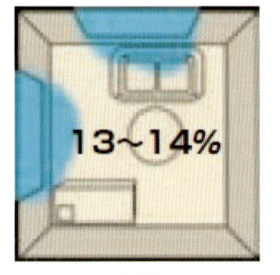

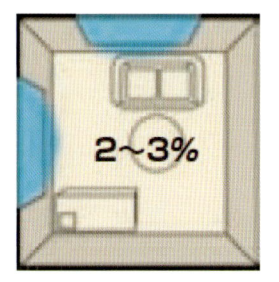

図1　ダウンドラフト・冷放射による不快ゾーンの比較

夏の体感温度の差

窓から直接日射が差し込んだときの，窓際にいる人の表面温度を赤画像カメラで撮影したのが**図2**です。

窓の日射遮蔽性能を高めることで，人の表面温度がかなり下がっていることがわかります。

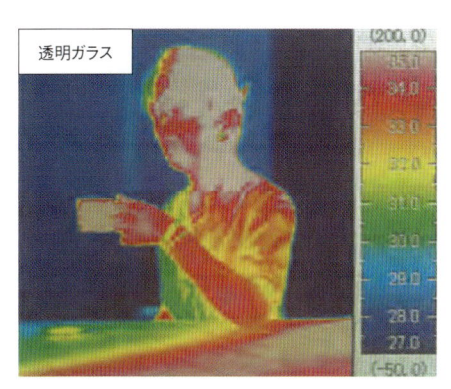

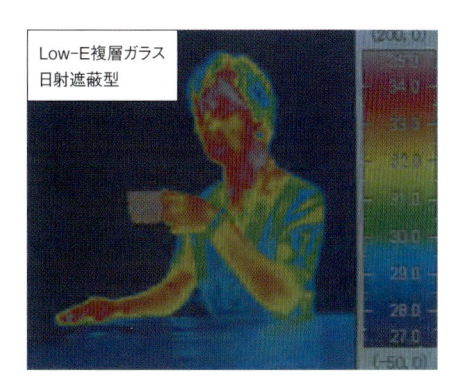

図2　夏の窓際にいる人の表面温度

下表は，各種ガラスの代表的な物性値を示したものです。

ガラスを高断熱化することで日射遮蔽性能が上がりますが，可視光透過率は下がることがわかります。

板ガラスの種類	熱貫流率 U値 [W/(m²・K)]	日射熱取得率 η値 [−]	日射透過率 [%]	可視光線 透過率 Tv [%]	セレクティビティー Tv/100η [−]
透明ガラス（3 mm）	6.0	0.89	86.7	90.4	1.0
複層ガラス（透明 3 mm＋12 mm 空気層＋透明 3 mm）	2.9	0.80	75.7	82.2	1.0
Low-E 複層ガラス日射取得型（透明 3 mm＋12 mm 空気層＋Low-E ガラス 3 mm）	1.7	0.61	52.7	79.7	1.3
Low-E 複層ガラス日射遮蔽型（Low-E ガラス 3 mm＋12 mm 空気層＋透明 3 mm）	1.6	0.39	35.4	69.1	1.8

板ガラスの日射熱特性

キーワード

Low-E 複層ガラス

体感温度

床面温度

冷放射

関連項目

C01 →p.070

C04 →p.076

C05 →p.078

C07 →p.082

H01 →p.160

H03 →p.164

C 開口部

09 日射条件の悪い敷地における住宅の設計は

日射条件を確保するには，
隣の住戸（2階建の場合）から7m以上距離をとる

隣棟との距離はどの程度確保するべきか

　日射熱，可視光の有効利用を考えるときに，住宅の南面に建築物がある場合は，その建築物の幅，高さ，その建築物との距離によって，大きな影響がありますので，事前の検討が必要になります。特に，都市型住宅では住宅が建て込み，居間などの主要居室に十分日射が入らないことが多く，住宅の設計においてこのことは非常に重要なことです。

　暖房期において，南側の建築物の隣の建築物との距離が比較的大きいとき，または上階部分に床面積が1階部分に比べて小さいときは，距離が5mでも日射は期待できますが，1階居室に十分な日射を取り入れるには，南側との建築物の距離が7m以上必要となります。

隣棟（2階建の場合）との距離が5m未満の場合には、2階リビング（生活主体の場）の検討

　隣地に南側に高さ8m程度の2階建住宅があり，その住宅との距離が5m未満の場合は，1階の居間には日射がほとんど入りにくくなるため，例えば居間などの主要居室を2階に配置するのも一法です。

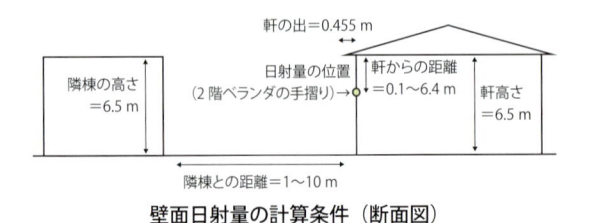

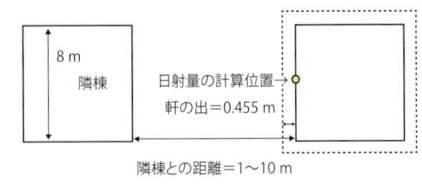

壁面日射量の計算条件（断面図）

- 軒の出＝0.455 m
- 隣棟の高さ＝6.5 m
- 日射量の位置（2階ベランダの手摺り）
- 軒からの距離＝0.1～6.4 m
- 軒高さ＝6.5 m
- 隣棟との距離＝1～10 m

壁面日射量の計算条件（平面図）

- 8 m 隣棟
- 日射量の計算位置
- 軒の出＝0.455 m
- 隣棟との距離＝1～10 m

隣棟との関係，南面・西面の鉛直面日射量を考慮する

図1と図2は，東京に住宅を建てた場合の，隣棟との距離と鉛直面日射量の関係を方位別（南面・西面）に示したものです。

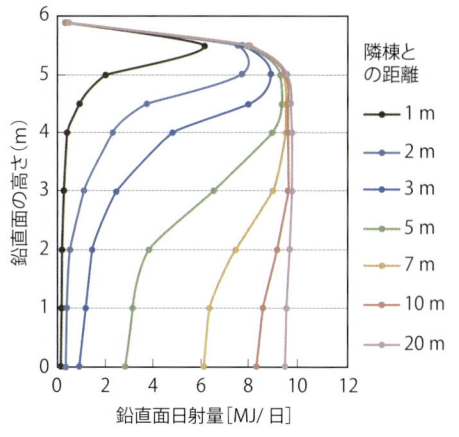

隣棟との距離が少ない場合は，暖房期においては2階と1階では，日射条件に大きな差が生じることがわかります。

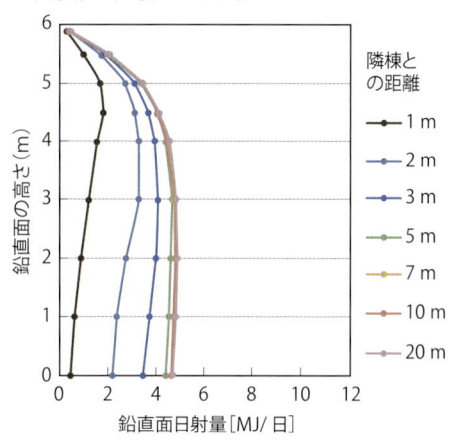

図1 南面の鉛直面日射量（MJ/日）

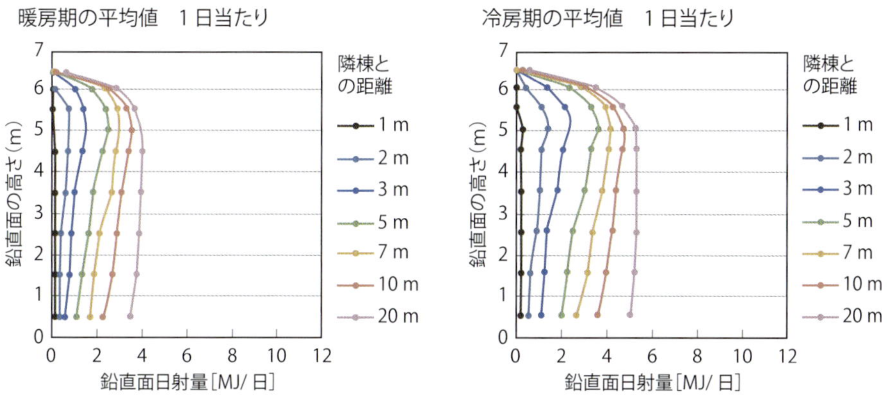

図2 西面の鉛直面日射量（MJ/日）

住宅の暖冷房負荷に対する影響

南側にある隣棟との距離を変化させたときの暖冷房負荷の影響を，図3に示します。

日射量の変化が，冷房負荷に与える影響は少ない結果となっていますが，暖房負荷への影響は隣棟との距離が3mのときには16％増加，5mのときには6％増加となります。

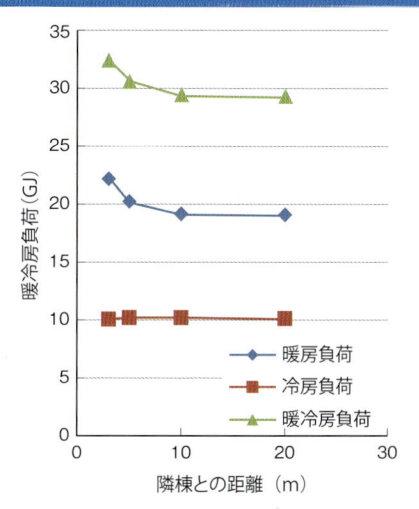

図3 隣棟との距離と年間暖房負荷

キーワード
2階リビング
日射量

関連項目
B05→p.050

C 開口部

10 部屋の明るさと窓の関係は

同じ面積の窓でも，高さや形状により部屋の明るさは異なる

　窓の設置高さやプロポーションは，部屋の明るさにどのように影響するのでしょうか。快適な採光をもたらす窓の設計をするためには，明るさを求めるだけでなく，照度分布を考えることが大切です。照度分布のむらがなくなるほど，穏やかな自然光にあふれる開放的な住空間が実現できます。

窓の設置高さは低い位置よりも高い位置の方が，室内を明るくすることができる

　窓は高い位置に設置した方が，部屋の奥まで光が行き届き，室内照度のむらが少なくなります（均斉度が向上します）。

窓形状は横長よりも，縦長形状の方が室奥まで明るくすることができる

　同一面積の窓であれば，横長よりも縦長の方が室内照度の均斉度が向上します。

室内照度の均斉度

表1に示すように,同じ面積の窓であれば,設置位置が高く縦長のプロポーションの方が,部屋の奥まで光が届き室内照度の均斉度が高くなります。設置位置が低い窓は窓際の床面のみが高くなるのに対し,縦長のプロポーションの窓は高い位置から低い位置までをカバーするので,照度分布の均斉度が向上します。

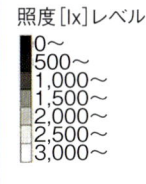

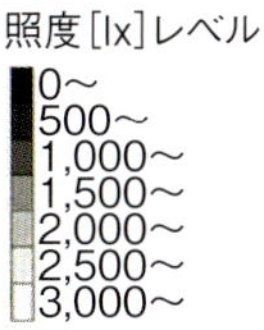

表1 窓の高さおよび窓の形状の違いによる照度分布

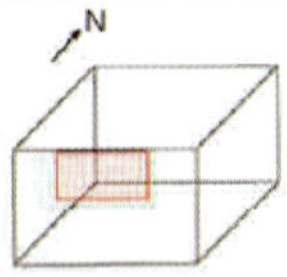

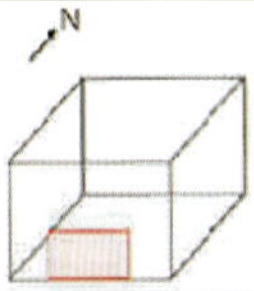

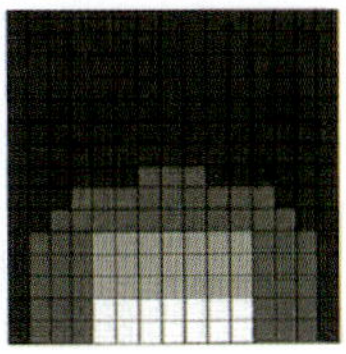

また,室内照度はガラスの種類や障子やブラインドなどの付属部材によっても変化します。図1と写1は,フロートガラスと型板ガラスの光の入り方について示したものです。フロートガラスは太陽光を日射角度そのまま で室内側に取り入れるのに対し,型板ガラスは太陽光を乱反射し拡散させながら室内に取り入れるため,照度のむらがない柔らかな採光となります。

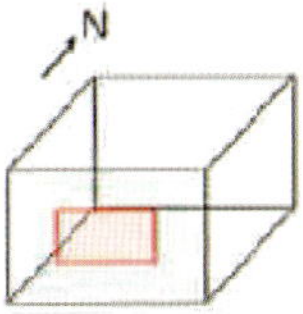

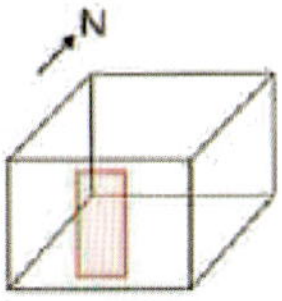

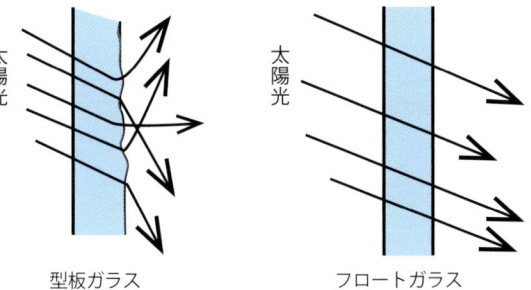

図1 型板ガラスとフロートガラスの太陽光の通し方のイメージ図

左:型板ガラス 右:フロートガラス

窓の設置方位と採光

北側:北側の開口部は,直射日光を取り入れることはできませんが,季節や天候に左右されない安定した採光が可能です。隣地の建物や立ち木の影響の少ない高い位置に窓を設ける工夫をすれば,良好な採光ができます。

西側:西側の開口部は,午後の明るい光が部屋の奥まで入りますが,夏期には強い日射を受けるので,西日よけの対策が必要です。

東側:東側の開口部は,夏期の早朝には東北東からの採光も得られます。気温の上がる前の快適な採光が得られます。

南側:南側の開口部は,年間を通して最も効率的な採光が可能です。
大きな窓を設けることで明るい室内環境が得られますが,冬期の断熱性能,夏期の遮熱対策に配慮した設計が必要です。

キーワード
室内照度
均斉度
設置方位

関連項目
B05 →p.050
C04 →p.076

C 開口部

11 天窓・ハイサイドライトなど高い位置につく窓の設計上の注意点は

日射熱取得量が多く,「熱のこもり」や「結露防止」に注意する

夏の日射遮蔽と冬の結露対策が必要

【日射遮蔽】

日射熱取得や採光に有効な天窓・ハイサイドライトですが,屋根面は垂直面日射量の3倍程度となるため,夏期には強烈な日射を受け,屋内の温度が上昇します。室内のオーバーヒート防止や冷房エネルギーの増加を防ぐため,日射遮蔽が必要不可欠となります。

【結露対策】

窓表面の結露は,外気温と屋内温度との差が大きい場合に発生し,冬期には窓の室内側に発生しやすくなります。特に天窓やハイサイドライトは,排気側となりやすい建物の上部に取り付くため,一般の窓よりも注意が必要です。

結露を軽減させるためには,次のような対策が考えられます。
① 天窓の断熱性能を高める。
② 相対湿度が高くなる空間や低温となる空間には設置しないようにする。

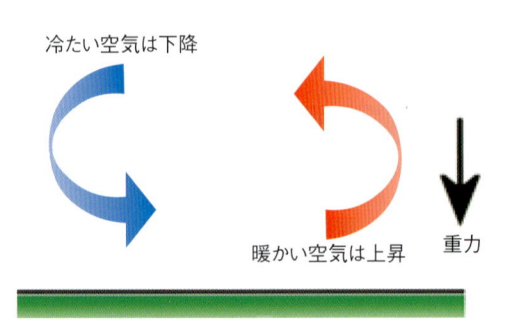

温度差のある空気の流れ

天窓のメリット・デメリット

　天窓を設けることで、垂直面に窓を設けた居室と比べ、空間の照度・明るさは大幅に向上し開放的な空間となります。

　その一方で、天窓と同じサイズの外壁に取り付く窓に比べ、天窓の日射熱取得量は約3倍程度となります（**表1**）。そのため、天窓が設置された部屋の多くは、夏期にオーバーヒートの危険性をもたらします。

　これらを軽減するには、天窓の内側に日射を遮る遮蔽物を設置することが大切ですが、日射遮蔽物をガラスに密着させるとガラスの熱割れが発生するおそれがあるため、ガラスと遮蔽物の間は最低でも100mm以上確保する必要があります。

| 窓のみ設置 | 窓＋天窓設置 | 窓＋天窓×2設置 |

写1 天窓を設けた場合の明るさ改善効果

開口部種類	夏期	冬期
窓	0.28	0.32
天窓	0.9	0.85

表1 単位日射強度当たりの日射取得量 [W/(W/m^2)]

［日射熱取得量算出条件］
サッシサイズ：H1,000mm×W1,000mm
ガラス：一般複層ガラス（透明＋透明）
地域区分：5地域
開口取付部の方位：北面

結露対策・漏水対策

　結露は、温度が低く、水蒸気が滞留する空間で発生しやすくなります。浴室やキッチンなど相対湿度の高い場所に天窓を設置した場合は、さらにそのリスクは高まります。これらを防止するには、左頁に記載したような点を配慮することが大切です。

　また、天窓を取り付ける際には、垂直面に取り付く窓に比べ、風圧が高く、降雨量も多くなるため、屋根勾配が緩い場合は雨水の滞留による漏水が懸念されます。漏水への対応は、製造メーカーの施工要領書に基づき、施工することが大切です。

写2 天窓の設置例

キーワード

天窓
ハイサイドライト
日射遮蔽
結露
熱割れ
漏水
メンテナンス

関連項目

C10→p.088

C 開口部

12 風通しのよい家をつくるための窓の配置は

立地条件に配慮し，通風経路を想定して窓を設計する

窓の設計では，さまざまな性能をバランスよく考えることが大切

窓の設計は，これまで述べてきたような断熱・日射取得・日射遮蔽・採光のほか，通風時の雨水の浸入，防犯性など，多くの機能をバランスよく考えなくてはなりません。

C12～C14 では，通風や排熱のための換気について考えていきます。

交通量の多い道路に面している場合や，学校の校庭や畑に面している場合などは，通風のための大きな窓を設けることが騒音や砂塵を招き入れる結果になりかねません。まず適切な通風が得られるかを考えたうえで，風通しのよい家を設計する際には，次の点に配慮して窓を配置することが大切です。

①居室空間では 2 面開口を基本とする。
②給気側窓と排気側窓の大きさのバランスに留意する。
③高低差のある窓の配置を検討する。

通風経路は，風上側が給気側窓，風下側が排気側窓になり，風がない場合には，窓の位置に高低差がある場所は，低い方が給気側窓，高い方が排気側窓となります。また，給気側窓の面積が同じ場合，通風量と吹き抜ける風の速度は排気側窓の面積で決まります。風は，通風経路の断面積が小さいほうが速度を増すので，人の居る場所の近くに小さな窓を設けると，流量の多寡によらず通風を感じることができます。同一平面に 2 面の窓を設置できない場合は，階段室や吹抜などを利用して，断面的に流入窓から流出窓への通風経路を考えます（C14 参照）。

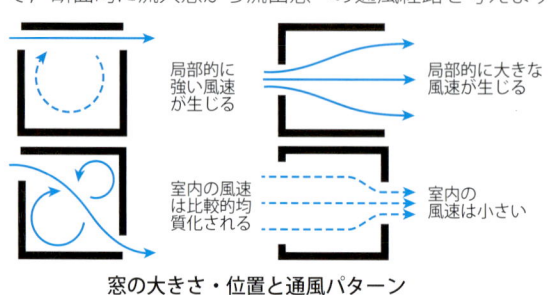

窓の大きさ・位置と通風パターン

高低差のある窓の通風

平面計画は各居室で2面開口を基本とする

各居室で2面開口が理想です。廊下などを経由する場合は，**図1**の通風経路②のように給気側窓―内部建具―排気側窓を直線的に配置します。同一平面で2面開口を設けることが難しい場合は，階段室や吹抜けなどを利用して断面的に給気―排気の経路を考えます。開口面積の目安を**表1**に示します。なお，引違いや上下引違い窓は，通風可能面積が窓面積の約半分になるので注意します。小さい窓面積で通風面積を大きくするには，すべり出し窓などを用いるとよいでしょう。

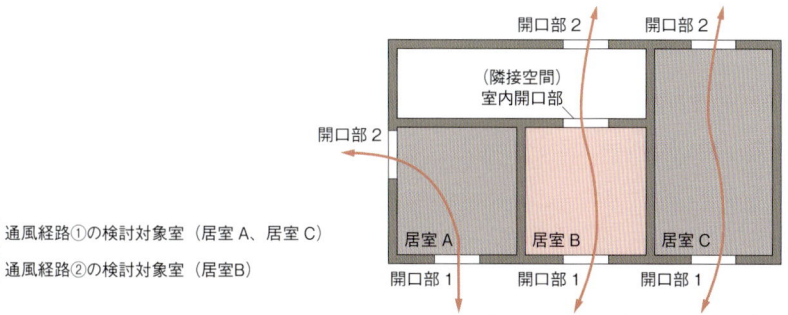

図1 通風経路の確保の方法

手法		開口部面積の床面積に対する割合		
		開口部1	室内開口部	開口部2
手法1a (開口面積小の組合せ)	通風経路①	1/35 以上	—	1/35 以上
	通風経路②	1/20 以上	1/50 以上	1/20 以上
手法1b (開口面積大の組合せ)	通風経路①	1/17 以上	—	1/17 以上
	通風経路②	1/10 以上	1/25 以上	1/10 以上

表1 開口部面積の目安

排気側窓をなるべく大きく

図3は，**図2**の条件で，横軸に給気面積に対する排気面積の割合をとり，風圧力差で流れる通風量を理論計算した結果です。

給気側窓面積が同じでも，排気側窓面積が小さいと通風量が少なくなることがわかります。風通しのよい家にするためには，南側の開口面積ばかりを大きくしても効果的でなく，むしろ排気側窓をなるべく大きくすることが大切です。

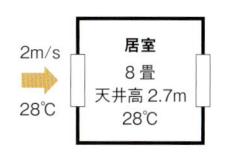

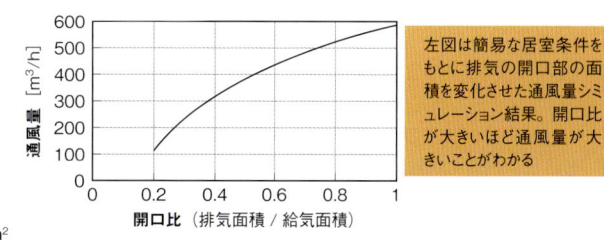

図2 居室条件

図3 開口部面積の通風量シミュレーション

左図は簡易な居室条件をもとに排気の開口部の面積を変化させた通風量シミュレーション結果。開口比が大きいほど通風量が大きいことがわかる

人の居るところに風が流れるように窓を設ける

風の流れは，窓の位置によって大きく変わります（**図4**）。

人の居るところに，有効な風の流れをつくることが通風の基本です。

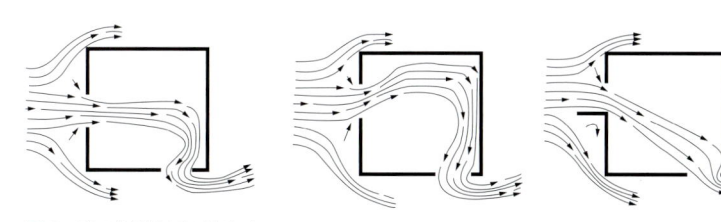

図4 窓の位置と風の流れ方

キーワード
風通し
2面開口
排気側窓
通風経路
温度差換気

関連項目
A04 →p.024
A08 →p.032
B01 →p.042
C13 →p.094
C14 →p.096
F06 →p.146
G01 →p.154

C 開口部

13 効率的な通風が可能な窓の形状・付属部材は

設置する窓の種類・形状・位置を工夫することで，効率的に風を取り込む

窓の形状・位置，風向，周辺環境で風の流れが変わる

窓の種類（形状），風向，窓の位置，周囲の状況などによって，室内に入ってくる風の流れが変わります。

　下図は，風の流れのイメージを表したものです。立地条件や風向き，窓のサイズ・開き幅・開き角度・風速など室内に入ってくる気流の性質は大きく変わるので，住宅周辺の風向きも考えながら，窓を計画をすることが大切です。

　自然風をうまく取り込むには，「風の流入口」，「風の通り道」，「風の流出口」に設置する窓の形状，位置，開閉操作などを工夫する必要があります。

　また，通風時は防犯・騒音・プライバシーなどの面でのマイナスもあります。これらを総合的に考え，住宅の安全性，快適性を損なうことのないように計画することが大切です（C15 参照）。

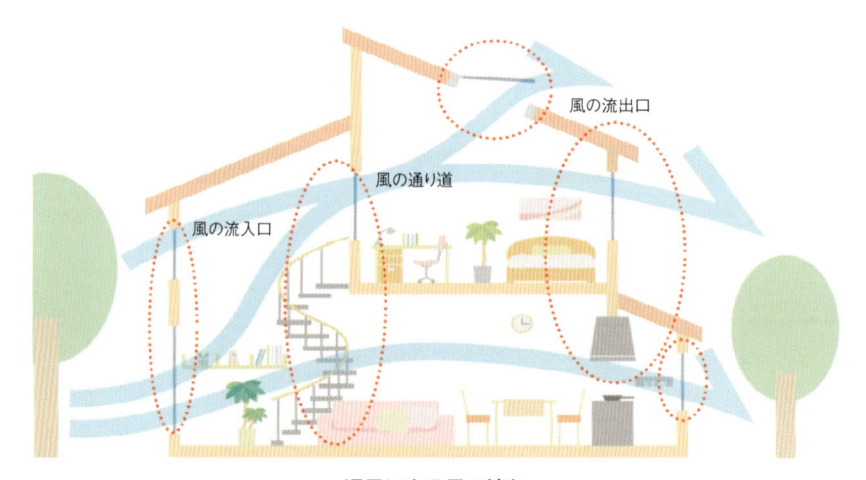

通風による風の流れ

自然風を取り込む方法

外側に開く窓を利用する
風上に開口部を設置できない場合でも,外側に開く窓を利用すれば,壁を伝う風をつかまえ,室内に取り込むことができます。

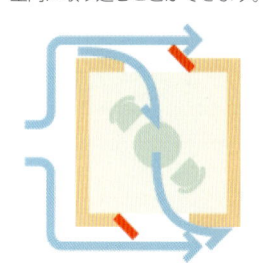

袖壁を風下よりに設置する
風上に開口部を設置できない場合でも,袖壁を風下よりに設置すれば,風を室内に取り込むことができます。

袖壁を設置しない場合
(通風量 20%程度)

袖壁を設置した場合
(通風量 50%程度)

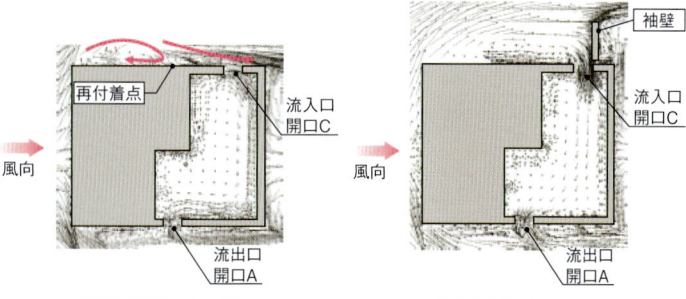

図1 窓の開閉方式や袖壁により風を室内に取り込む

キーワード
- 通風
- 袖壁
- 引き違い窓
- 横すべり出し窓
- 内倒し窓

窓の種類と風の流れのイメージ

窓の種類(形状),風向,窓の位置,周囲の状況などによって,室内に入ってくる風の流れが変わります。

図2は,窓の開閉方式と室内への通風量の関係を縮小モデルを用いた実験に基づき,風向別にまとめたものです。同じ開閉方式でも,風向きにより室内への通風量が大きく変化すること,開閉方式の違いで通風量が大きく変化することがわかります。また,通風量は必ずしも大きければよいというものではなく,団らん時,就寝時など生活シーンによっても快・不快は変化します。これらを考慮して,窓の選択をすることが大切です。

横すべり出し窓
上向きに流れやすい,気流感の少ない窓です。

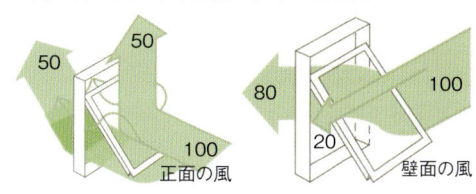

縦すべり出し窓

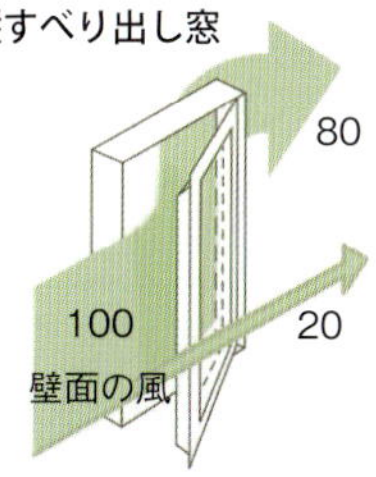

開き方向が風上の場合
気流感を得やすくなる。

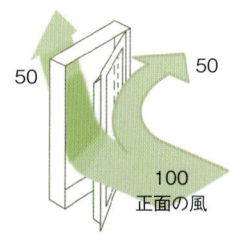

風向が正面の場合
部屋中央に風が流れる。

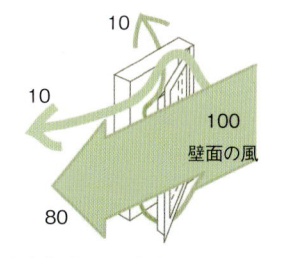

開き方向が風下の場合
風は取り込みにくくなるが,室内空気の排出に高い効果が得られる。

引違い窓
気流感を得やすい窓です。サイズも豊富で,開き幅は自由に調整できます。

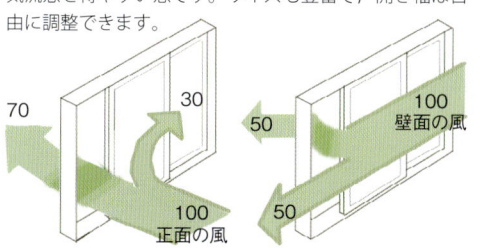

内倒し窓
上向きに流れやすい,気流感の少ない窓です。

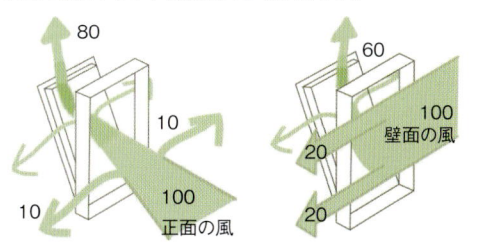

図2 窓の開閉方式と室内への通風量の割合

関連項目
- A08 →p.032
- B01 →p.042
- C11 →p.090
- C12 →p.092
- C15 →p.098
- G01 →p.154

C 開口部

14 夜間の就寝時や不在時の排熱を行うには

高低差のある窓を設け，温度差換気により排熱を行う

高低差のある窓を設ける

就寝時は直接，風があたると寝冷えをしてしまうため，内外の温度差を利用してわずかな気流をつくり出し，涼感を得るという方法が考えられます。ここでは，不在時や就寝時に小窓（防犯性や降雨時に対応できるもの）を開けておくことなどにより，効果的に排熱する窓の設計のポイントについて説明します。

①吹抜けや階段室，勾配天井などを利用して，できるだけ高低差をつけて窓を設置する。
②窓は風の力も利用できるように2面に設ける。
③下部の窓は防犯性に配慮する（人の侵入できない大きさや高さに設置する，格子を設けるなど）。
④少量の雨に対して吹込みを防止するため，横すべり出し窓，オーニング窓を使うか，庇を設けるなどの配慮を行う。

温度差による排熱換気は，単に上下に窓を設ければよいというものではなく，さまざまなことを考えて窓を配置することが肝要です。

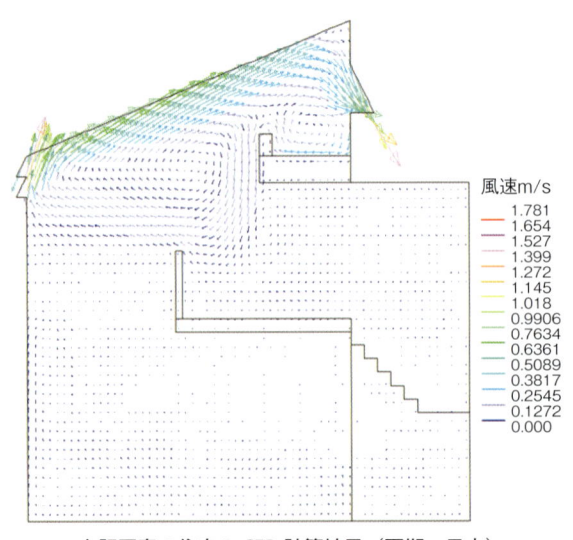

上記写真の住宅のCFD計算結果（夏期，日中）
無風時でも，上部の窓だけで空気が抜けていっているのがわかります

温度差による排熱の効果

図1は夏の日中の無風時を想定し，左頁の住宅の窓を閉め切った場合と30度程度開けた場合のCFD計算結果の温度分布を示したものです。

窓を締め切った場合（**図1左**）は，日射によって暖められた空気が吹抜けを上昇し，2階の天井付近から階段室を下降する流れとなり，住空間の温度上昇を招いています。

一方で，**図1右**は上下の窓を開けた場合の計算結果を示していますが，住宅全体の温度むらが小さくなり，前述の住宅より低温で維持されていることがわかります。

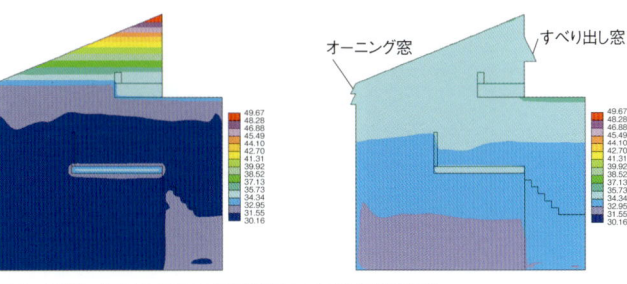

図1 夏期，無風の場合の住空間温度（CFD計算結果）

開口面積の目安

換気に有効な開口面積は，一般的に流量係数αと開口面積の積で表されます（α＝0.6前後）。また，網戸があると抵抗となるので，その分も減じる必要があります（下式）。

夜間に，効果を実感できる温度差換気を得るための開口面積は次のように求められます（延床面積134 m^{2}の住宅で，外気温度が24℃）。

図3より快適になる外気導入量は約350 m^3/hで，上下の開口の高低差が5 mの場合，必要な有効開口面積は1,400 cm^{2}となります。窓の呼称寸法06907の横すべり出し窓の場合，内法開口寸法が50×50 cmとすると，開き角度15°の場合は，**図2**よりα＝0.3となるので，有効開口面積は下式より 0.3×50×50×0.9（網戸）＝675 cm^{2}となります。したがって，上下それぞれ2箇所必要ということになります。

この他，日中の場合の温度差換気の設計手法の詳細は，（地独）北方建築総合研究所が無償配布している「窓を使った夏のくらし」を参照ください。
(http://www.nrb.hro.or.jp/provide/gijutu.html)

$$\alpha A = \alpha \times A \times 網戸補正率$$

αA ：有効開口面積
α ：流量係数
A ：実開口面積［cm^2］

窓種類	補正率
引違い窓	0.7
すべり出し窓 平行突出し窓 ドレーキップ窓（内倒し・内開き）	0.9

表1 網戸の影響による有効開口面積の補正率

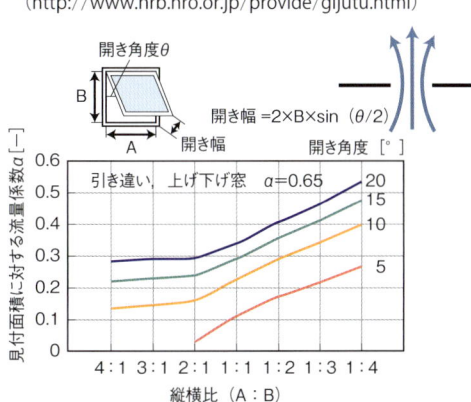

図2 開き窓における縦横比と開き角度別の値

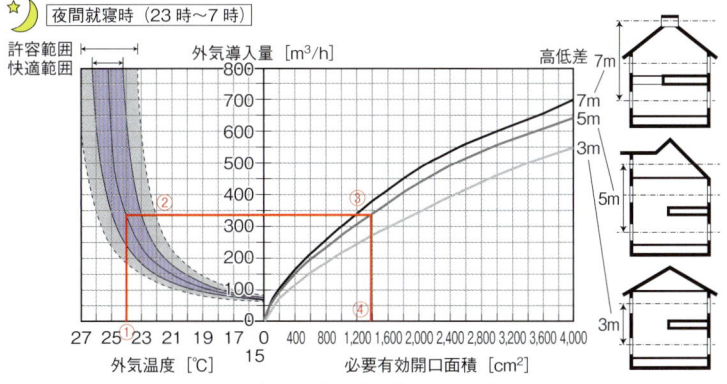

図3 外気導入により冷房する場合の窓の高低差と開口面積の関係

キーワード
上下の開口
排熱換気
防犯性配慮
雨水浸入配慮
温度差換気

関連項目
A01 →p.018
C15 →p.098
F07 →p.148

C 開口部

15 安全性・防犯性を考えたときの窓・ドアの設計は開閉方式を考えるか，付属部材を用いて対応する

ドレイキップ窓

面格子

防犯性を考慮した開口部

　開口部の性能には，耐風圧・気密・水密・遮音・断熱といった性能があり，性能等級や評価方法（試験）が日本工業規格 JIS に定められています。防犯性能に関しては，JIS などの基準はありませんが，「防犯性能の高い建物部品の開発・普及に関する官民合同会議」が定めた人的攻撃試験評価方法により評価されるのが一般的です。その内容は「試験員が窓の種類ごとに定められた方法に基づいて，各種道具を使って窓をこじ開けようとしても，一定時間（5 分）以内には開けられないこと」で，性能を確認するものです。

　しかし，つくり手がこの評価方法により個別に評価するのは大変なため，窓の種類ごとに仕様基準が定められており，その仕様の適合審査に合格したものが「防犯性能の高い建物部品目録」として全国防犯協会連合会のホームページに掲載されています。防犯性能の高い建物部品には，CP ラベル（**下図**）が貼付されているか，刻印がされています。

　これらの窓を用いる他に，窓の外側に面格子を設ける方法や，窓の開閉方式を選定するなどにより防犯性を高める方法があります。

開口部の防犯適合ラベル

サッシおよび錠のCPラベル

ガラスのラベル

防犯性が高い開口寸法の目安

図1には、「人が侵入可能な開口部」の大きさを示しています。これらに満たない開口部形状であれば、防犯性が高い開口部とみなすことができます。

これらに基づき、防犯性が高く、夜間通風に適した開口部の仕様を整理すると、おおむね以下のようになります。
① 引違サッシ窓または上げ下げ窓に防犯面格子を設ける。
② 幅（枠内法開口寸法）250 mm 未満の開き窓、または上げ下げ窓（高さは制限なし）を用いる。
③ 高さ（枠内法開口寸法）250 mm 未満の横すべり出し窓、または突き出し窓（幅は制限なし）を用いる。
④ 防犯上げ下げ内蔵ドア（通風勝手口ドア）を用いる。

特に②は、複数連窓にしたり、構造用柱を介して複数並列に設置することにより、採光面積を確保したり、意匠性を高めることもできます。

ただし①〜③は、窓が開いている場合は、人は侵入できませんが、手や腕を入れて、隣接のサッシの内錠の開錠し、侵入することも可能なため、隣接サッシの内錠は外から手が届かない位置に設けるなどの配慮が必要になります。

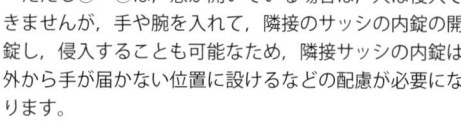

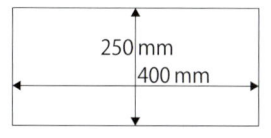

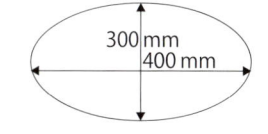

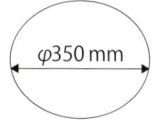

図1 人が侵入可能な開口部形状

防犯性に優れる窓・ドアの例

ドアA種　ドアB種　ガラスドア　上げ下げ内蔵ドア　引戸 ガラス引戸

引き形式サッシ　開き形式サッシ　雨戸　錠・シリンダー　スイッチボックス

1）出入口（玄関ドア，引き戸，勝手口ドア，引戸）

人が出入りする商品は、錠があり鍵を所有する人だけが出入りできる構造になっていますが、ピッキングやバンピングといった開錠方法があります。それらの侵入方法などに対応して、防犯性能を向上させた錠には、CPラベルが貼付けされています。またガラスは、ガラス叩き割り、ガラス熱割りといった侵入手口に対応して、防犯性能を向上させた防犯合わせガラスには防犯ラベルが貼付けされています（ドア本体・錠・ガラスなど）。

2）窓（引違い窓，開き窓，プロジェクト窓）

窓系のサッシは、サッシとガラスの2箇所にCPラベルが貼付けされています。特に引違い窓のサッシは、一般・防犯の区別なく一定程度の防犯性能があるため、ほとんどの引違い窓商品にCPラベルが貼付けしてあります。

一方、ガラスが防犯でないとガラスを割って容易にクレセントを開錠することができるため、ガラスを防犯ガラスにすることで、はじめて防犯建物部品（商品）となります。

注：障子用ガラスが2枚以上であれば、ガラスごとにCPラベル貼付けもしくは刻印されています。

3）Fix窓

開閉する部分がないFix窓は、ガラスのみで防犯性能を確保することになります。したがって、防犯ガラスが入ったFix窓は防犯部品（商品）を選択する必要があります。この場合、ガラス1箇所のCPラベルが貼付けもしくは刻印されています。

4）雨戸，シャッター，面格子

雨戸、シャッター、面格子には防犯性能の高い建物部品が開発されており、CPラベルの有無で確認することができます。

注：雨戸は、建具ごとにCPラベル貼付けされています。

キーワード
防犯性能
CPラベル

関連項目
C13→p.094

column 3

ガラスの断熱性能

杉浦公成

　窓のエネルギー性能に関する欧米の研究者と出会うと，日本の窓の断熱性能の低さを指摘されることがあります。気候風土の違いや住環境の違いはあるものの，ほぼ同緯度の地域と比較した場合，日本の窓は，欧米に対して劣っているのは否めません。

　とりわけ，ドイツの窓はすでに三層（トリプル）Low-E 複層ガラスが一般化しており，最近では四層（クワトロ）の製品も登場しています。外皮の中で窓は断熱性能のみならず，日射熱を取り入れることができる部位でもあり，昼光利用に関し遮蔽物を組み合わせ日射熱の制御を行い，年間を通じて窓のエネルギー性能を高めることが標準的になっています。

　ドイツの研究者から，日本は自動車などで高い省エネ性能を達成し，ユーザーもそれを志向しているのにも関わらず，建物の外皮性能の関心が低いのは何故だと質問を受けたことがあります。板硝子協会では，Low-E 複層ガラスを一般に馴染みやすい「エコガラス」の名称で普及率アップに努め，現在，新築戸建は 6 割程度に達しています。

　これまで日本の省エネ基準も段階的に強化され，今日の状況になっています。平成 25 年の改正省エネ基準は外皮性能の基準はあるものの，一次エネルギー消費量で評価するようになり，外皮の断熱性能向上が足踏みしている感があります。

　高性能な窓（特にガラス）の普及率に関しては，欧米に先を越されているのは否めませんが，日本のメーカーの技術は欧米に対し，決して劣っているわけではありません。日本でも高性能なガラスの採用率が向上すれば，高断熱ガラスの供給体制は速やかに整えることができます。また，欧米諸国では商品化されていない真空ガラスといった製品もあります。

　ドイツの研究者からドイツは，まず居住者の健康と安全のために外皮の断熱性の確保を必須としており，そのうえで省エネ基準

が設けられていると話を伺ったことがあります。日本の省エネ基準は，一次エネルギー消費量の考えに変わり，高効率な設備や創エネ関係に注目が集まっていますが，建物自体の重要な性能である断熱，日射取得・遮蔽，気密，蓄熱などに関して，軽視されないかといった懸念があります。省エネ基準の目的関数が一次エネルギー消費量である限り，それは至極合理的なのかもしれませんが，それならば建物の性能，とりわけ居住者の健康に密接なかかわりを持つ外皮の断熱性能については，省エネとは別の次元・観点(たとえば建築基準法)で規定されることが必要ではないでしょうか。

　地域によって住宅のエネルギー使用量の内訳や総量は異なりますが，約1/4が暖冷房によるもので，そのうち暖房用が大きな割合を占めているといわれています。住宅の中で窓は熱的弱点であり，窓を小さくすることを考える設計者もいます。しかし，窓は視覚的な開放感を与え，採光・眺望できるメリットがあります。よって，窓は小さくすべきではなく，開口として十分に確保したうえで，省エネ，健康といった切り口から高断熱にすべきです。さらに，暖房と冷房と両方の熱負荷を低減するために，遮蔽物を組み合わせた日射熱取得率の活用も必要です。Low-E複層ガラスは断熱と日射の取得と遮蔽を兼ね備えたガラスであり，その中に日射熱の取得型と遮蔽型の二つのバリエーションがあります。使用される地域，気候変動，方位，住宅の用途や使い方，また住まわれる方の断熱，日射取得に関する考えなどさまざまな要件を考慮し，快適なガラスを選択することが重要です。

　そのため消費者に受け入れられやすい窓の指標などは，評価法の前提条件や評価結果の表示方法も含め，シンプルでわかりやすいものにする必要があります。

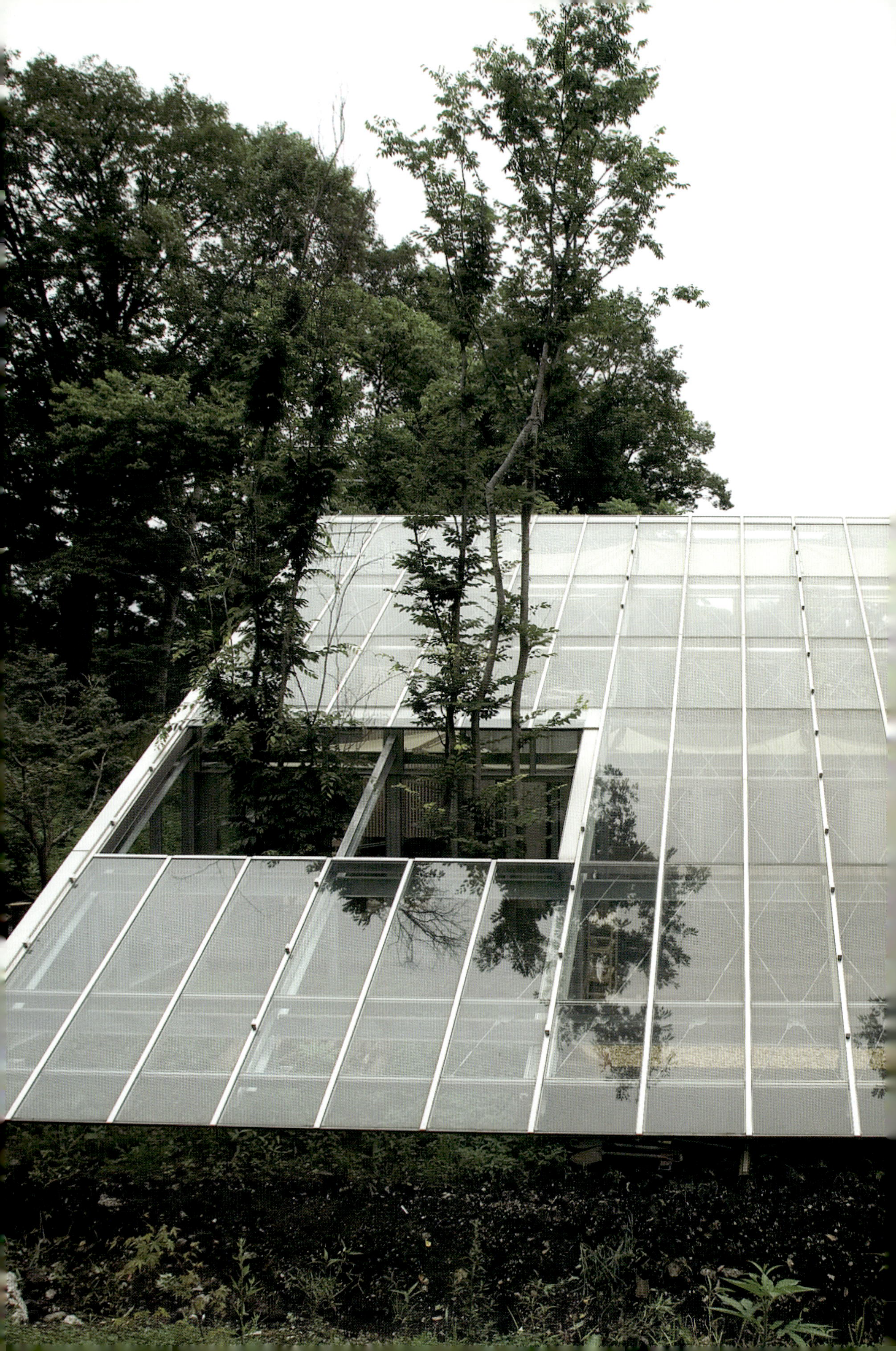

INDEX

01 充填断熱・外張断熱工法の特徴と留意点は

02 高断熱住宅をつくるための住宅構造別の留意点は

03 断熱材をどう選ぶか

04 断熱の効果を発揮するための施工上の注意点は

05 基礎断熱と床断熱の特徴と留意点は

06 温暖地でも外壁や屋根の通気層，小屋裏や床下の換気は必要か

07 非暖房室の結露を防ぐには

08 夏型結露を防止するには

09 住宅の屋根や外壁に遮熱材・遮熱塗料を用いることによる効果は

10 日本の伝統的住宅をどう考えるか

D

断熱外皮

01〜10

　断熱性能を考えるとき，屋根・外壁・床・基礎などの外気と接する建築の「外皮」は，最重要な部位であることはいうまでもありません。
　ここでは，断熱工法の特徴や注意点，それぞれの部位の断熱計画のバランスと効果について解説します。また，断熱設計するときに問題となりやすい結露も取り上げています。

D 断熱外皮

01 充填断熱・外張断熱工法の特徴と留意点は

断熱工法の特徴を活かし，住宅形状・部位に応じて適材適所で選択する

充填断熱か外張断熱か？

一般に戸建住宅の断熱工法は，充填断熱か外張断熱のいずれかとするケースが多いようです。

下表に示すように，それぞれの工法には特徴と施工上の留意点があり，どちらが優れているというわけではありません。

また，住宅は都市型住宅のように比較的単純な形状の住宅や，地方の郊外に建つ住宅のように，一部2階建の複雑な形状の住宅までさまざまあります。また，現在は充填断熱や外張断熱で対応していても，将来的により高断熱な外皮としていくには，充填と外張を併用するような考え方も必要となります。さまざまなニーズに対応するには，特定の工法にこだわるのではなく，住宅形状や部位に応じて，断熱工法を使い分けるという柔軟さと知識を普段から身に付けておくことが大切です。

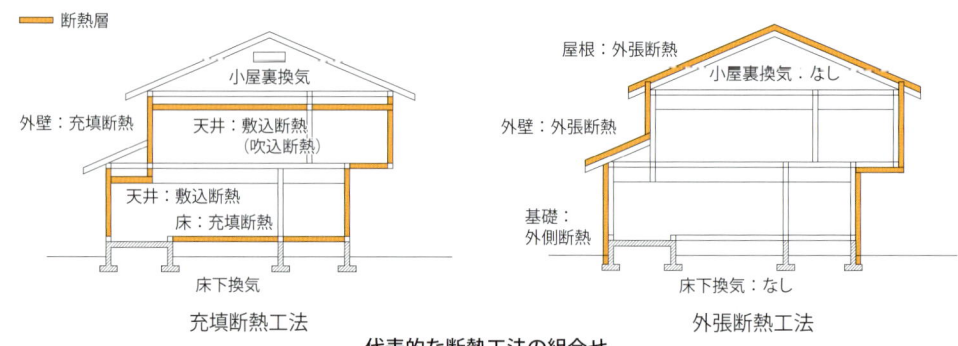

代表的な断熱工法の組合せ

	充填断熱	外張断熱
工法	木造の柱間など，躯体内に断熱材を充填する工法	木造の壁の外側など，躯体の外側に断熱材を施工する工法
特徴	・外壁や開口部などで特殊な施工を必要としない ・形状が複雑な建物でも施工できる ・壁が厚くならず，部屋および建築面積が制限されない	・熱橋が発生しにくい ・構造金物の結露が生じにくい ・施工管理が容易で，気密性能を上げやすい ・単純な形状の家では，施工が非常に容易
留意点	・柱厚さ以上の断熱材は使用できない ・金物類との干渉が発生するので，結露防止のために適切な対処が必要 ・防湿層，防風層が必要 ・取合い部などで，断熱材や防湿気密層が不連続にならないように注意する	・壁厚が増す ・外装材の取付や開口部周辺の施工に工夫が必要 ・外装材の垂れ下がりなどの検証がなされた工法を採用する ・防火検証の行われた工法を採用する
主に施工されている断熱材	グラスウール，ロックウール，セルロースファイバー，現場発泡吹付ウレタンなど	ビーズ法ポリスチレンフォーム，押出法ポリスチレンフォーム，ポリウレタンフォーム，フェノールフォームなど

充填断熱・外張断熱の特徴と施工上の留意点

充填断熱工法の施工上の留意点

図1に，充填断熱工法の施工上の留意点を示します。

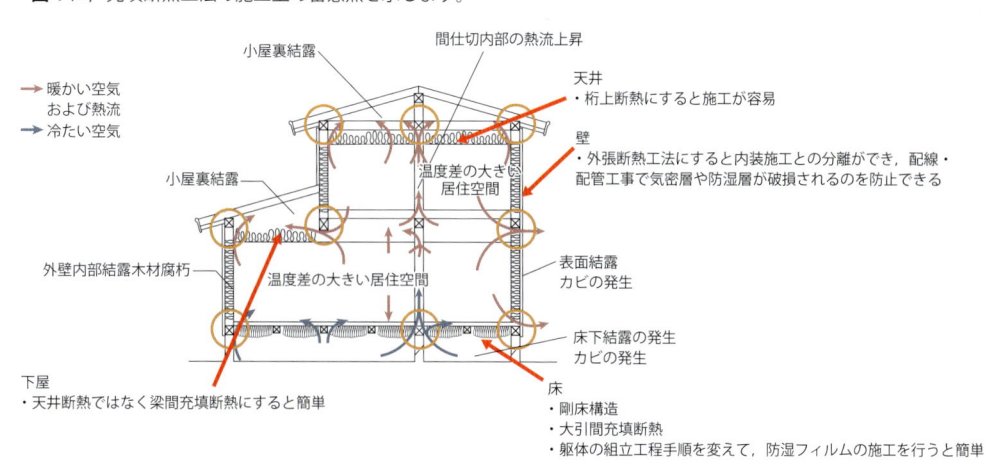

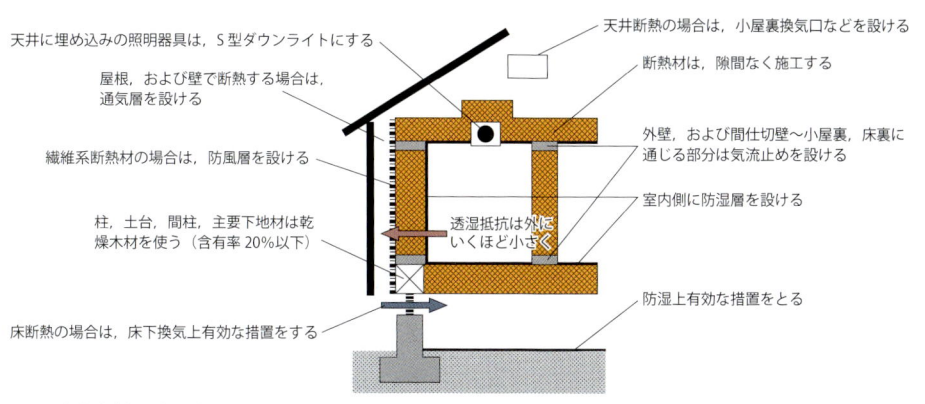

図1 充填断熱工法の施工上の留意点

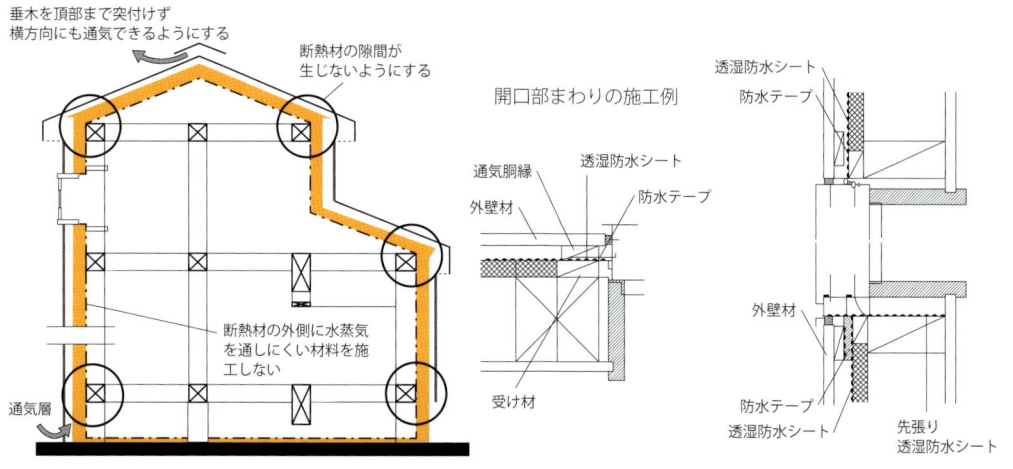

外張断熱工法の施工上の留意点

図2に，外張断熱工法の施工上の留意点を示します。

充填断熱に比べ，外張断熱は構造部材の外側で断熱層を構成するため，連続した断熱層，気密層の施工は容易になり，発泡プラスチック系断熱材の場合は，防湿層の施工が不要になるなどのメリットがあります。

しかし，屋根と壁の取合いなど，他の部位の取合い部で，断熱欠損が発生しやすくなるので，注意が必要です。また，開口部の防水納まりのためには，窓を断熱材の厚さ分持ち出して施工するなどの工夫が必要になります。

図2 外張断熱工法の施工上の留意点

キーワード

充填断熱

外張断熱

金物

開口部まわり

関連項目

D03 →p.108

D09 →p.120

H02 →p.162

H03 →p.164

D 断熱外皮

02 高断熱住宅をつくるための住宅構造別の留意点は

構造部材の熱伝導率に留意し，構造熱橋断熱欠損をつくらないことが大切

躯体材質による差

　○○断熱工法に比べ，□□工法は優れているなどの情報は，メーカーのホームページやネット上で氾濫していますが，適切な断熱工事を行えば，住宅構造の違いによる熱的な有利不利はありません。適切な断熱施工・断熱工法とは何か……。そのためには，住宅構造に応じて，構造部材の熱伝導率の違いをしっかり見極めて，対策を講じることが大切です。

　下表に，木造・鉄骨造・RC造に用いられている一般的な構造部材，材料の熱伝導率などを示します。

　木造の場合は，木材は表面結露を生じさせるような，重大な熱的弱点とならないため，断熱材を貫通する木材を熱橋として勘案しながら部位の熱貫流率，断熱性能を検討することになります。

　一方でRC造，鉄骨造の場合は，断熱材に比べて構造部材の断熱性能が著しく劣るため，それらを構造熱橋として適切な断熱補強を行うほか，表面結露防止のための断熱措置を別途講じる必要があります。

材料名	熱伝導率 λ（乾燥）W/(m・K)	比重量 ρ kg/m³	比熱 c kJ/(kg・K)	1m³当たりの熱容量※ kJ/(m³・K)
断熱材　グラスウール保温板	0.044	16	0.84	13.44
断熱材　フォームポリスチレン保温板	0.037	30	1.0～1.5	30～45
木材	0.12	400	0.14	56
コンクリート	1.1	2,200	0.88	1,936
鋼材	45	7,860	0.48	3,773
アルミニウムおよびその合金	210	2,700	0.9	2,430

※比重量と比熱の値を用いて計算により求めた

各種材料の熱物性値

住宅構造・断熱工法と熱橋対策

 構造部材の熱橋対策の要否は，住宅構造・断熱性能のほか，建設する地域・気象条件によっても異なりますが，表1では，温暖地における対策の要否を示しています。
 熱橋対策に不備があった場合，結露，カビの発生による室内環境汚染だけでなく，構造躯体や内外装などの腐朽・汚損も引き起こします。特に，木造や鉄骨造では住宅そのものの耐久性低下に至る危険性もあり，注意が必要です。

キーワード

熱伝導率

熱容量

熱橋

| | 表面結露防止 |||||| | 熱損失防止 ||||||
| | 木造 || RC造 || S造 || | 木造 || RC造 || S造 ||
	充填断熱	外張断熱	内断熱	外断熱	充填断熱	外張断熱	充填断熱	外張断熱	内断熱	外断熱	充填断熱	外張断熱
柱・梁					●				●		●	
断熱層を貫通する部材					●				●	●	●	●
構造金物	●		●		●	●			●		●	

● 十分な熱橋対策が必要

表1 住宅構造・断熱工法と熱橋対策

各住宅構造別の熱橋対策の例

 図1は，特に構造材の熱伝導率が大きい鉄骨造，RC造の構造熱橋対策の一例を示します。

1) 鉄骨造の構造熱橋対策

 鋼材は熱伝導率が非常に大きな材料のため，断熱層を貫通するような熱橋を設けないよう，鋼材の内側あるいは外側に必ず断熱材を設けなくてはなりません。

鉄骨造における鉄骨梁まわりの断熱補強

2) RC造内断熱の構造熱橋対策

 RC造内断熱では，構造躯体が断熱層を貫通する部分は厚さ20mm程度の発泡プラスチック系断熱材を折り返すなど，低温となる構造躯体を断熱材でカバーするような断熱補強が必要です。

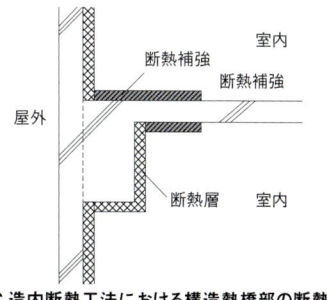

RC造内断熱工法における構造熱橋部の断熱補強

3) RC造外断熱の熱橋の構造熱橋対策

 RC造外断熱も，構造躯体が断熱層を貫通する部分は前述した内断熱と同様の対策が必要です。
 なお，RC造の断熱補強仕様は平成27年4月1日改正・施行の日本住宅性能評価基準・評価方法基準の5-1断熱等性能等級に，その具体的な数値が規定されており，それに準拠した措置を行ってください。

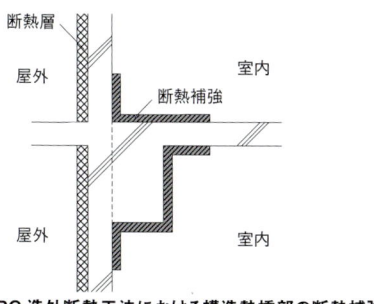

RC造外断熱工法における構造熱橋部の断熱補強

図1 各住宅構造別の熱橋対策の例

関連項目

B06 →p.52

D01 →p.104

D 断熱外皮

03 断熱材をどう選ぶか

断熱材は断熱工法，施工部位によって選択する

断熱材は断熱工法・施工部位により選択する

断熱材は，まず，その住宅の断熱工法と施工部位に応じて選択します（次頁**表1**）。

断熱材は大別して，繊維系と発泡プラスチック系の2種に分かれ，その形状はマット状・吹込み・吹付けに分類されます。一般に，繊維系断熱材は充填断熱工法，発泡プラスチック系断熱材は外張断熱工法や外断熱工法，吹付け断熱材は断熱材を施工する空間や部位の形状が複雑な箇所やRC造・鉄骨造によく用いられています。

断熱材を選択する際の主な留意点は，おおむね以下のように整理できます。

①建物構造や断熱工法に適したものを選択する

木造・鉄骨造・RC造，充填断熱・外張り断熱・内張り断熱，内断熱・外断熱など。

②①に加え施工部位に適したものを選択する

屋根（野地上・垂木充填），桁上，天井裏，壁（充填・外張り，内張り），床，基礎など。

③必要な断熱性能を満たすものを選択する

必要とされる断熱性能（熱抵抗）を実現できるよう，断熱材の熱伝導率と施工可能なスペース（厚さ）を考慮し断熱材を選択する。

④コスト

予算に合わせて，断熱材のコストだけではなく施工コストや必要な副資材コストなども考慮し断熱材を選択する。

⑤防火性能

建設する地域や構造・階数・面積などによって，壁や床など建物に一定の防火性能が求められる。求められるレベルや部位などによって，内外装材や使用できる断熱材の種類や密度・厚さなどが制限される場合があるので，建築基準法の告示仕様や建材メーカーなどの認定構造の内容などを確認することが重要です。

⑥環境性能

地球環境保全の観点より，断熱材も$LCCO_2$の小さいものが望ましい。

断熱材の種類と施工上の留意点

図1に，主な断熱材の熱伝導率と透湿率を示します。

透湿率がおおむね10［ng/(m·s·Pa)］以上の断熱材を選択する場合は，必ず断熱材の室内側に防湿層を連続して設け，断熱材の室外側は通気層を確保するなど，壁体内部に水蒸気が滞留しないような構成とする必要があります。

これらに該当するものとしては，繊維系断熱材や吹付け硬質ウレタンフォームA種3などがあります。なお，これらの断熱材を基礎の内断熱に施工してはいけません。

次に，目標とする熱貫流率を満たす必要厚さを計算し，対象とする部位で，適切な施工ができるかを検討します。特にマット状断熱材は，現場施工時に無理やり押し込んでしまうと，大幅に性能が低下し，設計性能が確保できなくなるため注意が必要です。

なお，断熱材はJIS製品もしくは（一社）日本建材・住宅設備産業協会が認定した「優良断熱材認証マーク」がついた製品を選択することが望まれます。

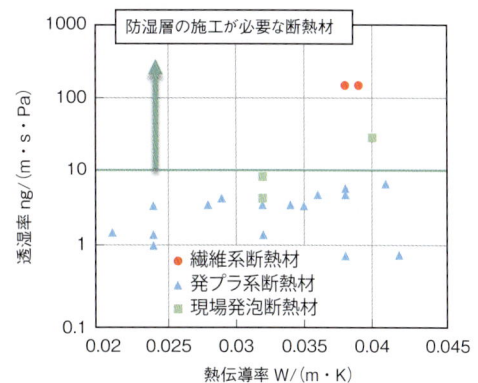

図1 代表的な断熱材の熱伝導率と透湿率

キーワード
施工部位
施工方法
繊維系断熱材
発泡系断熱材
吹込み断熱材

関連項目
D04→p.110
D09→p.120

断熱材	特徴	施工上の留意点
マット状断熱材（繊維系）	繊維状断熱材をマット状に加工し圧縮梱包された断熱材 ・簡単に切断でき，現場調整も容易 ・密度が高い製品ほど断熱性能が高い ・価格が安い ・防湿フィルム付きの断熱材がある	・施工の良/不良で大きく断熱性能が変わるので，指定された正しい方法での施工が重要 ・断熱材自体の透湿性が高いので，内部結露を防止するため室内側に防湿層の施工が必要 ・断熱材内部通気による性能低下を防止するため，気流止めや屋外防風層の施工が必要 ・防湿フィルム付き断熱材はフィルムの耳を柱などへステープルで止め，ボードで押さえる
ボード状断熱材（繊維系）	・板状に成型された断熱材，剛性がある。床断熱や外張り断熱に適する ・一般的に密度の高い物ほど性能が高い ・均一な厚さで施工できるため，断熱性能のばらつきが小さい ・マット状断熱材より値段が高い ・アンカーボルトや接着剤を用いた施工が可能	・透湿性があるので，マット状断熱材と同様に防湿層が必要 ・断熱材相互や他材料との接合部に隙間が発生した場合，押しつけるように施工する ・表面撥水処理製品もある・床断熱では垂れ下がらないように受け具などを設ける ・外張り断熱には横桟工法，治具（ブラケット）工法などがある
ボード状断熱材（発泡系）	・発泡系製品は防湿性に優れる ・発泡系製品はノンフロンA種を使用する ・発泡系製品には，施工の簡便化のため面材，下地材と複合化した製品，複雑形状に成型された製品がある	・断熱材相互や他材料との接合部に隙間が発生しやすいので，重ね張りや合じゃくりで隙間が空かないようにする
現場吹込み断熱材（繊維系）	小塊状の繊維系断熱材を専用装置で空間に吹き込んで施工する断熱材 ・天井裏など障害物が多く，マット状やボード状断熱材が施工できない場合に適する ・断熱材メーカーが指定工事店制を取っている場合が多い	・断熱材メーカーの施工マニュアルなどを遵守して，施工する必要がある ・施工後の沈下を見込んで必要量・必要厚さを決めて施工することが必要 ・施工量は重量で管理するため，事前に施工面積を把握することが必要 ・透湿性，通気性があるため室内側に防湿層を設ける
現場吹付け断熱材（発泡系）	発泡樹脂混合原液を専用装置で混合しながら対象部位に吹き付け，固化させる断熱材 ・部位の形状に合わせて施工できるため，断熱欠損が発生しにくい ・発泡系製品はノンフロンA種を使用する	・原液メーカーの原液作業標準を遵守して，施工する必要がある ・表面層を切除すると性能が変わりやすいので，可能な限り切除しなくてもよいように施工厚さの管理に注意する ・吹付け硬質ウレタンフォームA種3では，内部結露防止のため，別途防湿層の施工が必要 ・施工中に可燃性蒸気の発生する場合があるので，換気に注意するとともに周辺での火気の使用，溶接火花の発生がないようにする

表1 形状による断熱材の特徴と注意点

D 断熱外皮

04 断熱の効果を発揮するための施工上の注意点は

連続した断熱層・防湿層・気密層が形成されるように施工する

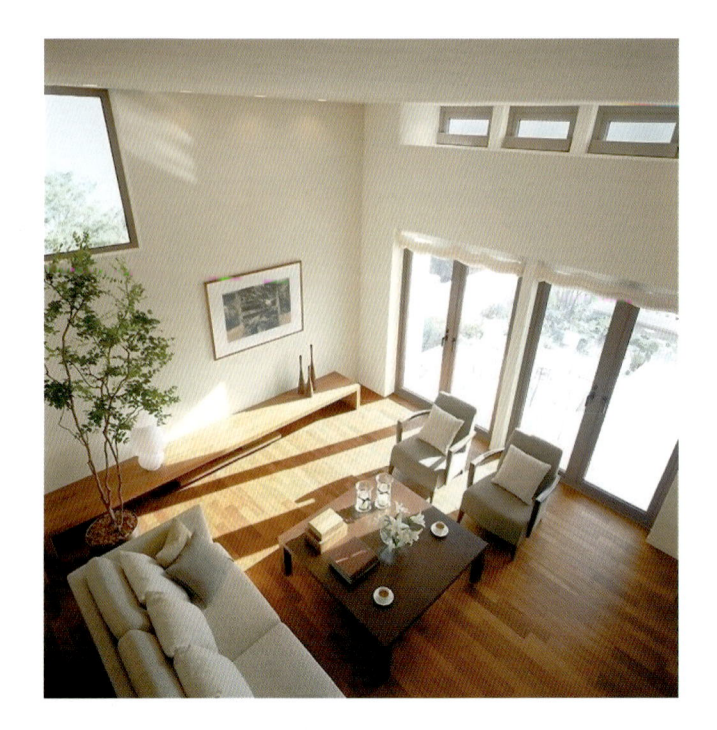

断熱施工の基本

　断熱施工の基本は，断熱材を切れ目なく施工し断熱層を連続させると同時に，防湿層と気密層を連続させる必要があります。特に，断熱施工がなおざりになる部分（**下図**）としては，以下のような箇所があります。

- 階段室の床，周壁
- 和室の床の間や押入
- バスユニットまわりの床・壁・天井
- 下屋部を天井断熱した場合の下がり壁部分
- セットバックやオーバーハングした場合のバルコニー床
- 玄関の土間床まわり
- 点検口や設備の配線配管まわり

　また，在来木造や鉄骨造の住宅においては，外壁や間仕切と床や天井の取合い部などは，何の対策も講じない場合は著しい断熱欠損箇所となるので，必ず気流止めを設ける必要があります（H03参照）。

和室の床の間，仏壇など 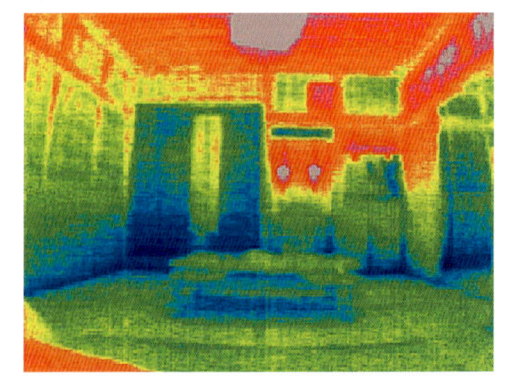　　　　熱画像カメラによる表面温度分布

断熱施工が不十分となりやすい部分の断熱施工例

1）バスユニット

下部が断熱されているバスユニットを使う場合，床下は外部空間として扱っても構いません。

バスユニットと外壁や床との取合いに気流止めを施工し，床下から冷気がバスユニットまわりの壁体内や室内に流入しないようにします。

バスユニット

2）下屋の下がり壁

1階の外壁の断熱を先行し，断熱材を桁まで張り上げて，石こうボードで押えます。その後，下がり壁と野縁を造作します。

野縁の上に断熱材を隙間なく敷き込み，天井の断熱材を施工します。下がり壁部分にも断熱材を充填し，防湿フィルムを石こうボードなどで押さえて，断熱層，防湿層が連続するように注意して施工します。

天井面に別張り防湿フィルムを施工してから，天井の石こうボードを張ります。

下屋の下がり壁

3）玄関まわり

土間周囲の基礎の立上がりに，断熱材を施工します。断熱厚は，「外気に接する土間床外周部」と「その他の土間床外周部」の各々に応じた厚さとします。

また，土間周囲の土台と基礎の間から床下に冷気が入らないように，気密パッキン材を施工します。

玄関まわり（土間の基礎内側断熱）

4）オーバーハングしたバルコニー床

根太間断熱の場合は，2階の床下地合板を張る前に断熱材を施工します。梁間断熱の場合は，下から断熱材を施工することも可能です。気流止めについては，1階床と同じ施工方法です。

また，軒天換気を必ず確保してください

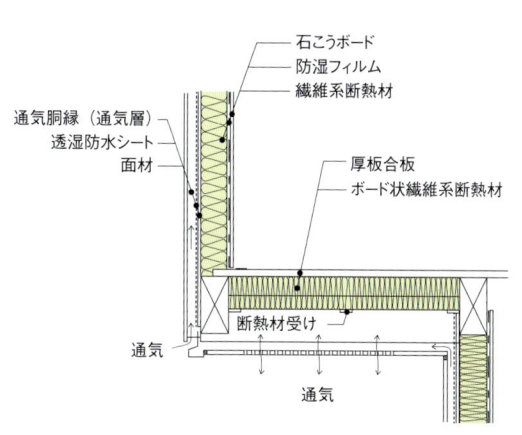

オーバーハングしたバルコニー床

図1 断熱施工が不十分となりやすい部分の断熱施工例

キーワード

天井，壁，床

浴室

外皮躯体の断熱

気密結露

気流止め

関連項目

D01 →p.104

D03 →p.108

H02 →p.162

H03 →p.164

D 断熱外皮

05 基礎断熱と床断熱の特徴と留意点は

家全体を暖冷房する場合は基礎断熱，
部屋ごとにコントロールしたい場合は床断熱が適している

床断熱とするか基礎断熱とするか

　床断熱は，わが国の住宅で標準的な断熱工法ですが，床下地盤の熱容量の活用，断熱施工の合理化などをねらいとして，近年，基礎断熱が普及しています。ここでは，特に床下空間に着目して，いくつかの観点から両工法の特徴，計画上の留意点について考えてみます。

・住宅の暖冷房モードと床断熱・基礎断熱の床下環境

　床下空間は，特に竣工直後から2年間程度は，基礎コンクリートなどの保有水分が発散し，高湿度になりがちです。さらに，床下空間は立上がり基礎で仕切られており，直上の部屋の温度性状の影響を強く受けるため，非暖房室と同様（D07参照）に，例えば住宅北側の洗面室や廊下などの低温部分の床下で，で大量の結露が生じる危険性があります。

　床断熱の場合は，床下換気口を設けることにより，床下空間は外気と地盤の影響を受け，住空間の空調モードの違いにあまり左右されない床下環境となります。

　一方，基礎断熱の場合は，上階の温度と通年安定した地盤温度の影響を強く受けるため，住宅を部分間歇暖房した場合は床下空間で温度むらが生じ，特に竣工初期から1～2年程度は表面結露が生じる場合があります。

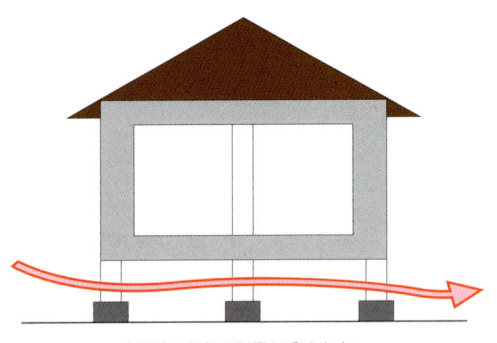

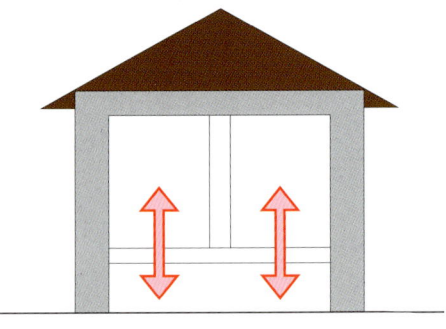

床断熱は外部の影響を受けやすい　　　　　基礎断熱の床下はその上部の影響を受けやすい

床断熱・基礎断熱

周辺の地盤状況

例えば、敷地が周りの土地に比べて低い、地下水位が高い、床下の土壌面が敷地よりも低い、水田や湿地を造成した土地であるといった場合は、地盤の含水量が高くなりがちなため、床断熱とし床下換気を確保した方がよいでしょう。

一方、床下空間の高さが足りない、植栽などで基礎の通気口からの通風が妨げられている住宅密集地で、隣家間隔が小さいなどといった場合は、床下換気量が十分確保できないおそれがあるため、基礎断熱工法が適しています。

基礎断熱の施工による注意点

図1は、東京・宇都宮・岡山で基礎断熱した住宅の竣工1年目、2年目の床下空間の相対湿度を数値計算で示したものです。経時によるコンクリートの乾燥および床下地盤の温度上昇により、床下空間が乾燥傾向となり結露のおそれがなくなることがわかります。

基礎断熱床下の結露はいわゆる「初期結露」であり、経年により解消するケースがほとんどです。

竣工直後の結露対策はさまざまありますが、例えば、土間床に断熱材を敷設する、布基礎に強制排気ファンを取り付け床下の湿気を排出するなどの方法があります。

和室等、床の断熱性能が高い住宅の注意点

同じく**図1**には、床材などの断熱性能が床下の相対湿度に与える影響を示したものです。

通常の床合板はR値で0.3程度以下ですが、例えば和室などの畳床のように床の断熱性能が向上すると、竣工1年以内であれば床下の相対湿度が10～20%程度も上昇することがわかります。畳床は近年、建材畳のように、断熱性能が高いものがあり（**図2**）、特に続き間の和室がある住宅のように、畳床が広い面積となる場合は注意する必要があります。

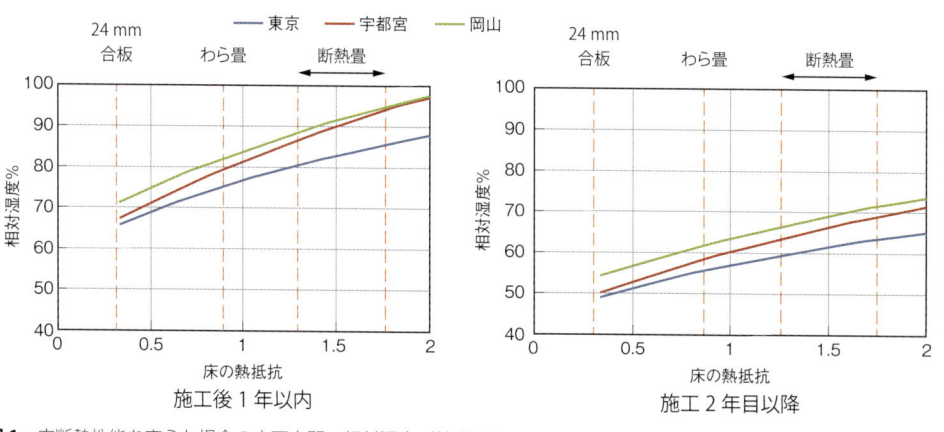

図1 床断熱性能を変えた場合の床下空間の相対湿度（基礎断熱に床断熱を併用した場合）

JIS A 5914
建材畳床

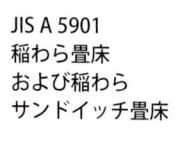

建材畳床Ⅱ形（2層） 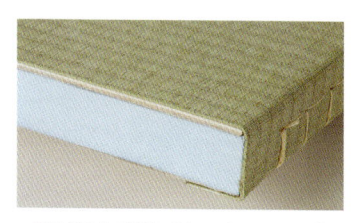　　建材畳床N形（オールフォーム）

JIS A 5901
稲わら畳床
および稲わら
サンドイッチ畳床

稲わら畳床 　　ポリスチレンフォームサンドイッチ稲わら畳床

図2 畳の種類

キーワード

基礎断熱

床断熱

地盤状況

床下環境

関連項目

D01 →p.104

D08 →p.118

H01 →p.160

H03 →p.164

D 断熱外皮

06 温暖地でも外壁や屋根の通気層，小屋裏や床下の換気は必要か

断熱された壁・床・天井などの外側は，通気層・換気により外気に開放するのが基本

床断熱では床下換気，屋根断熱では通気層，天井断熱では小屋裏換気が必要不可欠

　日本は世界でも類をみない四季が豊かな国であり，一年を通して，湿潤と乾燥が繰り返される気候特性を有しています。住宅の断熱化を図ることにより，四季の寒暖の差が緩和され，住宅の室内環境を快適に保つことができますが，一方で，外気と室内の境界に位置する「躯体（壁・床・天井など）の断熱壁体」の内部には，昼と夜，夏と冬などで急激な温度変化が生じます。

　一般的な4人家族で住む住宅では，炊事や洗濯などの生活行為や人体から1日に約数リットルの水蒸気が発生するといわれ，また，竣工後半年から1年程度の間で，住宅を構成する材料からも数トンの水分が放出されます。それらを室内や躯体内から適切に排出しないと，室内ではカビや表面結露，躯体では内部結露や耐久性低下の原因になります。

　また，わが国は通年，大量の降雨があり，雨水が躯体内に浸入しないように防水対策をしっかり確保する必要がありますが，建材のジョイントに多用されるシーリング材は，数年から10年程度しか耐久性がないといわれています。シーリング材の定期的なメンテナンスの重要性はいうまでもありませんが，それらの部分から仮に漏水が生じた場合でも，躯体を濡らさずに外部に排水するための建築的な対策を講じることが大切です。

　これらへの対応のためには，躯体の断熱層の外側に，床断熱であれば床下換気，外壁や屋根断熱の外側には通気層，天井断熱であれば小屋裏換気を適切に行うことが必要不可欠といえます。

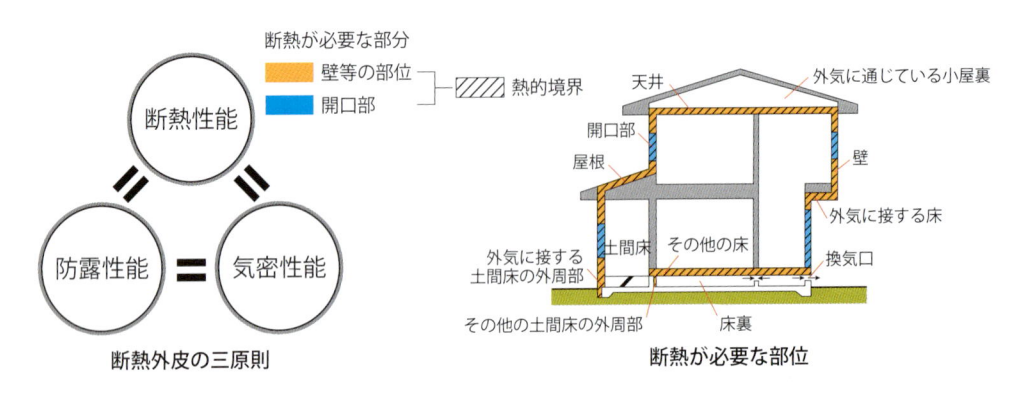

断熱外皮の三原則

断熱が必要な部位

温暖地の外気と室内の温湿度の関係と通気層・換気の必要性

図1は、昨年の東京の外気の日平均温湿度と室内をある温湿度に空調した場合の関係を示したものです。湿度に関しては、重量絶対湿度【空気中1 kgに含まれる水蒸気量（g）】で表しています。暖冷房された住宅の室内では、夏は図中の「赤い家」、冬は「青い家」の印付近に温湿度環境が維持されており、外気の絶対湿度（夏は10～17g程度、冬は2～7程度）と比べると、ほとんどの期間は室内の水蒸気量の方が多いことがわかります。

このことは、多くの期間で水蒸気が室内から躯体内部を通過して外部へ移動することを示しており、外壁や屋根には通気層（図2）、床下や小屋裏では換気を行い、躯体内部で水蒸気が滞留しないような工夫を講じる必要があります。

なお、太平洋沿岸の台風常襲地域では、雨水の浸入防止などから前述のような通気層・換気措置を講じないケースがありますが、換気部材や外気の出入口形状などを工夫し、これら壁内乾燥対策を行うことが重要です。

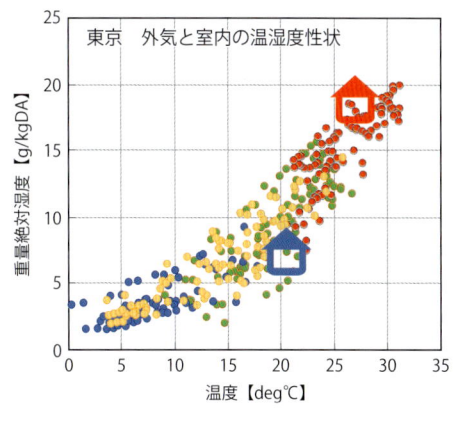

図1 外気と室内と温度・絶対湿度の関係（東京）
外気データは気象庁2013年公開による

キーワード
通気層
換気
結露
地盤防湿措置

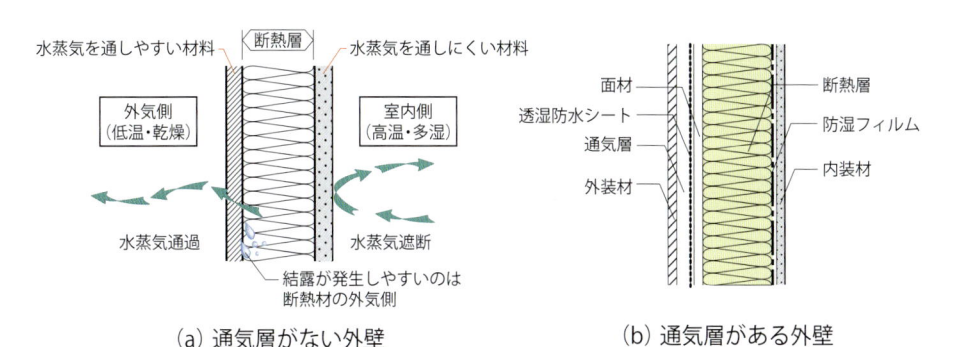

(a) 通気層がない外壁　　(b) 通気層がある外壁

図2 外壁の層構成

関連項目
D05→p.112

基礎断熱の場合に床下換気はどうするか

床断熱の場合は（図3）、前述したような室内側からの水蒸気の流入に加え、基礎コンクリートが保有している多量の水分などを外気に排出するため、通年に渡り、十分な床下換気を行い、床下を「外部」の温湿度環境に近づけることが大切です。

一方、基礎断熱の場合は（図4）、外部に対しては徹底的な気密化を行い、外気の侵入を防止するほか、一階床面に換気口を設けるなどして、床下の温湿度環境を室内空間に近づけることが大切です。

なお、地盤にも大量の水分が含まれており、それらが床下に拡散しないようにするため、いずれの断熱の場合でも、地盤防湿措置をしっかり講じる必要があります。

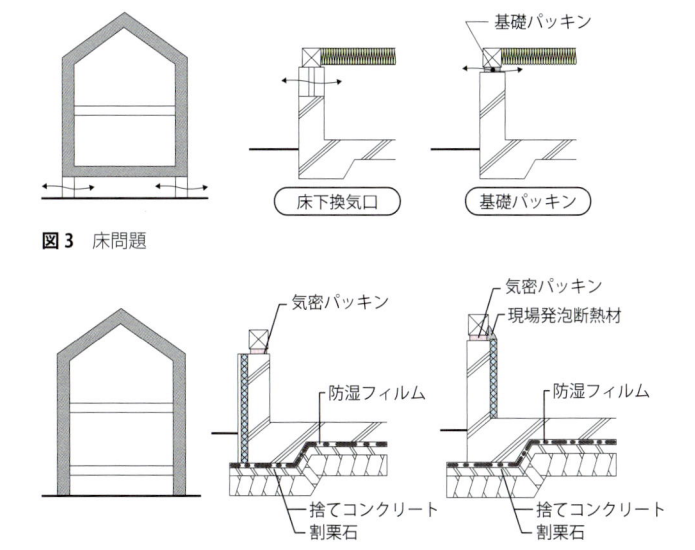

図3 床問題

図4 床断熱（上段）と基礎断熱（下段）

115

D 断熱外皮

07 非暖房室の結露を防ぐには

非暖房室の結露は断熱性能の強化と住まい方で防ぐ

非暖房室の結露の原因と対策の基本

暖房室とその隣室の間に間仕切壁などがあると，熱はいきわりにくくなり，隣室の温度は下がりやすいのに対し，生活などで発生した水蒸気はドアの開放により，住宅全体にいきわたる性質があります。このような，性質の違いが，非暖房室で表面結露を生じさせる原因となります。例えば，暖房室が 20℃40％～50％の場合，非暖房室の室温，あるいは壁・床・天井などの表面温度や押入れ内の温度が 6.0～9.2℃以下になると（露点温度以下になると），水蒸気は気体ではなくなり結露します。

表面結露は内装材の汚損ばかりでなく，長期化するとかび菌類の発生により人の健康を脅かすばかりか，腐朽菌の発生により住宅の耐久性も低下させる原因にもなります。

表面結露を防止するには，住宅の断熱性能を高め，居室間の室温を確保したうえで，次の対応を心がける注意があります。

①室内の水蒸気発生と拡散の抑制
　洗濯物の室内干し，大量の室内の植物，開放型ストーブの使用をできるだけ止める。発生した水蒸気（炊事・洗濯・入浴など）はその場で速やかに排出する。

②換気と空気の流通の促進
　窓を開けて換気する，換気扇，換気口で換気する，浴室や使わない部屋を換気する。

③空気だまりの解消
　家具や収納などで，部屋の中に空気が流れにくい場所をつくらない。

④室温の適性化を図る
　冬 20～23℃，夏 25～28℃

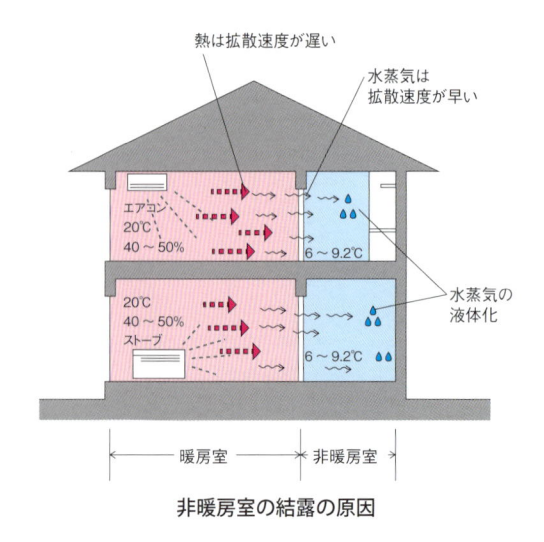

非暖房室の結露の原因

断熱性能を上げる

図1は，躯体の断熱レベルと室内の最低表面温度の関係を示しています。赤線は室温20℃で相対湿度50％のときの露点温度（9.3℃）であり，最低表面温度がこの線より上なら結露しないということを示しています。

表面温度を下げないようにするためは，U_A値で0.6 [W/(m^2・K)] 以下にすることが最低条件です。

躯体の断熱性能を上げることが，有効であることがわかります。

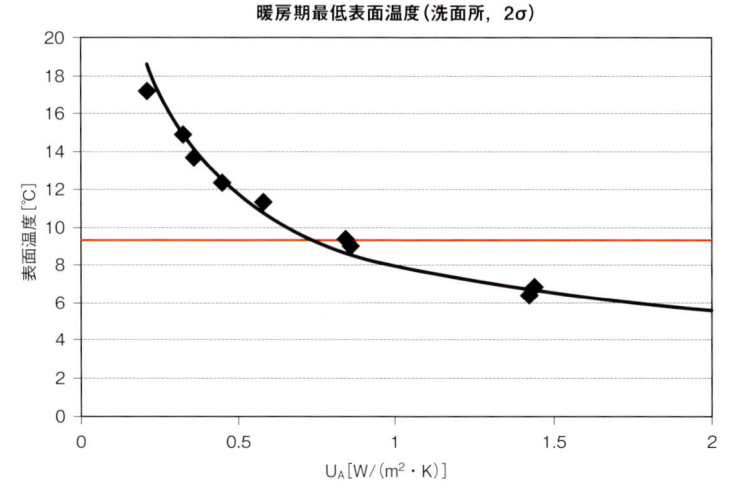

図1 住宅の断熱性能と露点温度

キーワード

- 結露
- 露点温度
- 相対湿度
- 平均U値
- 全館連続暖房

関連項目

- A02 →p.020
- A05 →p.026
- C06 →p.080
- C13 →p.094
- E02 →p.130
- H02 →p.162
- H03 →p.164

住まい方

非暖房室結露の防止のためには，室内で多量の水蒸気を発生させないことが重要です。

洗濯物の室内干し，燃焼した量と同量の水分を発生させるガスや灯油の開放型ストーブの使用，水槽や観葉植物の設置，加湿器の使用などは多量の水蒸気を発生させます（**表1**）。

表2は，室温，部屋の広さ別の水蒸気量ですが，**表1**との比較からも，各空間の許容できる水蒸気量がそれほど大きくないことがわかります。この他に，観葉植物があった場合には簡単に許容量を超えることが予想され，建築的対応の他に，住まい方がいかに大切かをつくり手も住まい手も知っておく必要があります。

衣類の種類	発生水蒸気量（g）
長袖Tシャツ	105
パジャマ	230
靴下（綿製）	30
ハンカチ（小）	10
タオル	40
ズボン	145
ワンピース	95
下着	20〜50

	室温(℃)	含み得る水蒸気量（g）			
		3畳間	4.5畳間	6畳間	8畳間
冬	18	209	312	416	555
	19	222	331	442	589
	20	236	351	469	624
	21	250	372	497	661
	22	264	394	526	701
夏	23	280	418	557	742
	24	296	442	590	786
	25	314	468	624	832

表1 洗濯物からの発生水蒸気量　**表2** 部屋別の許容できる水蒸気量

つくり手の役割

近年の住宅は，構工法の変化や開口部の性能アップにより気密性能が向上しており，室内空気質の確保の観点から，建築基準法により計画換気設備の設置が義務付けられています。

換気は「捨てる」ためでなく「新鮮空気を入れる」ために行うわけですので，連続運転することが基本となります。

また，大量の水蒸気の発生を伴う調理や入浴の際には，前述の換気設備だけでは排湿が不十分なので，局所排気設備を併用することが大切です。

住まいのつくり手は，提供する住宅の熱と湿気の特性を十分理解したうえで，住まい手に対する住まい方をアドバイスすることも，重要な役割です。

117

D 断熱外皮

08 夏型結露を防止するには

夏型結露防止には通気層と初期含水率の低い材料の使用が重要

夏型結露を防止するには

　夏型結露を防止するためには，第一に初期含水率の低い材料を使うことが重要です。また，通気層は，躯体表面温度の上昇を防止するうえで効果がありますし，初期保有水分の乾燥化に寄与します。そのほか，外装材の日射反射率を高めることや遮熱性の高い透湿防水シートを利用するなどの対策は，躯体の温度上昇を抑制できる有効な手段です。

　なお現在では，耐久性に影響を与えない夏期に生じる一時的な結露は，許容されるという考え方が一般的です（**下図**）。

- 建物の機能・性能に影響
  （構造耐力・意匠・部材機能の低下，機器の機能低下および障害，収蔵物の財産価値の減少）を及ぼす現象
- 人間の健康を損ねるなど，建物の居住環境を悪化させる現象

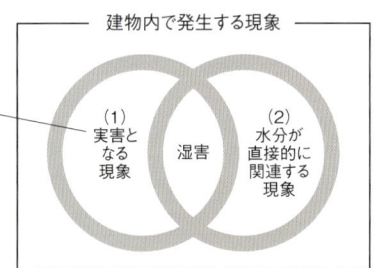

建物内で発生する現象
(1) 実害となる現象
湿害
(2) 水分が直接的に関連する現象

湿害の定義

表面結露と内部結露

　住宅で生じる結露現象には，材料表面結露と材料内結露の2種類があります。前者は，材料表面がすでに露点温度（相対湿度で100%となる温度）になり，吸水されることなく表面に液滴が付く状態を指します。一方，内部結露は，露点となる温度が材料内部に発生し，そこで湿気が液滴に変化する状態をいいます。結露発生のメカニズムは，いずれも物理現象としては単純明快です。しかし，結露状態を生じさせる環境条件は多様です。また，空隙内への湿気移動や水分移動は，温度変化も影響するため，そのメカニズムがやや難しく，結果として因果関係が把握しにくくなる場合もあります。

湿気・水分移動のメカニズム：水蒸気圧勾配・水分勾配

湿気は水蒸気圧差で移動します。水蒸気圧とは，簡単にいうと空気中に含まれる水分量です（空気中に含まれている場合は気相ですので，湿気です）。水分はその量の大きな方から小さな方へと流れます（**図1**）。これを水蒸気圧勾配による水分移動といいます。湿気が材料内を通過するとき，固体表面で結露する現象を吸着（adsorption）と呼び，吸着した湿気が固体表面内に染み込んでいく現象を吸収（absorption）といいます。両者をまとめて収着（sorption）と呼びます。収着した水分が空隙内で満たされると，今度は水分勾配で移動するようになります。ある程度の水分は，材料実質部に保持されます。その状態を平衡含水状態といい，相対湿度ごとに，含み得る含水量を表したものが平衡含水率曲線です（**図2**）。含み得る水分量は材料によって異なります。そしてその水分が，液体の状態で材料内にとどまっている状態を材料内結露（単に内部結露）といいます。

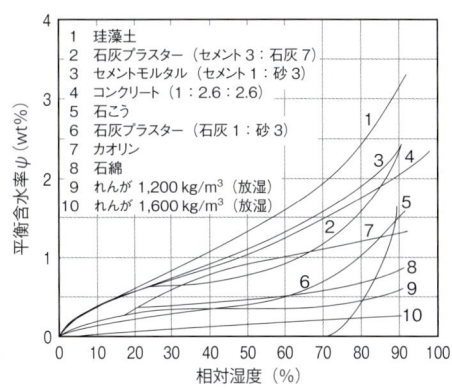

図1 水分移動のメカニズム

図2 平衡含水率曲線

1 珪藻土
2 石灰プラスター（セメント 3：石灰 7）
3 セメントモルタル（セメント 1：砂 3）
4 コンクリート（1：2.6：2.6）
5 石こう
6 石灰プラスター（石灰 1：砂 3）
7 カオリン
8 石綿
9 れんが 1,200 kg/m³（放湿）
10 れんが 1,600 kg/m³（放湿）

温度勾配による水分移動

エネルギーが加わり材料温度が上昇すると，保有水分は液相から気相に変化します。これが蒸発です。空隙内の固体表面に収着している水分が，温度が高まることによって蒸発して，空隙内の水蒸気圧を高めます。

そして，水蒸気圧勾配に応じて移動する，というのが温度勾配による移動プロセスです。見かけ上，温度の高い方から低い方に水蒸気移動が起こることになります。これが温度勾配による水分移動といいます。

夏型結露

夏型結露は，外壁合板などに収着されている水分が，日射によって加熱されて放出することが主な原因です。合板などから水分蒸発が生じると，接する断熱材の外気側の水蒸気圧が高くなり，室内側へと移動します。室内で冷房するなどして断熱材の室内側表面が露点になっていると，その部分で結露が発生するというメカニズムです（**図3**）。

一般に夏型結露は，外部から水分供給されなければ，もともと保有している水分が内部で移動する現象であり，昼に内部結露を生じても温度低下する夜間には，また元の乾燥状態に戻ります。ただし，初期含水率の高い合板などを用いたり，雨水などの浸入で含水率が高い状態をつくり出したりする環境では，湿害となる場合がありますので，注意が必要です（**前頁図**）。

夏型結露を防止するポイントを，**図4**に示します。

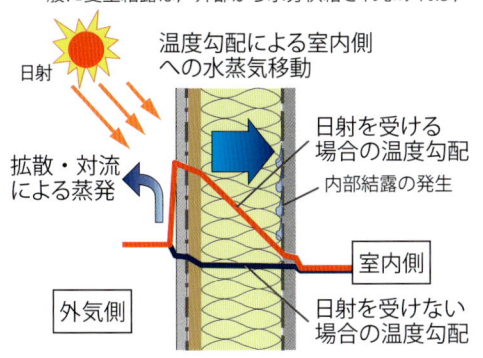

図3 蒸し返し現象と夏型結露

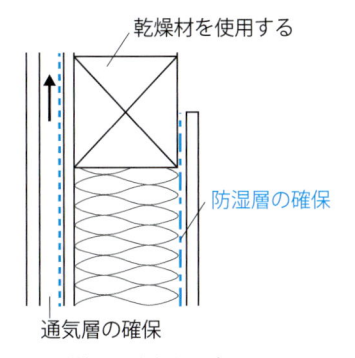

図4 夏型結露を防止するポイント

夏型結露の評価方法

前述したとおり，定常計算は夏型結露の評価には使うことができません。もし，夏型結露を定量的に評価したいならば，非定常計算を行う必要があります。詳細は省エネルギー基準の解説書などを参照ください。

キーワード

表面結露
内部結露
夏型結露
水蒸気勾配
温度勾配

関連項目

B09 →p.058

D 断熱外皮

09 住宅の屋根や外壁に遮熱材・遮熱塗料を用いることによる効果は

冷房エネルギーの削減効果はあるが，暖房エネルギーはむしろ増大する

遮熱技術とは

　遮熱技術は特に太陽から放射されてくるエネルギーを反射することで，室内へのエネルギーの漏れ込みを抑制する技術です。一般論として，夏期においては，屋根や外壁に当たる日射熱を反射する効果はありますが，冬期にも同じ作用があるために，壁体を通じて得られる日射取得効果が期待できないことになります。

　本書で推奨する高い断熱性能の住宅では，これらの特性はさらに薄らいでしまうのが現状です。

・**遮熱効果があるのは特殊な遮熱材，遮熱塗料だけか**

　下図は，色合い（横軸：明度）と日射反射率（縦軸）の関係を示したものです。同じ明度の場合は，一般塗料に比べて遮熱塗料の反射率は高いものの，明度の低い遮熱塗料は白色の一般塗料より反射率は劣るということを示しています。

　相対的ではなく，絶対的な日射の反射を期待するなら，純白の塗装が最も優れている，これが遮熱技術の特性です。

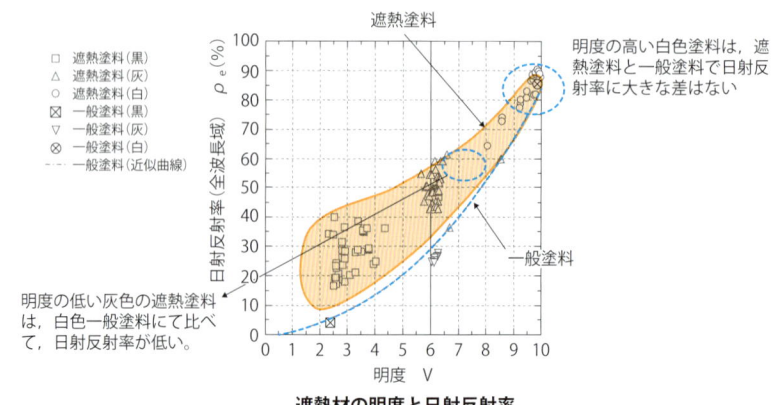

遮熱材の明度と日射反射率

120

遮熱技術を用いた住宅の暖冷房エネルギー

図1は，東京・大阪・鹿児島において，通気層がある外壁の防風層として，一般的な白色の透湿防水シートとシート状遮熱材を用いた場合の暖冷房負荷を比較したものです。

シート状遮熱材を用いたときの負荷低減効果は冷房と暖房では異なり，冷房は負荷が削減されますが，暖房は負荷が増加します。グラフではその差がわかりにくいですが，パーセントで増減率をみると，鹿児島のS55年基準の冷房負荷が4.6％削減しているほかは，1％前後の増減となります。

断熱水準別にシート状遮熱材を用いた効果を見ると，断熱性能の低い水準の方が冷房負荷は削減率が大きく，暖房負荷は増加率が大きくなっており，断熱性能が高くなるほどシート状遮熱材の効果（影響）は小さくなっています。

地域別に比較すると，東京，大阪は，暖房負荷が冷房負荷より多くなっていますが，鹿児島は冷房負荷の方が多くなっているため，冷房負荷の大きい鹿児島などの蒸暑地は年間で若干（1％未満）の効果がみられ，東京，大阪などの温暖地では，年間での効果はほとんどみられません。暑熱地以外の地域では，HEAT20で推奨する高い断熱水準を有する住宅では，遮熱技術を用いることは，省エネルギーの面では「逆効果」となる可能性があります。

遮熱材は，通年冷房を行う事務所建築や，冬期に暖房していない工場などの産業施設における夏期の作業環境改善には有効ですが，住宅に導入する場合は「クールダウン」が必要と考えます。

キーワード
遮熱材
遮熱塗料

関連項目
C10→p.088

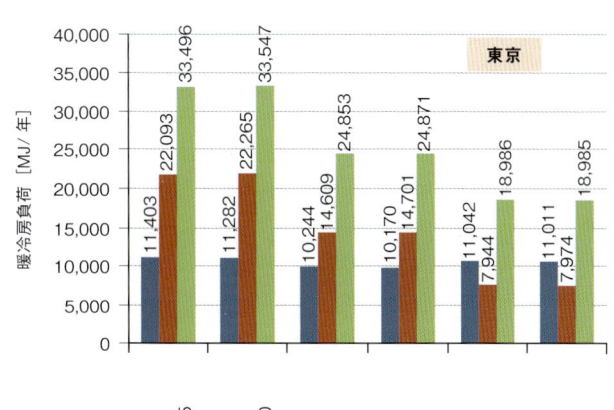

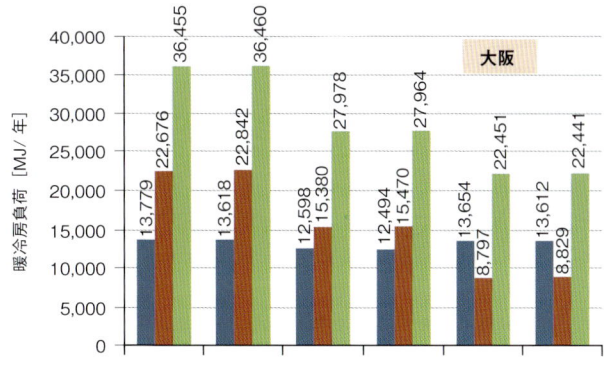

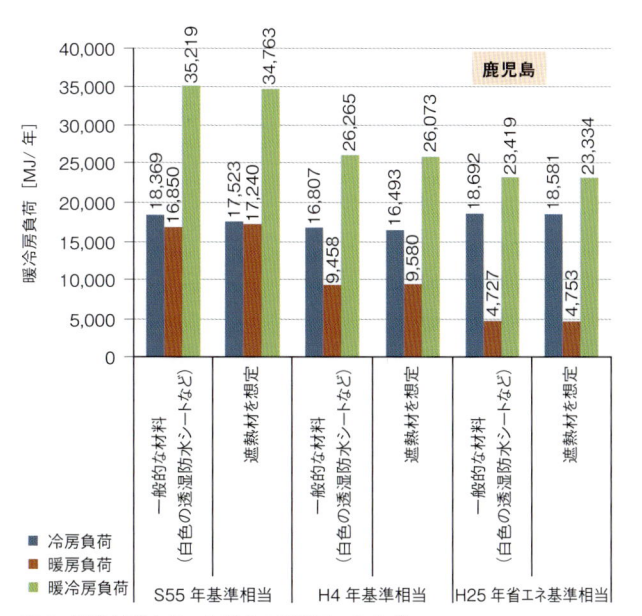

図1 遮熱技術を用いた場合の暖冷房エネルギー

遮熱材の評価

多くの遮熱材はJIS等の公的規格が整備されていなく，「例えば断熱材の何mmに相当する」など，HPなどで公開されている効能は，明確な根拠がないものが多いのが実情です。

また，前頁で述べたように，中間色，黒色の遮熱材は白色の一般塗料より効果は低いという現実もあり，現在，住宅省エネ基準などではこれらの技術は評価の対象外となっています。

D 断熱外皮

10 日本の伝統的住宅をどう考えるか

伝統木造住宅のよさを残しながら断熱化を図る

通風に配慮した窓計画と真冬の日射バランスを考えた庇デザイン

　地域の気候特性や地域の素材などを上手に活かし，培われてきたわが国の伝統的な木造住宅には，さまざまな様式や技術が用いられており，現代の住宅がいま一度学ぶべき点はたくさんあります。

　しかし，冷房に比べて暖房エネルギーが支配的になり，また室内の温度環境の質が求められる現代の暮らしの中では，"夏を旨とする伝統木造住宅"にはさまざまな改善すべき点があります。

　例えば，土塗壁を用いた真壁造の外壁は，一般的な繊維系断熱材の数分の一程度の断熱性能しかありません。深い庇は，夏の遮熱効果は優れていても，冬の日射取得までも遮り，冬期日射取得による暖房エネルギーの削減効果はかなり乏しくなります。また，昔は冠婚葬祭に使用された和室続き間も，普段はほとんど使用しない空間であることが少なくなく，広さが豊かさといわれた住まいづくりも，少子高齢時代の到来とともに，今一度，必要性を冷静に判断すべき時期にきています。

　土壁造の外側に断熱材を施工し，南面の窓の高断熱化を図り，通風に配慮した窓計画とし，夏と冬の日射バランスを考えた庇のデザインを考えれば，土塗壁という大きな熱容量は全館連続暖房の場合または夜間の室温の確保に貢献し，夏は室温上昇を抑える効果があります。これらは窓面積が小さく，庇はない，大きな熱容量をもたない現代の木造住宅では簡単に実現することのできない，優れた室内環境と省エネルギー性を有する住宅にもなり得ます。伝統にも進化は必要であり，その進化は新たな住まいをつくる可能性も秘めている，それが伝統的木造住宅の魅力でもあります。

深い庇をもち，南面に大きな開口をもつ伝統木造

土壁の断熱性能は

表1は，土壁の熱伝導率（単位温度差・単位長さ当たりの熱貫流量）を示したものです。

繊維系断熱材として，一般的に使われているグラスウール16Kに比べ，1/10以下の断熱性能しか有していないことがわかります。

		熱伝導率 [W/(m・K)]
土壁	次世代省エネ基準解説書記載値	0.69 (密度：1,280 kg/m³)
	香川県で生産された土壁	0.43
	山口県で生産された土壁	0.45
参考	グラスウール16K	0.045

表1　土壁の断熱性能

土壁造住宅の断熱化手法

図1は，土壁造住宅のH25年基準対応の断熱化手法の一例を示したものです。

【外壁】
土壁外側の構造空隙に繊維系断熱ボード厚30 mm程度を充填し，その外側に構造用面材を施工（面材は設置しなくても可），通気層を設けます。

【基礎】
布基礎内側に，発泡プラスチック系断熱材を施工します。床下換気口は設けず，床下と室内の間に床面開口を設けます。

【天井】
軒桁，小屋梁を上端揃いとし，その上面に薄い合板を施工し，断熱材を敷き込みます。必ず，小屋裏換気を行います。

【開口部】
最低でも熱貫流率 U=2.91（W/(m²・K)）以下の窓を用い，南面の掃き出し窓など，開口面積の大きな窓は雨戸などを併用し，夜間の断熱効果を高めます。

図1　土壁造住宅断熱化の概念図

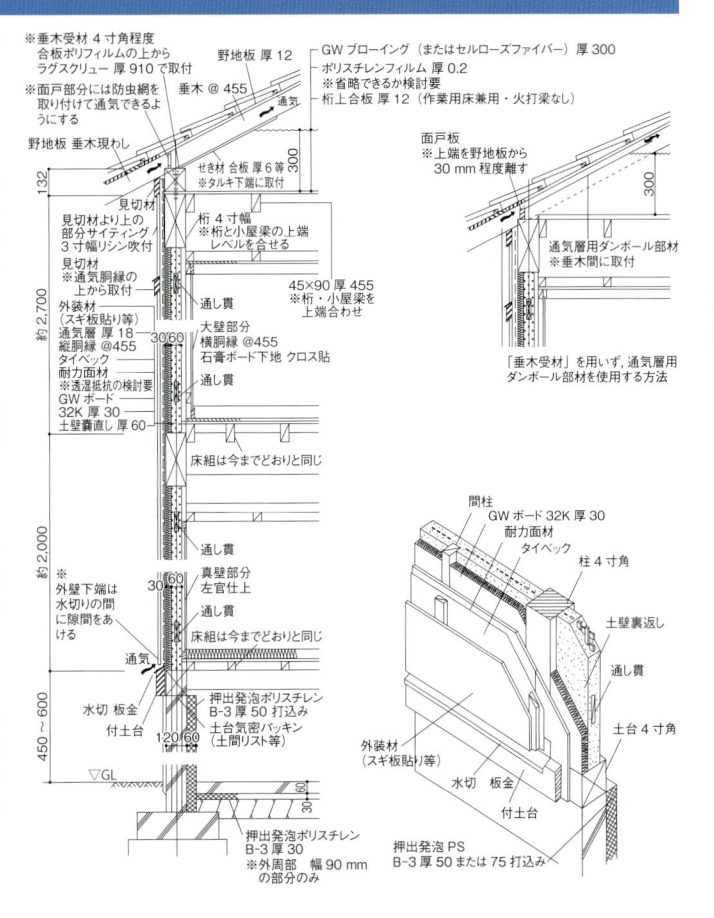

断熱化した伝統的木造住宅の省エネルギー効果

図2は，ほぼ無断熱の土壁造住宅（昭和55年省エネ基準対応）と，平成25年省エネ基準対応の標準的住宅，前述した断熱化した土壁造住宅（平成25年住宅省エネ基準対応）との暖房，冷房負荷を示します。断熱化した土壁造住宅は，無断熱の土壁造住宅と比べ約45％暖冷房負荷の低減が図られており，平成25年省エネ基準対応の標準的な住宅と比べて同等の暖冷房負荷となっていることがわかります。

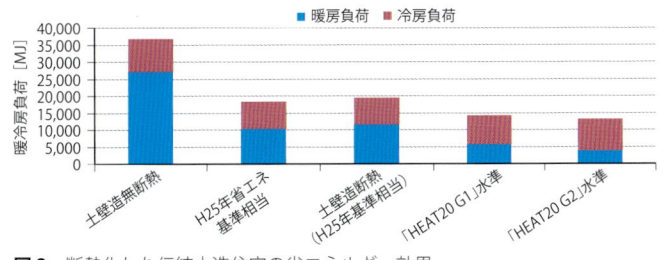

図2　断熱化した伝統木造住宅の省エネルギー効果

キーワード
- 伝統木造住宅
- 土塗壁
- 真壁造

関連項目
- B06→p.052
- H01→p.160
- H02→p.162

column 4

躯体の断熱性能の見える化

布井洋二

　平成12年に施行された「住宅の品質確保等に関する法律」により，住宅性能表示制度がスタートしました。住宅の9つの性能項目について表示する共通ルールを定めたもので，「温熱環境」についても，住宅の断熱性能について評価するルールが定められました。しかし，住宅性能表示制度は任意制度であり，評価に10万円以上の費用がかかるためそれほど普及率は高くないのが実情です。一般的に住宅は人生の中で最も大きな買い物ですが，その性能は専門的であり理解しにくく，設計者や工務店にまかせっきりで興味を示す方は少数です。一方乗用車を購入する際は，燃費や排気量といった性能を購入の判断材料にしている方が多いと思います。性能がわかりやすく表示されていれば，住宅の場合もさまざまな物件を比較もできますし購入の判断材料になるのではないでしょうか？　現在の住宅性能表示制度については，表示している物件も少なく比較できるという状態ではありません。住宅性能表示を義務化し，売買時の要件にするべきと思います。そうすることによって購入者は，限られた予算をどの項目に配分するのか可能となります。また，住宅生産者にとっても購入者のニーズが明確となり，ニーズにあわせた住宅の高性能化が容易になります。

　「温熱環境」の評価ルールは，平成25年度の省エネ基準の改正に合わせて，住宅の省エネ性能を示す一次エネルギー消費量等級と躯体の断熱性能を示す断熱等性能等級に改定されました。一次エネルギー性能等級の最高レベルは認定低炭素住宅レベルの等級5であり，断熱等性能等級の最高レベルは平成25年省エネ基準レベルの等級4となりましたが，一般の方にわかりやすい表示システムはまだ構築されていません。欧米では，住宅の省エネルギー性能を示すルールが定められており，あわせて専門家でなくともわかりやすい表示システムが構築されています。ドイツのエネルギーパス（次頁上図左），アメリカのエナジースター（次頁上図右）などがそれにあたります。

　住宅の温熱環境については，住宅生産団体連絡会が一次エネルギー消費量についてわかりやすい表示マーク（次頁下図）を考案しましたが，利用はまだまだという状態です。しかし躯体の断熱性能については，表示マークはありません。一次エネルギー消費量は，躯体や住宅設備・創エネ設備の性能はもちろん周囲の環境や住まい方など多くの要因に左右されます。このうち住宅本体の要因の中で，給湯・照明・太陽光発電などの設備は躯体より寿命

が短く，持ち主が買い替える（あるいは寿命を終えたまま放って置く）ものが多く住宅の寿命の中で保証された性能ではありません。住宅の寿命を通して発現される省エネ性能は躯体の断熱性能によるものであり，躯体の断熱性能は省エネになるだけでなく，快適性・健康性などの便益（NEB：NON ENEERGY BENEFIT）による貢献は大きく，その性能は一次エネルギー消費量とは別に表示されるべきと考えます。そこでHEAT20では，独自に躯体の断熱性能について表示システムを検討しています。表示システムの数字の意味する内容も合わせて提示しますので，住宅を購入する方の判断材料の一つにしていただくとともに，住宅生産者の皆様にもご理解のうえ高断熱住宅をつくる際の参考にしていただきたいと考えています。

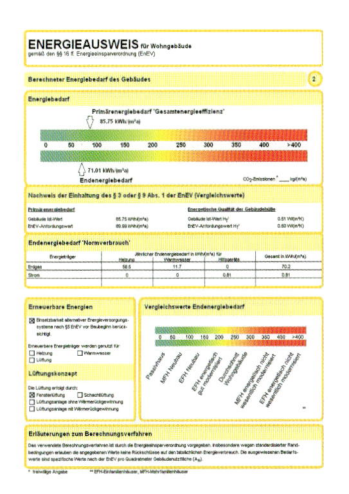

ドイツのエネルギーパス　　　　　アメリカのエナジーマスター

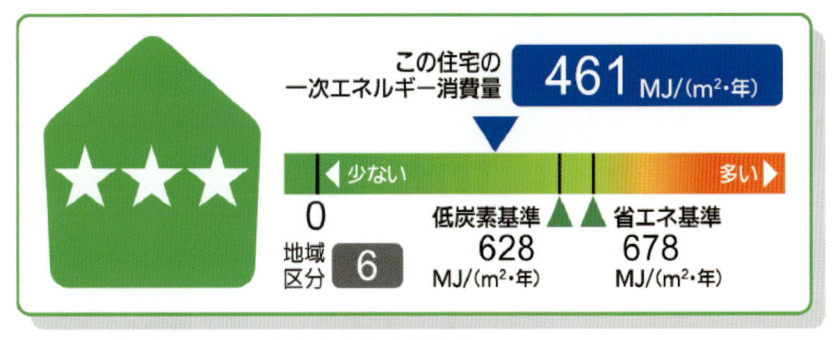

一次エネルギー消費量の表示の例（住宅生産団体連絡会）

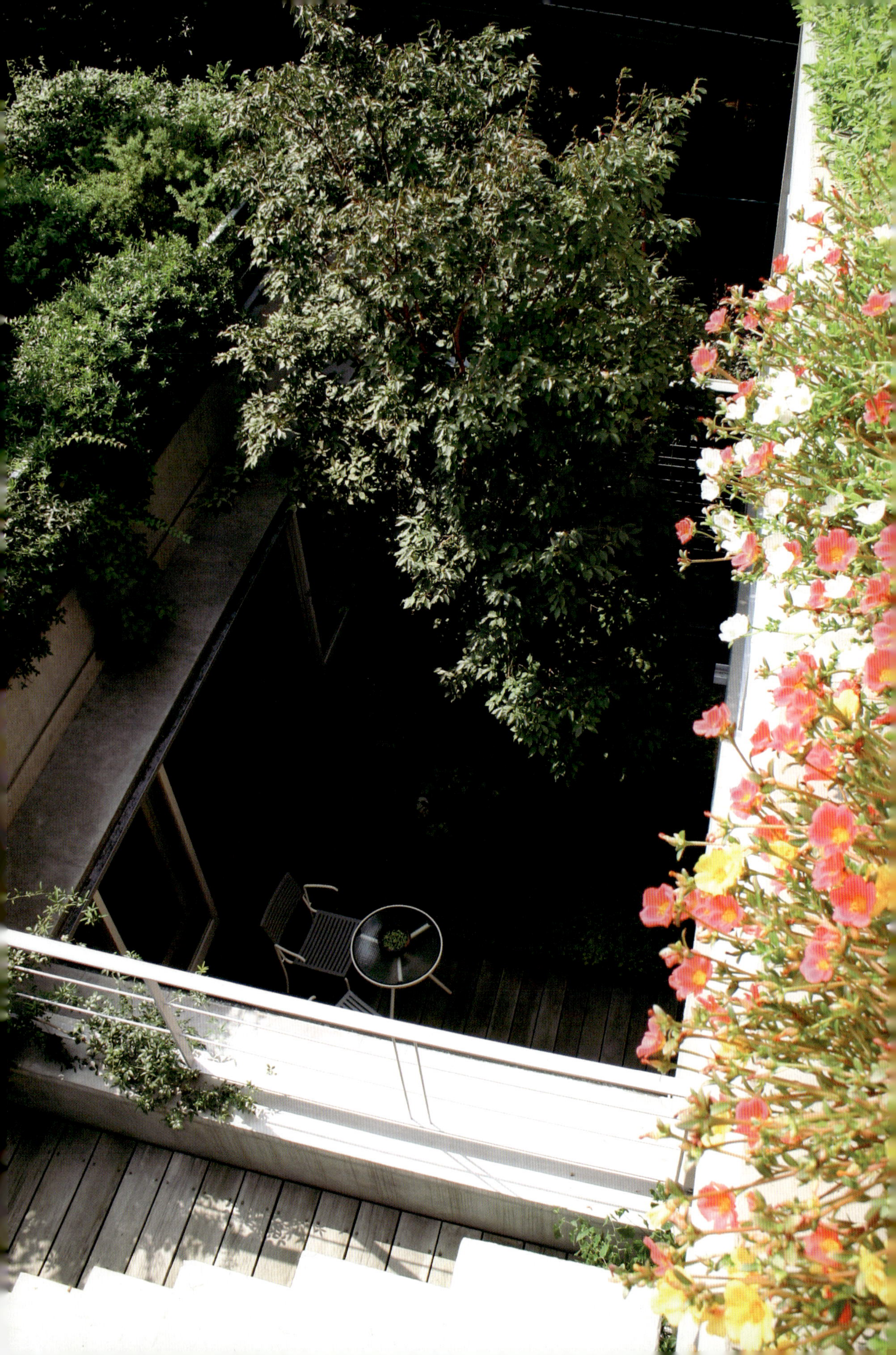

column 5

住宅の省エネルギー・温熱環境性能にかかわるヨーロッパと日本の基準

鈴木大隆

よく,「ドイツや△△△の国の基準と比べて日本はまだまだ……」, という話を耳にします。ここでは,住宅の省エネルギーのほか,室内温熱環境性能にも大きく関係する外皮の断熱性能に関して,わが国とEU4か国の基準の比較した結果から考えてみたいと思います。

なお,EU各国では,2010年施行「建築物のエネルギー効率に関する指令」に掲げる「2020年までに nearly zero-energy building の達成」に向かって,各国内法・基準改定作業が進行中であり,2014年度に改定予定の国もありますが,本稿ではあくまで2013年11月時点の基準での比較対象であることをあらかじめ断っておきます。

住宅外皮の断熱性能基準比較

表1に,ヨーロッパ4か国の外皮性能(断熱性能)基準の概要を示します。昨今の趨勢として,外皮基準は参照基準,すなわち一次エネルギー評価を行うための推奨値(デフォルト値)として規定され,この値に満たない場合も可とするという枠組みが多くなってきていますが,スウェーデン・フランスなどのように,最低基準,すなわち必ず満たすべき基準として規定されている国もあります。また,イギリスは,省エネルギーの観点から参照値,「結露防止」の観点から最低基準値(参照値より性能は劣る)が規定されています。このように基準体系はさまざまですが,基準の指標は,わが国と同様に,設計自由度を高めるため平均熱貫流率U_Aで規定され,住宅生産者へ簡明な基準として部位別基準U値またはR値が併設されている国も多いのが現状のようです。

図1は,横軸は温暖の差を表す暖房度日(HDD)とし,縦軸は外皮平均熱貫流率U_Aを示したものです。後者の値については,各国でU_A値が規定されている場合はその値を採用し,部位別基準のみ定められている場合は,わが国の住宅省エネ基準策定モデルを対象にU_A値を算定し,図に示しています。

この図を見ると,特にわが国の温暖地の基準が,各国水準より低い水準になっていることがわかります。ただ,ヨーロッパの各国は概して高緯度に位置し,冬期日射量が乏しく,入浴習慣や空調モードが異なり,暖房エネルギーが支配的になるため,北欧・中欧の国々では高い断熱水準が求められるのはある意味,自明といえるでしょう。

日本は寒冷地であっても冬期日射量に富み,冬と夜が長い国々

計画換気と必要な気密性能

前頁で示した第2種換気は，新鮮な空気を必要なスペースに強制的に供給するため，少なくとも「入れる換気」の観点から気密性能を必ずこの値以下にしなければならないというものはありません（住宅の熱的性能の観点から気密性能を決定すればよい）。

一方，第1種換気と第3種換気については，計画換気を機能させるためには，住宅の気密性能をある一定レベル以下にする必要があります。

図1と図2は，それぞれの換気方式を導入した住宅の内外温度差と気密性能（C値）が計画換気に及ぼす影響を示したものです。

第3種換気で下記に示すA水準を満たすためには，室内外温度差15℃（風の影響小）の地域であれば，気密性能は $2\,cm^2/m^2$ 以下とする必要があります。

一方，第1種換気の場合は内外差圧が生じにくくなるため，一定の給気量を確保するには，C値で約 $3\,cm^2/m^2$ 以下とする必要があることがわかります。

キーワード
気密
換気回数
ハイブリッド換気システム

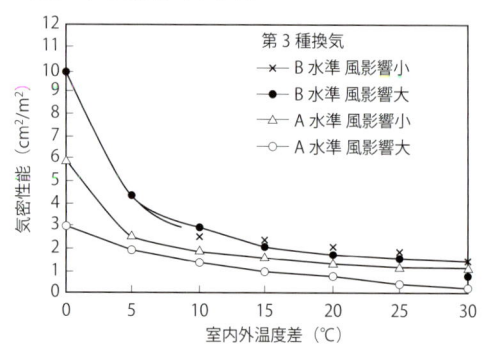

図1 第3種換気の気密性能目標値

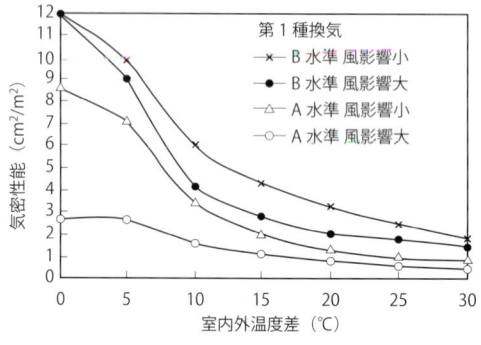

図2 第1種換気の気密性能目標値

計画換気の水準
- A水準：第3種換気の場合は各室の換気口において逆流を生じさせない，第1種換気の場合は各室の漏気量が給気量の半分以下の水準です。
- B水準：上記が無風のときに達成される水準です

関連項目
G02 →p.152
H02 →p.162
H03 →p.164

住まい方で注意すべき台所の換気

図3に，一般的な台所換気ファン（シロッコファン）の静圧差と風量の関係（P-Q線図）を示します。このファンは何もない状態で，ファンを回せば強で約 **450**（m^3/h）排出する能力があります（静圧0 Paの時の風量）。しかし実際には，グリルやダクト，外部のフードなどがあるので，それらが抵抗（圧力損失）となり，仮に圧力損失が40 Paだとすると，風量は強で **380**（m^3/h）に減ります。さらに，住宅内ではファンで排出する分，外気が室内に流入しますが，締め切った状態で使用した場合は，外皮の気密が抵抗になります。図3から，ファンの特性として住宅の気密がよくなり，外気が流入する抵抗（図3の縦軸）が大きくなればなるほど，ファンの風量が減ることがわかります。つまり，気密性能の高い住宅で，外気を導入する開口（給気口）を閉じてレンジフードファンを使用した場合は，ファンが回っていても，調理で発生する湿気や臭いなどを，ほとんど排出していない，という現象があり得ます。

台所の排気を適切に行うためには，同時給排気型を用いること，または，レンジの近傍に給気口を設けること，かつ設計者や施工者はその使用方法を居住者に説明することが大切です。

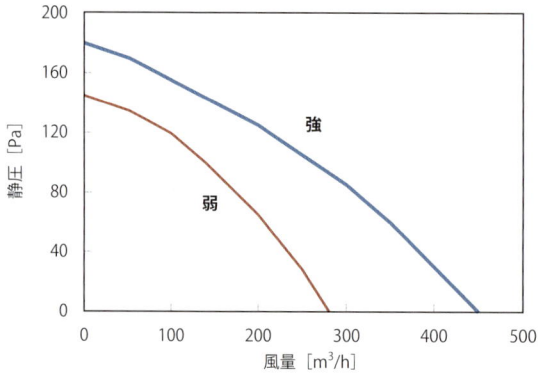

図3 ファンの特性曲線（風圧と静圧の関係）

E 気密と換気

02 住宅気密性能と計画換気の関係は

計画換気を有効に機能させるには，気密性を上げることが重要。

気密性が高まると自然換気量は減る。台所換気扇の使用には注意

E01では，住宅の気密性能と漏気量の関係を述べました。

ここでは，「計画的な換気」を行うための望ましい気密性能とは，どの程度必要かについて考えてみます。

一般的に用いられる計画換気の方法は，第1種換気（熱回収型が多い），第2種換気と第3種換気方式の3種類があります（**下図**）。必要な「新鮮空気の導入量＝換気量」はどの方式でも同じですが，汚染物質を「捨て」，新鮮空気を居室など，人が暮らすスペースに「入れる」ためには，それぞれの換気方式によって内外圧力差が変わるため，必要となる住宅気密性能は変わってきます。

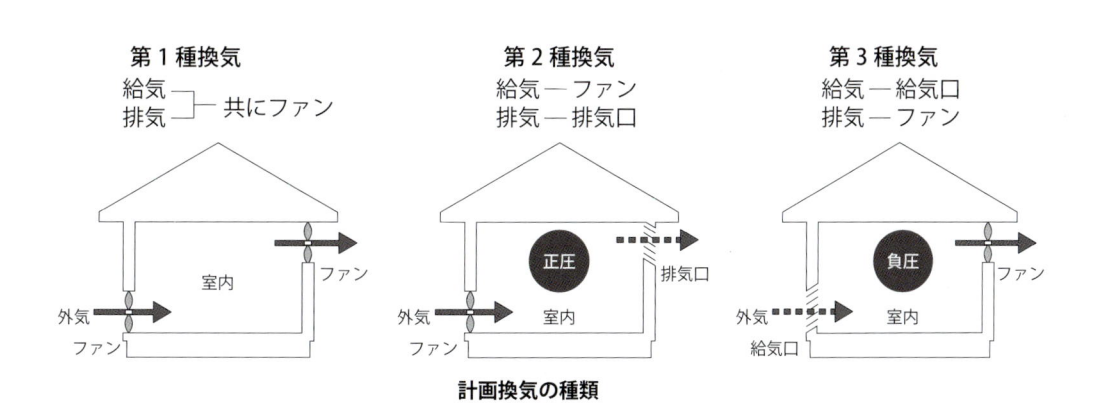

第1種換気
給気／排気—共にファン

第2種換気
給気—ファン
排気—排気口

第3種換気
給気—給気口
排気—ファン

計画換気の種類

気密性能と漏気量の関係

図1は、住宅の気密性能（相当隙間面積）と漏気量の関係を示しています。ここでは漏気量を住宅全体の容積で除した漏気回数を表していますが、外部の風速とその影響度、すなわち周辺が建て込んでいるかどうか、および内外の温度差（図1は室温20℃一定とし、外気温度で表示）に影響されます。例えば、外部風速が4 m/sの場合で、外気温度が0℃（室内温度差20℃）のとき、風上側に障害物がない場合は、気密性能 $C=7.1 cm/m^2$ の住宅では約1.2回/h、2.3の住宅では約0.35回/hとなります。

さらに周辺に建物が建て込んでいる場合は、風の影響が小さくなるので、上記の気密性能の場合の漏気回数はそれぞれ約0.5回/h、0.15回/hになります。

近年の住宅は、木造軸組工法でも気密性能は $C=5 cm^2/m^2$ 程度、気密化した住宅では $C=2 cm^2/m^2$ 以下になっており、夏場には内外温度差が少なくなることを考えると、「漏気」のみで住空間を健やかにする「換気」は得られないことがわかります。

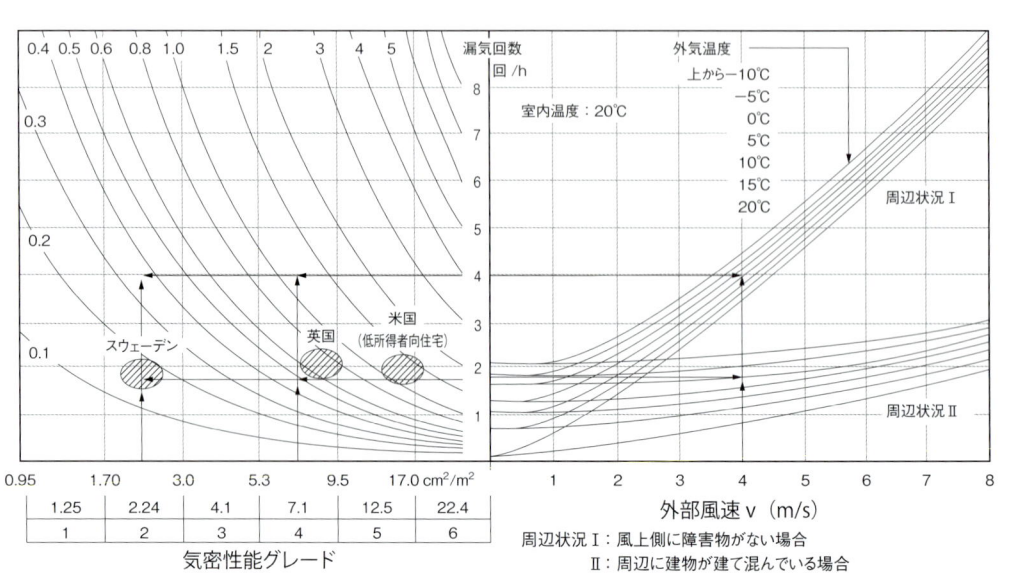

図1 気密性能と住宅の漏気量（漏気回数で表示）

第3種換気システムにおける気密性能と新鮮空気導入量

延床面積120 m²の2階建住宅で、第3種集中排気型換気システム（洗面所や浴室での壁掛け排気も含む）で、気密性能レベルを変えた場合のシミュレーション結果を、図2に示します。

図2は主寝室の有効新鮮空気量を示したものですが、40 m³/hの設計値に対して、安定的に30 m³/h以上の換気量を確保するには、気密性能C値 $=2 cm^2/m^2$ 以下にしなくてはならないことがわかります。

図3は気密性能 $C=5.0 cm^2/m^2$ レベルの住宅で、内外温度差が10℃の場合の各部分の通気量です。

2階の居室は、設計外気導入量40 m³/hのうち約40%の16.7 m³/hしか給気口および隙間から入ってきていないことがわかります。一方、第3種換気システムでも各室排気型であれば、5 cm²/m²レベルの気密性能でも、新鮮空気導入量が充足されることが、最近の研究から明らかとなっています。

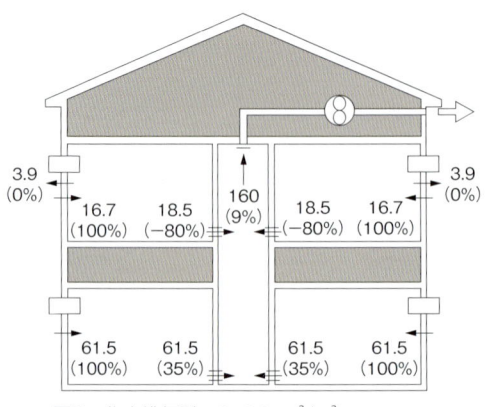

図2 主寝室の有効新鮮空気量（集中排気）

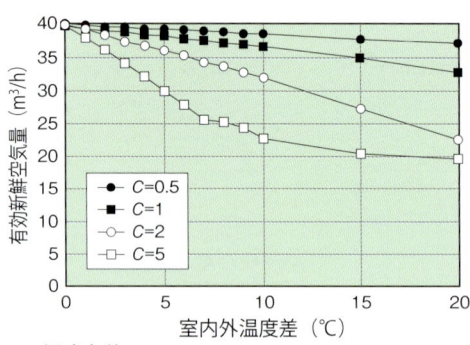

温度条件
室内温度：20℃、
外気温度：冬期から中間期を想定（0〜20℃）

図3 集中排気型 $C=5.0 cm^2/m^2$
内外温度差10℃の時の換気性状

キーワード
隙間
漏気
ショートサーキット
気密性能
換気方式

関連項目
E02→p.130
H02→p.162
H03→p.164

E 気密と換気

01 「換気」と「漏気」の違いは

「換気」は室内の空気を外気と入れ替えること，
「漏気」は建物の隙間などから流出入する空気

外部と室内で生じる意図しない空気の入れ替えを漏気という

「換気」とは，室内で発生する水蒸気，建材や臭いなどの汚染物質を排出し，人が暮らす居住スペースに新鮮な外気を供給することをいいます。換気の範囲によって「全般換気」と「局所換気」に，換気の方法によって「自然換気」と「機械換気」に分かれます。機械換気は，給気と排気の両方にファンが付く場合を「第1種換気」，給気だけにファンが付くのを「第2種換気」，排気だけにファンが付くのを「第3種換気」とし，3種類の方法に分類されます。

一方，「漏気」とは，風や建物内外の温度差により躯体の隙間や窓の隙間などから室内に流入・流出する空気のことをいいます。これはいわゆる隙間風と呼ばれるもので，換気とは区別して考える必要があります。住宅の気密性能を上げることで「換気量」は減らすことはできませんが，「漏気量」は大幅に減らすことができます。

住宅の気密性能が低いと，意図した換気経路が確保できず，室内の空気質は悪化するおそれがあります。このことから，省エネルギー性が高く，居住温熱性能の質を向上させるためには，「換気」は適切に確保しながら「漏気」を減らすことが大切です。

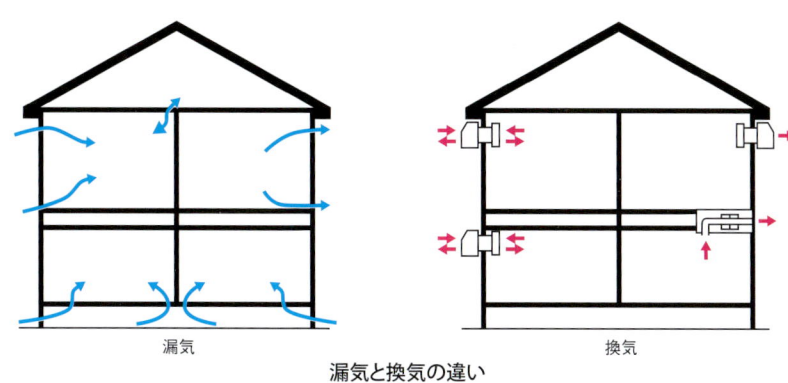

漏気と換気の違い

E

気密と換気

INDEX

01 「換気」と「漏気」の違いは

02 住宅気密性能と計画換気の関係は

01〜02

従来の住宅と比べ,高断熱・高気密住宅では計画的な換気対策が重要となります。
　ここでは計画的な換気が暮らしのなかでなぜ必要なのか,基本的事項について解説します。

とは異なりますから，気候風土や住まい方をまったく考慮せず，単純に比較して，優劣を判断するのはある意味，ナンセンスといえます。これらの国に「追いつけ・追い越せ」ではなく，四季豊かで通年日射に恵まれる日本独自の外皮性能を如何に考えるか，これは住まいのあり方にも通じる実に魅力的なテーマでもあるとともに，それがHEAT20の活動の目的そのものでもあるわけです。

※本稿に示したヨーロッパ4か国の基準内容は森惠氏が行った調査結果を基に，筆者が再整理したものである。本稿の内容に一部誤りなどがあった場合は，その調査結果に対する筆者の理解不足によるものであり，責任は筆者にある。

国名	基準指標 U_A	基準指標 部位別基準	適用 最低基準	適用 参照基準	外皮性能の規定する基準	地域区分
イギリス		○	△（結露防止）	○	技術指針 L1A 新築住宅の燃料・エネルギー節約（The Building Regulations 2010 Approved document L1A Conservation of fuel and power in new dwellings）	区分なし
スウェーデン	○	△	○		建築規定 第9章 エネルギー・マネージメント──強行規定と一般任意規定（Board's building regulations（2011：6）──mandatory provisions and general recommendations 略称：BFS 2011：26）	3区分
ドイツ	○	△		○	建築物の省エネルギー断熱と省エネルギー温熱技術に関する政令 2009（Verordnung über einen energiesparenden Wärmeschutz und energiesparende Anlagentechnik bei Gebäuden 略称：EnEV 2009）	区分なし
フランス	○	△	○		温熱規定（Reglementation Thermique 2012 略称：RT 2012）	8区分

表1 ヨーロッパ4か国の外皮基準体系

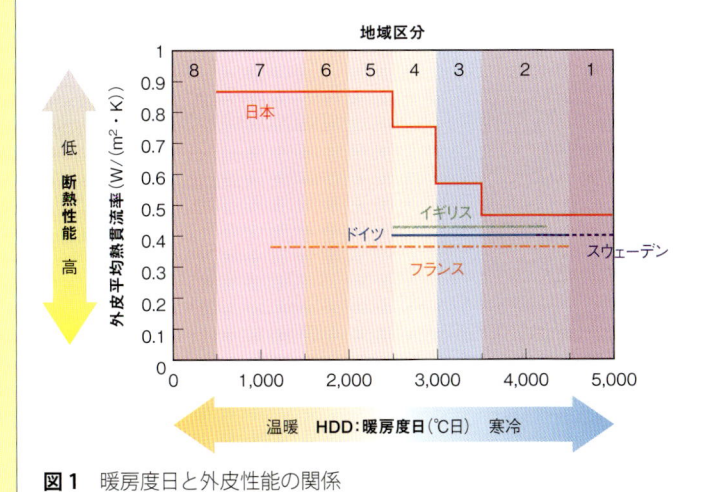

図1 暖房度日と外皮性能の関係

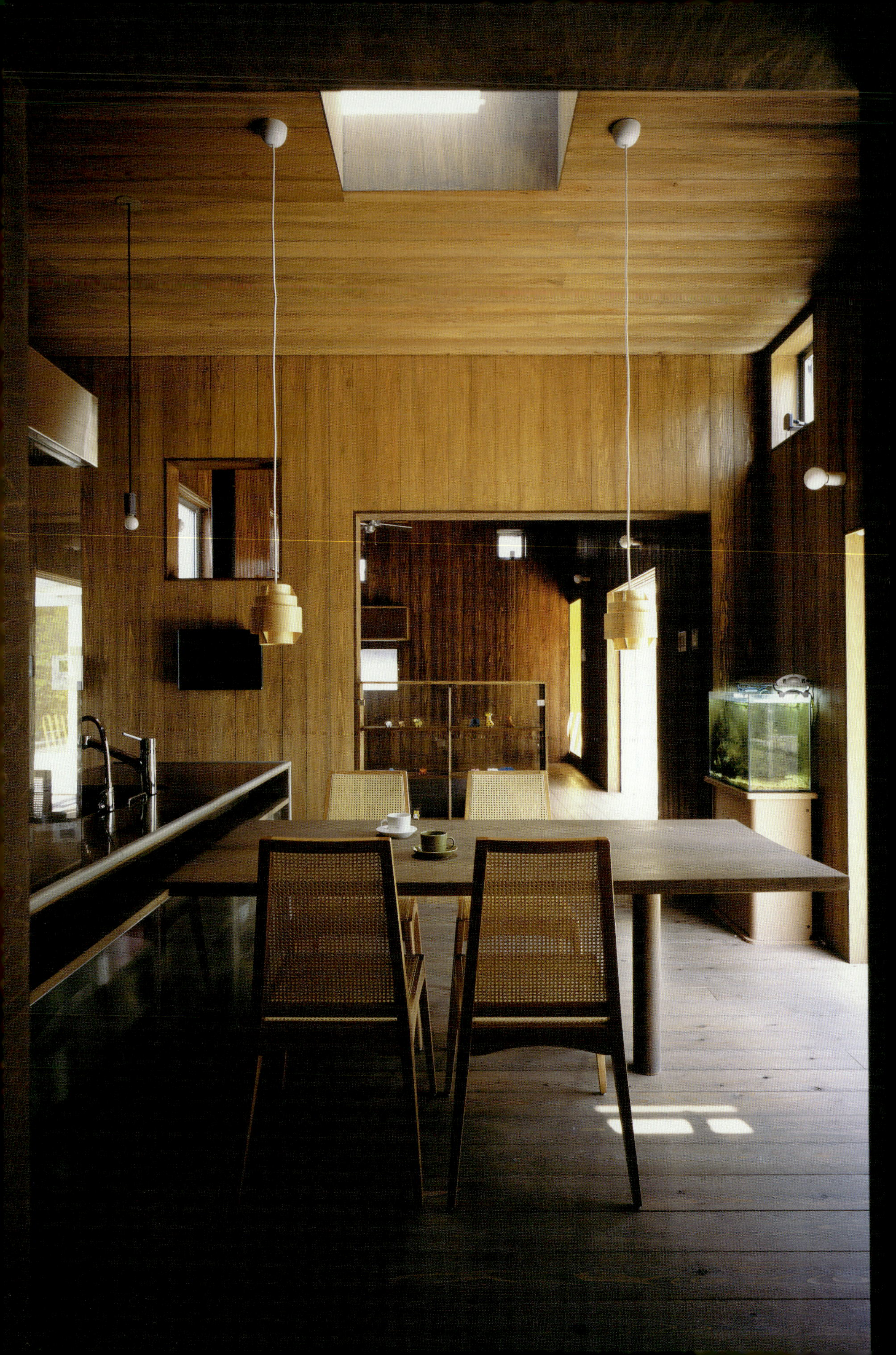

INDEX

01
高断熱な住宅の暖房計画をどう考えるか

02
高断熱住宅の適切な暖房方式は

03
エアコンで暖冷房する場合の注意点は

04
エアコン1台で全館暖冷房を行うには

05
夏の放射冷却のメリットと注意点は

06
夏の夜間通風による冷房負荷の削減効果は

F

暖冷房計画

01〜06

日本は南北に伸びた細長い国土ですが，その緯度の差はヨーロッパでいえばマドリードからストックホルムまでに至ります。寒暖の差が大きく四季も明確な気候のもとで快適に過ごすには，建築的な性能をしっかり確保したうえで，適切な暖房計画を行う必要があります。
　ここでは，高断熱住宅における暖冷房計画について解説します。

F 暖冷房計画

01 高断熱な住宅の暖房計画をどう考えるか

高断熱住宅は自然温度が高くなり，低容量暖房が可能になる

自然室温が高いほど，暖房時間が短くなる

　高断熱化を図ることにより，非暖房時の自然温度が高くなることは「A　全体　省エネの効果　断熱の目標」で述べましたが，ここでは暖房計画との関係で，そのメリットを考えてみます。

　自然室温とは，人体からの発熱・照明器具・家電や日射熱の取得などの内部発生熱が室温上昇に寄与し，暖房していなくとも自然に保たれる室温ですが，断熱性能を高めることで，その温度は大きく上昇します。下図左は，断熱水準の違いと自然室温・期間最低温度を示していますが，断熱水準を高めることの効果が顕著にあらわれています。

　下図右は，居室のみを暖房するときの断熱水準の違いと暖房時間の関係を示したものです。部分間歇暖房（LD・台所・子供室2室を在室時のみ暖房した場合），部分24時間暖房（居室すべてを終日暖房した場合），いずれの場合でも断熱水準が高くなると，暖房時間が大幅に少なくなることがわかります。「HEAT20 G1」水準の住宅の場合は，平成4年基準相当の部分間歇暖房の住宅で要するエネルギーで全館暖房が可能となることがわかります。

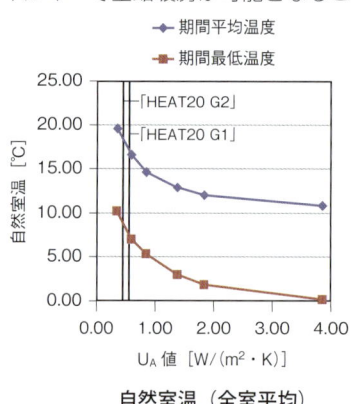

U_A値と断熱水準の関係

U_A値	断熱水準
3.86	無断熱
1.67	S55年基準相当
1.54	H4年基準相当
0.87	H25年省エネ基準相当
0.56	「HEAT20 G1」水準
0.46	「HEAT20 G2」水準
0.34	U_A=0.34相当

[W/(m²・K)]

計算条件
住宅モデル：木造戸建住宅
建設地：東京

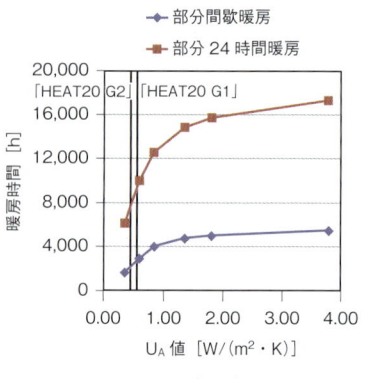

自然室温（全室平均）

暖房時間（冬期合計，暖房室合計）

断熱性能が高いと，室温（作用温度＝体感温度）も高く維持できる

図1，2は，断熱水準の違いと，暖房室と非暖房室の作用温度（体感温度）の関係を示したものです。

間歇暖房の場合，「HEAT20　G1」水準レベルとすることで，冬期間の暖房室の作用温度の平均は20℃を超える（図1）ことがわかります。

また，非暖房室においても「HEAT20　G1」レベル以上とすることで，冬期の平均作用温度は18℃程度となり，冬期の温度環境が大幅に改善されることがわかります。

キーワード

部分間歇暖房

部分24時間暖房

自然室温

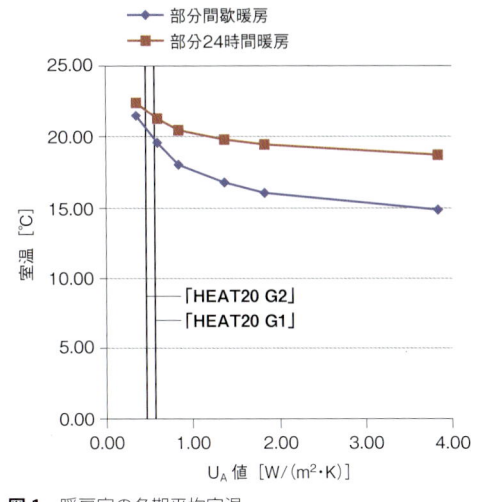

図1　暖房室の冬期平均室温

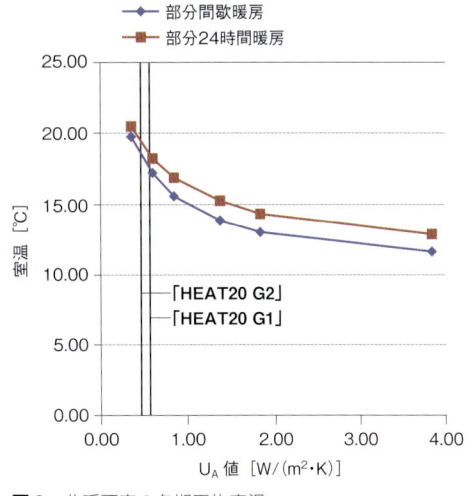

図2　非暖房室の冬期平均室温

関連項目

A01 →p.018

A02 →p.020

A09 →p.034

A10 →p.036

D04 →p.110

断熱性能が高いと，暖房機器の容量は小さくできる

図3，4は，断熱水準の違いと期間暖冷房負荷，設備容量を決定づける最大暖房負荷の関係を示したものです。

期間暖房負荷（図3），最大暖房負荷（図4）ともに，断熱水準の違いで大きな差が生じていることがわかります。例えば，部分間歇暖房の平成25年省エネ基準相当の住宅と比べて，「HEAT20　G1」レベルの住宅とすることで，同じ期間暖房負荷で部分24時間暖房が可能になるとともに，暖房設備容量を約1/3にまで減できることがわかります。

これらは，イニシャル・ランニングコストの面からも非常に大きなメリットがあることを示しています。

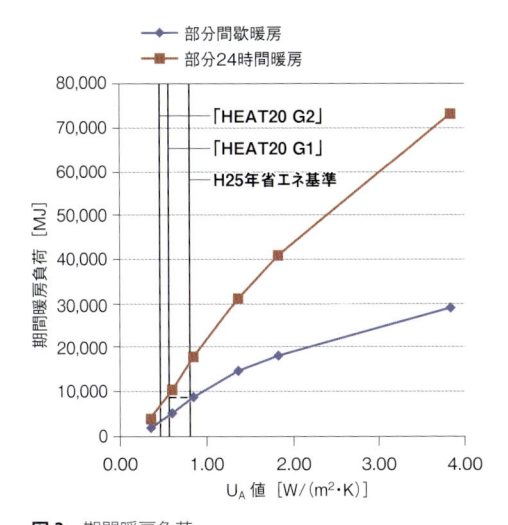

図3　期間暖房負荷

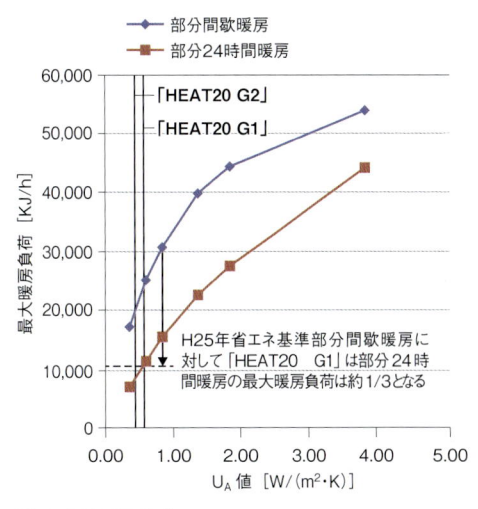

図4　最大暖房負荷

137

F 暖冷房計画

02 高断熱住宅の適切な暖房方式は

各種暖房方式の特性を知り，
使用条件やライフスタイルを考えて選択することが大切

暖房方式の特性を知る

　高断熱化を図ることで，暖房設備への依存度が下がり，さまざまな暖房方式が利用できるようになります。しかし，これまでに比べて，温度むらや気流が少なくなった分，わずかな冷たい気流や放射により，逆に不快と感じるようになることも少なくありません。

　次頁の**表1**は，住宅に使われる一般的な暖房方式のメリット・デメリットを整理したものです。
　「暖まった空気は上方に移動し，冷えた空気は下方に移動する」，この基本的な空気移動の原理は，高断熱住宅でも同様です。

　最近の住宅で多く用いられているのが，エアコンなどによる空気循環式暖房方式とパネルヒーターや床暖房などによる放射型暖房方式ですが，ここでは特に放射型暖房方式について，その特徴などを考えてみます。
　放射型暖房設備としては，温暖地では床暖房が，北海道などの寒冷地ではパネルヒーターが一般的に使われています。その他，蓄熱暖房機など気流感を伴わない暖房機器もありますが，ここでは主に，パネルヒーターと床暖房について説明します。
　暖房機器に求められる設備容量は，同じ断熱水準の住宅でも連続暖房，間歇暖房かにより異なります。間歇暖房では朝方の暖房立ち上げ時などに大きな熱量を必要とするため，連続暖房より大きな設備容量が必要となります。空気を強制循環させない放射暖房は，周辺空気と放射器の温度差で設備容量が決まり，また人の触れる場所では，温度の上限を設定せざるを得ないため，素早い暖房の立上がりは期待できません。
　一方，連続暖房の場合は，立上がりを考慮する必要はないため，放射式暖房器具の発熱量でも十分に室温を維持することが可能です。HEAT20で推奨する断熱水準を有する住宅では，F01で述べたように，少ない負荷で室温の確保が可能となるため，吹抜けやリビング階段などがない住宅では，放射暖房で住空間を暖房することが可能です。

各種暖房方式の特性

暖房方式	省エネ	空間暖房能力	空気質	快適性	燃料補給手間	移動	備考
エアコン	○	○	○	△	○		外気が低いと暖房できない。霜取運転あり（温風が出ないときがある）
床暖房（温水）	※	×	○	○	○		省エネ性は給湯機による
床暖房（電気）	×	×	○	○	○		低温やけどの可能性あり
石油ファンヒーター	△	○	×	△	×	可	
ガスファンヒーター	△	○	×	△	○	可	大型のものが多いので空間暖房能力に優れるとして、快適性を○とした
石油FF型ファンヒーター	△	◎	○	○	×		大型のものが多いので空間暖房能力に優れるとして、快適性を○とした
電気ヒーター（放射型）	×	×	○	×	○	可	部分採暖
ホットカーペット	×	×	○	△	○	可	部分採暖、低温やけどの可能性あり

表1 各種暖房方式の特性

床暖房とエアコン暖房の比較

エアコン暖房の場合の上下温度分布は、**図1左**に示すように、床から600mmまでの温度が上部に比べ低下します。それは、空気循環型暖房の宿命ともいえるでしょう。

一方、床暖房の上下温度分布は、**図1右**に示すように、ほぼ温度差がなく床表面が25〜30℃程度になります。（出典：『床暖房読本』風土社、121頁）

放射暖房の放熱量は、室温と床表面の温度差、敷設面積に比例します。足が接触し続ける床面は、低温やけどへの配慮から高い温度を保持することができず、温度差が取れないため、面積確保が重要になります。安定時（床表面温度が室温より5℃高いとき）の放熱量は、40W/m²程度と考えるのが一般的です。

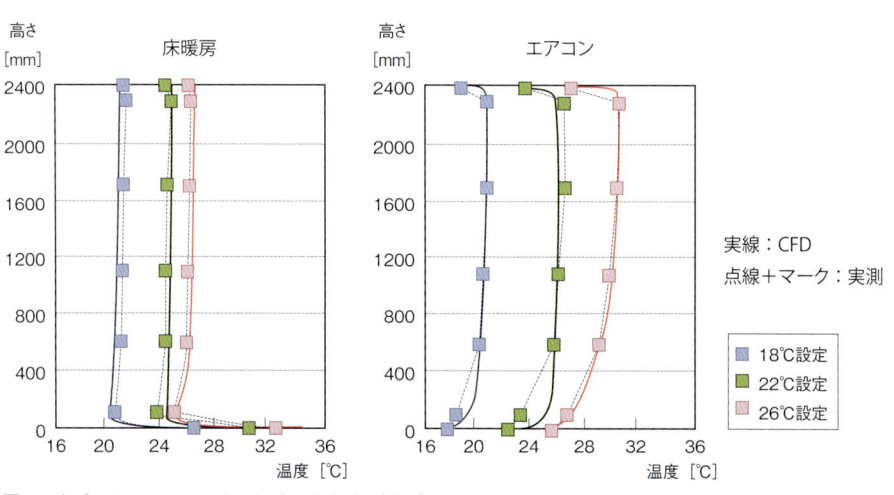

実線：CFD
点線＋マーク：実測

■ 18℃設定
■ 22℃設定
■ 26℃設定

図1 床暖房とエアコンの上下温度分布傾向（実測）

放射型暖房方式を採用する場合の注意点

1）パネルヒーターの設置

パネルヒーターは、窓下に設置することを基本とします。以前に比べれば、窓の断熱性能は高まってきているものの、外壁に比べ断熱性が低いため、外気温の低い時期には室内の空気が窓面で冷やされ、下向きの気流が生じます（ダウンドラフト）。パネルヒーターを窓下に配置することは、このダウンドラフトの防止に有効です。

2）床暖房の設置

床暖房は低温やけどへの配慮から床の表面温度をむやみに上げることができないため、主暖房とするには、部屋の床の約7割にあたる部分への設置が必要となります。

これ以下の敷設面積の場合は、補助暖房と考え、別に主暖房設備を設ける必要があります。

キーワード

暖房
温度差
放射
気流
湿度分布

関連項目

A02 →p.020
A05 →p.026
A10 →p.036

F 暖冷房計画

03 エアコンで暖冷房する場合の注意点は

エアコン暖房は定格付近で長時間運転することを想定して計画する

エアコンで暖冷房する場合の注意点

　エアコンは冷房も暖房も両方できる便利な熱源機器ですが、その性質は単純ではありません。ですから、その性質を十分理解したうえで、機種を選定し、使用することが望まれます。

　エアコンのエネルギー消費効率（出力する熱量を消費電力で除した数値）は COP（coefficient of performance）といわれますが、COP は主に二つの因子に支配されています。一つは、エアコンが出力する熱量の大きさです。定格容量に近い熱量を出力しているとき、COP は高くなります。出力する熱量が減少しますと、COP は低くなります。しかし、最近ではインバーターを取り付けることによって、この COP の低下をかなり抑えたエアコン（これがいわゆる「省エネエアコン」です）が市場の中心になっています。二つ目の因子は、室温と外気温との温度差です。この温度差が大きいと、COP は低くなります。また、外気温が 0℃の近辺では、室外機に霜がつくときがありますので、霜取り（デフロスト）が作用して暖房が一時的に停止したりします。

　エアコンを高効率で運転するためには、まず建物の断熱と日射遮蔽を十分に行ったうえで、最大暖房負荷（あるいは最大冷房負荷）に対応した定格容量のエアコンを選定する必要があります。従来ですと、エアコンは断熱されていない建物で、部屋の大きさだけを指標として選定していましたが、今や断熱と日射遮蔽のことも勘案して選定する必要があります。そうすれば、従来の選定よりはかなり小さな容量のエアコンが選定され、それが省エネにもつながっていきます。

　図1は同じ熱負荷の部屋において、設備容量の異なるエアコンで部分間欠空調した場合の COP の変動状況を概念的に示したものです。運転開始後、短時間で所定の温度になるよう大容量のエアコンを選定した場合は運転中の COP は低いことが、一方、小容量のエアコンを選択した場合には高い COP で運転されことが示されています。また、小容量のエアコンを選定した場合、所定の室温に到達するまでにやや時間が掛かってしまうことが気になる方は、タイマー機能を用いて1,2時間前から運転を開始するとよいでしょう。

　なお、エアコンというと、冷房と暖房だけに目が行きがちですが、除湿や空気清浄などの機能、さらには加湿や空調空気の吹き出し方向制御機能など、さまざまな機能を備えたものが開発されています。エアコンは、これらの付加的な機能についても理解したうえで、選択されるとよいでしょう。

エアコンの負荷と消費効率（COP）

図1は，冷房と暖房の外気温度と負荷に対する消費効率（COP）の値の変化を表しています。どちらも負荷率が100%付近のときに，消費効率（COP）が最大になっています。省エネだけを考えた場合は，室温が安定し，ある一定の負荷が長く続く"空間の負荷に応じた"エアコンを設置すればよいということになります。

キーワード
COP
定格能力

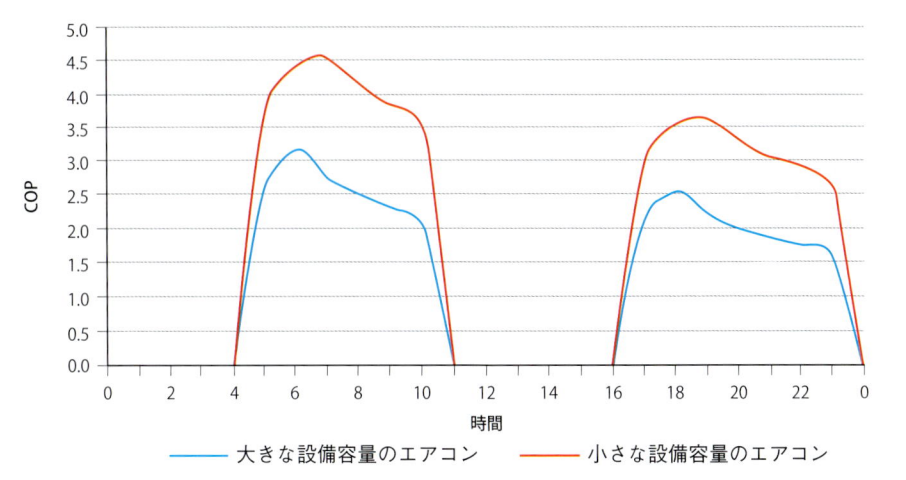

図1 設備容量の異なるエアコンの1日の作動状況・COP変動のイメージ

関連項目
A04→p.024
F04→p.142

立上がり時の消費エネルギー

図2は，「HEAT20 G1」水準の住宅におけるリビングの時刻別暖房負荷を表しています。朝7時に設定温度22℃で暖房を入れた場合と，タイマーで朝4時に設定温度16℃で暖房を入れ，7時に設定温度22℃に変えた場合をシミュレーションしています。

この計算結果より最大負荷を賄えるエアコンは，あるメーカーのスタンダードなモデルで選定すると（**表1**），前者は12畳用（定格4.2 kW），後者が6畳用（定格2.2 kW）となります。この負荷に負荷率（定格能力に対する出力負荷の割合）を掛け，この時間帯の総消費電力量を求めると，前者は3.8kWh，後者は3.6kWhとなり，6畳用のエアコンを朝4時から使用する方が消費エネルギーは少ない結果となります。このように，小容量のエアコンを起床数時間前から運転することによって，トータルの消費エネルギー量が少なくなるのが一般的です。

ちなみに，エアコンのカタログにある「○畳用」とは，ある断熱・気象・生活条件で算出したものであり，本来は地域の気象要件や断熱仕様，生活条件などによって適切な容量は変わります。

これらのことに配慮せず，盲目的に選定すると，温暖地で高断熱な住宅においては極めて低い効率でエアコンが稼働することになり，エネルギー面からも賢い方法とはいえません。本来であれば，非定常熱負荷計算を行い，必要な負荷からエアコン容量を設定するのが理想ですが，それが難しい場合は，熱損失量を内外温度差からおおよその負荷を算定し，容量を決定することが望まれます。

公称畳数	定格暖房能力（kW）	最大暖房能力（kW）	定格COP
6	2.2	4.0	4.68
8	2.8	4.4	4.44
10	3.6	4.8	4.14
12	4.2	6.2	3.68
14	5.0	7.2	3.50
18	6.7	9.4	3.30
20※	7.1	11.9	3.62

※上級機種

表1 あるメーカーのスタンダードモデルの暖房能力の例

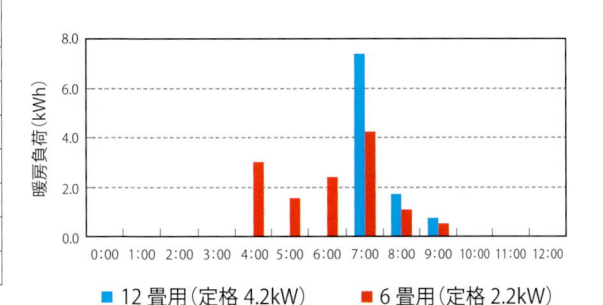

図2 冬期のリビングの暖房負荷計算例（1月の1か月間の平均値）

F 暖冷房計画

04 エアコン1台で全館暖冷房を行うには

全館暖冷房は全日運転を基本とし，空気の循環を考えることが大切

エアコン1台で暖冷房する場合に必要な断熱水準

　エアコン1台の設備容量は，一般に6畳用～20数畳用までと大きな幅があります。このうちエネルギー効率のよいエアコンは，6～10畳用といわれており，大容量のものは効率がよくないのが現状です。以下では，8畳用のエアコンによる全館暖冷房の可能性について考えてみましょう。

　暖房の場合，8畳用のエアコンの定格暖房能力は約2.8 kW（8畳用のエアコンの能力はメーカーで多少の違いはありますが，おおよそ暖房：定格2.8 kW，最大5.8 kW，冷房：定格2.5 kW 最大3.3 kW）です。必要暖房能力（W）は，F03で述べたように本来は非安定熱負荷計算によるのが理想ですが，ここでは，簡便な推定でエアコン1台の全館暖冷房の可能性を考えてみましょう。

　　必要暖房能力（W）＝Q値（W/(m^2・K)）×延床面積（m^2）×内外温度差（℃＝K）

　ここで外気温度が一定の5℃と仮定すると，室温を22℃にするために必要な断熱性能Q値は，

　　Q値＝2,800/(120×(22−5))≒1.4（W/(m^2・K)）

となります。Q≒1.4，これは「HEAT20　G2」水準に相当し，これが8畳用のエアコン1台で全館暖房する際の最低限の断熱水準といえます。なお，F03で述べたように間歇運転とした場合は，作動時の立ち上がりの負荷が大きく，この容量ではそれに対応できないため，エアコン1台による暖冷房を行う場合は，長時間連続暖房もしくは連続運転が基本となります。

　夏は，屋根・天井や壁などから侵入する熱は上式と同じ計算になりますが，温度差は冬より小さいので余裕があります。この余力内で，窓から入る日射熱・家電発熱や人体発熱を冷房できるように，日射遮蔽をしっかり行えば，エアコン1台で夏の冷房も可能になります。

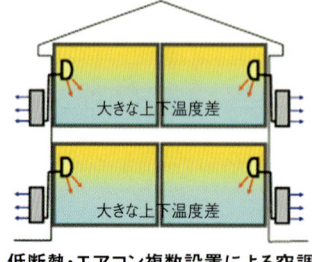

低断熱・エアコン複数設置による空調（大きな上下温度差）

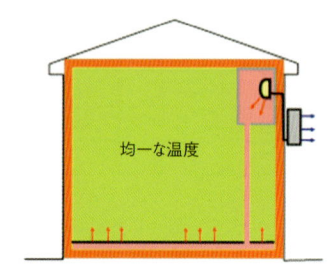

高い外皮性能を有する住宅のエアコン1台の空調（均一な温度）

エアコン4台で全館暖冷房する際の計画上の注意点

エアコンの設置場所は，吹抜け上部などの2階に設置する方法と床下空間に設置する方法があります。

重要なことは，断熱・日射遮蔽を十分に行うことと，空調された空気が建物全体に行き渡るように，吹抜け等空気の循環経路をつくることです。空調空気の風量は，空調空間の室容量で換気回数5～6回/hを目安とします。

エアコン1台による全館空調システムを導入した住宅事例の紹介

東京都三鷹市での実例を紹介します。建物は木造2階建，延床面積132 m^2，Q値＝1.5 kW/(m^2・K)，μ値≦0.06，C値＝0.5 cm^2/m^{2}の住宅です。システムの概要を，**図1**に示します。エアコンは定格出力2.8 kWクラスの小型の壁掛け式を用いています（このクラスは，エネルギー効率が高く，価格も安い）。小屋裏にエアコン室を設け，リターン空気や換気装置から供給される新鮮外気が，エアコンによって一様な温度（暖房時28℃，冷房時22℃）となり，ダクトを通って各室に搬送されますが，確実に送れるよう，小型の送風ファン10台が設置されています。

空調空気は床下から吹き出されます。床下をチャンバー利用することで，床表面の温度が上昇し，床下から快適にするためです。各室に吹き出された空気は，その後エアコン室に戻り，再び建物内を循環します。

この住宅の空調用の年間一次エネルギー消費量（2012年5月～2013年4月）を，**図2**に示します（10台の送風ファンの運転分も含む）。年間消費電力は1,930 kWhです。一次エネルギーに換算すると，18.8 GJ/年になります。

図2には，比較のために住宅事業建築主の基準におけるエネルギー消費量も併記しました。この住宅の一次エネルギー消費量は同基準で示される全館連続空調のエネルギー消費量の1/3以下であり，部分間歇空調とほぼ近いことがわかります。この住宅では，日本の平均的な家庭が暖冷房に支払うコストで，全館連続空調が実現できているわけです。

キーワード
エアコン
全館暖冷房
日射遮蔽

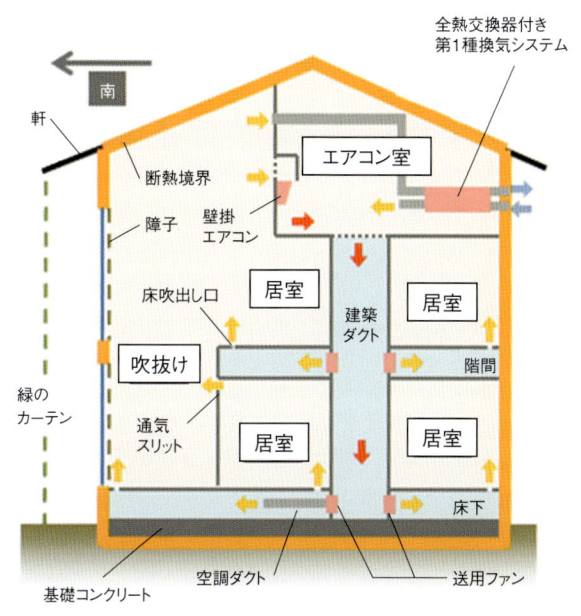

図1 エアコン1台による全館空調システムの概要

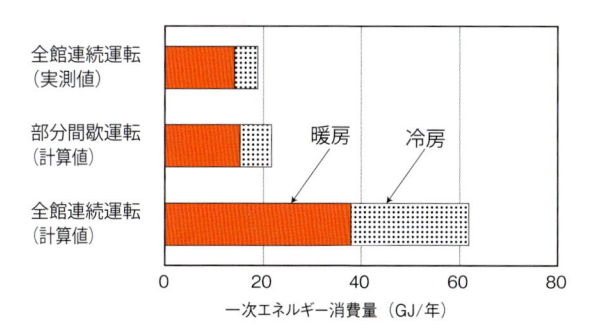

図2 実測値と住宅事業主基準算定値の比較

関連項目
A02→p.020
D04→p.110
F03→p.140
F05→p.144

F 暖冷房計画

05 夏の放射冷房のメリットと注意点は

気流・運転音のない冷房で，エアコン冷房を嫌う方にはおすすめ

放射を利用した冷房

　放射を利用した暖房設備には，寒冷地の窓下に設置する放熱パネルや床暖房があります。放射冷房設備はあまりなじみがないものかもしれませんが，例えるなら，深い庇のある部屋の中の土間のひんやりとした感触，トンネルや洞窟の中の涼しさなどとほぼ同じような環境が得られるとイメージしてください。

　放射冷房は，気流がないこと，運転音がきわめて静かなこと，エアコンの吹出し気流による局所的な冷え込みもないことなどが大きな特徴です。特に，寝入りや就寝中に音が気になる寝室での使用は最適で，運転停止後の室温変化が緩やかな点からも理想的な冷房方式といえます。

　一方で，空気循環ではないため冷却能力は低く，急激に室内を冷却することはできないため，この方式を採用するには，高性能な住宅外皮としたうえで，連続運転を前提とするなどさまざまな配慮が必要です。

　システムの概要としては，冷水をつくる室外の熱源機と放射面となるパネル，および循環水温度または室温を感知する制御部により構成されています。長時間にわたる運転では，放射面に結露が生じる危険性があるため，冷水温度を調整したり，あるいは結露しても他の部位を汚損しないような工夫が必要となります。

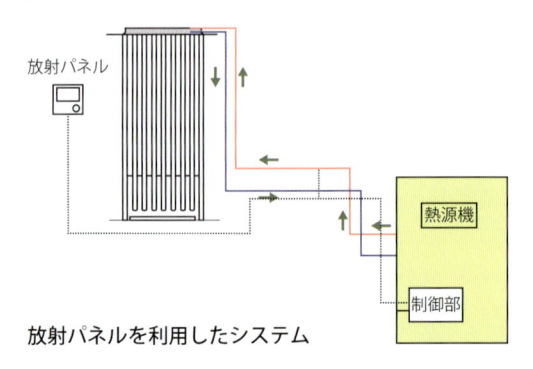

放射パネルを利用したシステム

column 6

冬は寒くてはいけないか

服部郁子

　住宅の設計を依頼されて，冬寒くてもよいという建主さんにはお会いしたことがありません。打合せを重ねるうち，夏のクーラーは苦手で極力使いたくないけれど，熱中症が怖い，ということもよく聞きます。

　住まいをつくるには"夏を旨とすべし"とは兼好法師の言葉ですが，確かに江戸時代の風俗画などを見ると，夏は男も女も衣服をはだけ気怠そうに暑さに耐えています。地球温暖化が危惧されるよりずっと昔から，やはり日本の夏は蒸し暑く凌ぎにくい季節だったようです。江戸時代の人びとよりも快適さに馴染んだ私たちにとって，暖冷房をしない生活は考えにくいものです。しかし夏涼しく冬暖かく過ごせる家が実現し，エアコンは最小限の使用で済むならば，声高に省エネを叫ばなくても，高価なエネルギーを無駄に使う人はいなくなるでしょう。

　図1は，日本の住宅の1年間の用途別消費エネルギー量を1973年，2005年，2011年について表したものです。高度経済成長を遂げ，家庭にもエアコンや家事を助ける家電が行き渡り豊かさを実感した1973年と比較しても，2005年には用途別消費エネルギー量は2倍，3倍と増加しています。この間，1979年に省エネルギー法が制定され，1998年，2003年にその改正法が施行されてきたにもかかわらずです。その後，新築住宅に対する省エネ措置の届出義務や，住宅エコポイント制度などのインセンティブの付与が功を奏し，2011年には平成11年基準（次世代省エネ基準）については基準適合率が5割に上昇，住宅のエネルギー消費量はようやく減少してきました。しかし，冬暖かく夏涼しい家をつくるために，本書が提案している基準値から見ればまだ十分なスペックとは言えず，省エネ住宅はようやく端緒についたばかりの状況です。さらに既存ストック住宅の断熱改修など課題は残されています。

　環境工学の名著『夜は暗くてはいけないか』[※]には，エネルギーではなく光視環境について，明るさばかりを求めてきた日本の都市や建築環境への提言が，明解で美しい文章で説かれています。この本は環境工学というより，物をつくるときに，時代の流れの中で見失いがちな文化について考えさせてくれる本です。僣越ながら，これになぞらえて「冬は寒くてはいけないか」と題したのは，住宅を設計するとき，しっかりとしたスペックの断熱気密をすることで，健康被害を怖れることのない暮らしが実現すると伝

冷房負荷削減効果の試算例

図1は、モデルプランを用いて、夏の夜間通風による冷房負荷削減効果の試算を示しています（試算条件は下記）。

通風による冷房エネルギー削減効果は、外気温が室温よりも低い場合に限られるため、その効果は数%程度といわれています。

ここで紹介したようなナイトパージ（夜間通風と蓄冷）を行うことで、一般的な「通風効果」をはるかに上回る効果があります。

試算条件

延床面積：126 m² （2階建）
断熱仕様：平成25年省エネ基準相当仕様（U_A値：0.69 W/(m²・K)）
建設地：東京
冷房条件：リビング、寝室、子供室において在室時冷房（26℃、50%）
夜間通風条件：23時〜6時まで窓開け通風

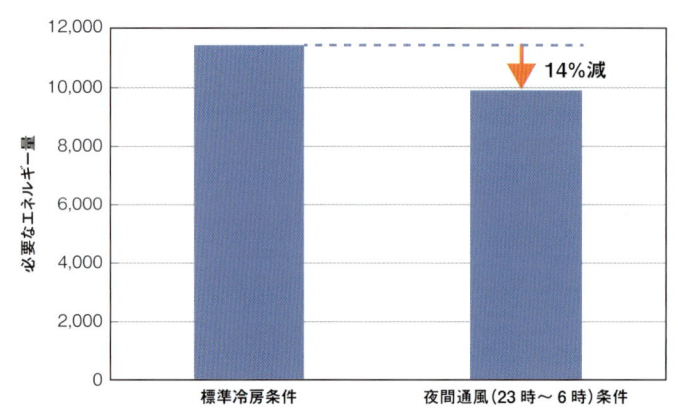

図1 冷房負荷削減効果の比較

日射遮蔽の重要性

蓄冷を意図した部位に日射が当たると、日中、日射熱を蓄えてしまい、夜間における蓄冷の効果は低下してしまいます。

東西面あるいは南面の開口部付近に蓄熱部を設ける場合、強い陽射しを抑える建築的工夫が必要です。

冬期の日射取得熱の蓄熱も実現させる場合には、夏期蓄熱を防ぐ日射遮蔽部材が不可欠となります。

夜間通風による蓄冷は、北面開口からの空気取入れと蓄冷が効果的です。

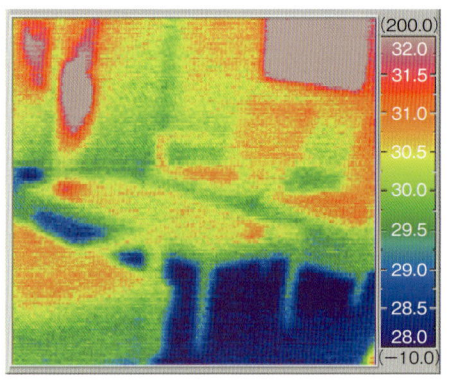

写1 床面にタイルを施工し蓄冷させることで涼しさを維持した空間の例

キーワード

夜間
蓄熱
ナイトパージ
夜間通風

関連項目

A05 →p.026
A08 →p.032
C13 →p.094
C14 →p.096

F 暖冷房計画

06 夏の夜間通風による冷房負荷の削減効果は

夜間の冷気を躯体に蓄冷することができれば，日中の冷房負荷を削減できる

木造住宅でのナイトパージの可能性

　断熱・遮熱性に優れた住宅では，夏の夜間に，比較的冷涼な外気を積極的に室内に取り入れ，躯体に蓄冷させ，日中は開口部を閉めて気温の高い外気を遮断し，躯体からの放冷によって涼しさを保つことで（ナイトパージ），冷房装置に依存しないあるいは冷房装置への依存度を低くする住宅が可能になります。

　鉄筋コンクリート構造のビル建築では実施例もありますが，一般の戸建住宅は蓄熱（蓄冷）容量が小さいことが課題となります。そのため木造住宅でも，空気取入れ口付近に土間を設けたり，内装材に蓄熱（蓄冷）性の高い材料を用いる厚めの石こうボードを用いるなどにより蓄熱性を高める工夫が必要です。さらに，夜間通風による冷房負荷削減を積極的に行う際には，開口部に夜間開放できる防犯性を持たせること，日中の冷房負荷を抑える日射遮蔽技術，断熱技術と組み合わせること，低層部から上層部へと空気が流れる経路を設けること，などの配慮が求められます。

　ナイトパージは夜間の外気温度に依存するため，設計上の配慮を行っても効果が日々異なるなど，その効果は変動するため，その特性を住まい手に事前に情報提供することも忘れてはいけません。

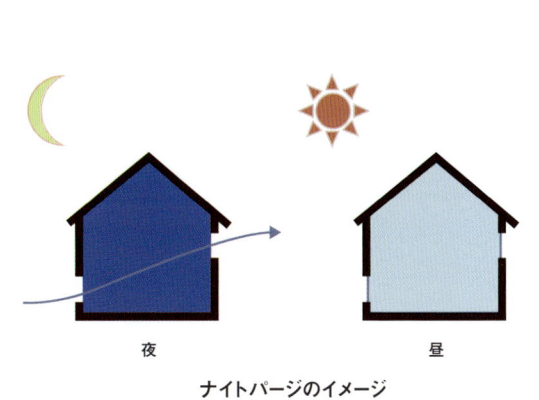

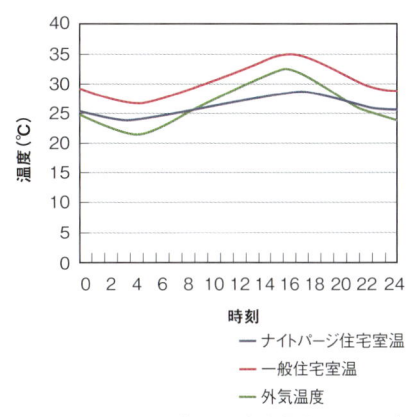

ナイトパージのイメージ

ナイトパージによる室内温度のイメージ

― ナイトパージ住宅室温
― 一般住宅室温
― 外気温度

冷えすぎず，停止後も室温が上がりにくい。睡眠時の冷房に最適

図1は，エアコン冷房と放射冷房を行った場合の冷房運転時および停止後の室温，壁表面温度を示しています。観測した空間は8畳間相当の大きさで，9～17時まで空調し，その後停止しています。

冷房運転中，エアコン運転では室温が壁表面より低くなっていますが，放射冷房では壁表面温度が室温より低くなっています。また，放射冷房の場合の室温はエアコンの場合ほど低温になっていないことがわかります。

冷房停止後の温度推移を見ると，エアコンは徐々に室温，壁表面とも温度が上昇しています。一方，放射冷房では温度上昇が緩やかであることがわかります。これは，温度の下がった室内の壁や，低温の放射パネルおよび内部の冷却水からの冷放射が続いているためです。

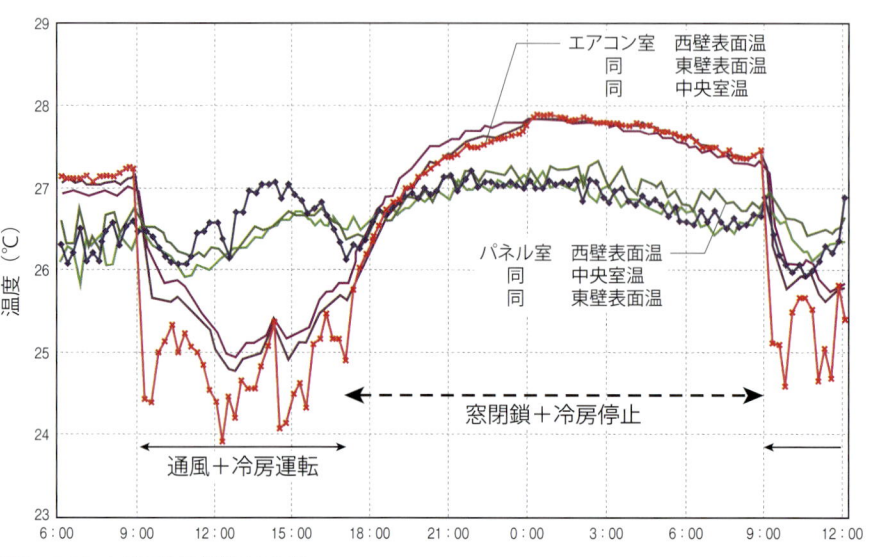

図1 エアコン冷房と放射冷房の比較

放射冷房による住宅の住まい手の感想

【良かった点】
・エアコン冷房のように，冷えすぎないし，止めた後，急に暑くなることがない。
・熱帯夜のときは非常に快適，4～5時間の可動で朝まで熟睡できる。
・エアコン冷房が苦手な，高齢の母親が絶賛している。

【悪かった点】
・スイッチを入れてもすぐに冷えない。
・LDのような大きな部屋だと，冷房効果があまり感じられない。
・パネルの表面の結露，結露水受けの埃が気になる。

寝室の設置例。ベッドサイドに放射パネルを設置

放射パネルの結露

冷房時はパネル表面で結露することが少なくないため，結露水の処理がきちんと考えられ，また清掃が容易な製品を選択することが大切です。

放射パネルでの結露状況

キーワード

入浴

放射

気流

表面温度

関連項目

A02→p.020

A05→p.026

A08→p.032

えたいからです。十分な断熱性能を備えていると，最も寒い時期にも住宅が冷えきってしまうことがないので，寒さに耐性の強い人はほんの少しの暖房で（もしくは暖房なしでも）暮らせ，寒いのが苦手な人はもう少し暖房すればよいのです。「冬は（これくらいなら）寒くてはいけないか」と思える住宅，暑い夏も少しの間クーラーを使えば過ごせる住宅は実現可能です。車を試乗してから購入するように，住宅も四季の生活を体験してから手に入れられればよいのですが，残念ながらそれは叶いません。

　本書では，断熱性能と気密性能をしっかり備えた住宅を設計する手法と効果について，データを基に解説しています。まず，設計者が断熱・気密性能についての知見を得たうえで設計に臨み，住宅の性能を担保していかなければと思います。

※乾正雄著『夜は暗くてはいけないか』，朝日選書

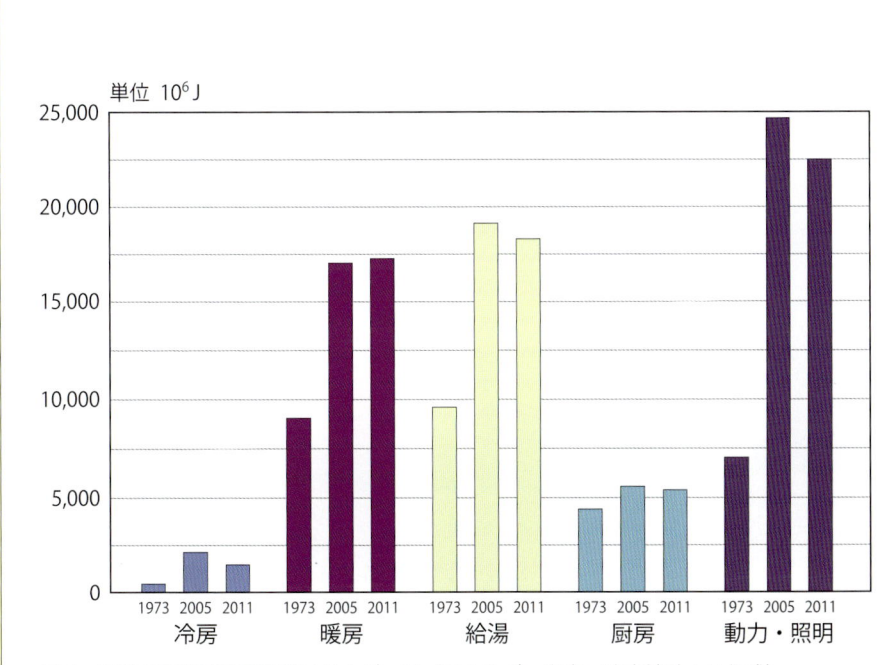

図1　住宅の用途別年間消費エネルギー量（エネルギー白書，政府統計より作成）
1973年から2005年にかけ生活水準の変化に伴い，暖房，給湯，動力・照明のエネルギー量は急増したが，2011年には減少の傾向が見られるようになった。暖房と給湯はさらに削減できる可能性があり，今後全体として住宅部門での大きな省エネとなることが期待できる。

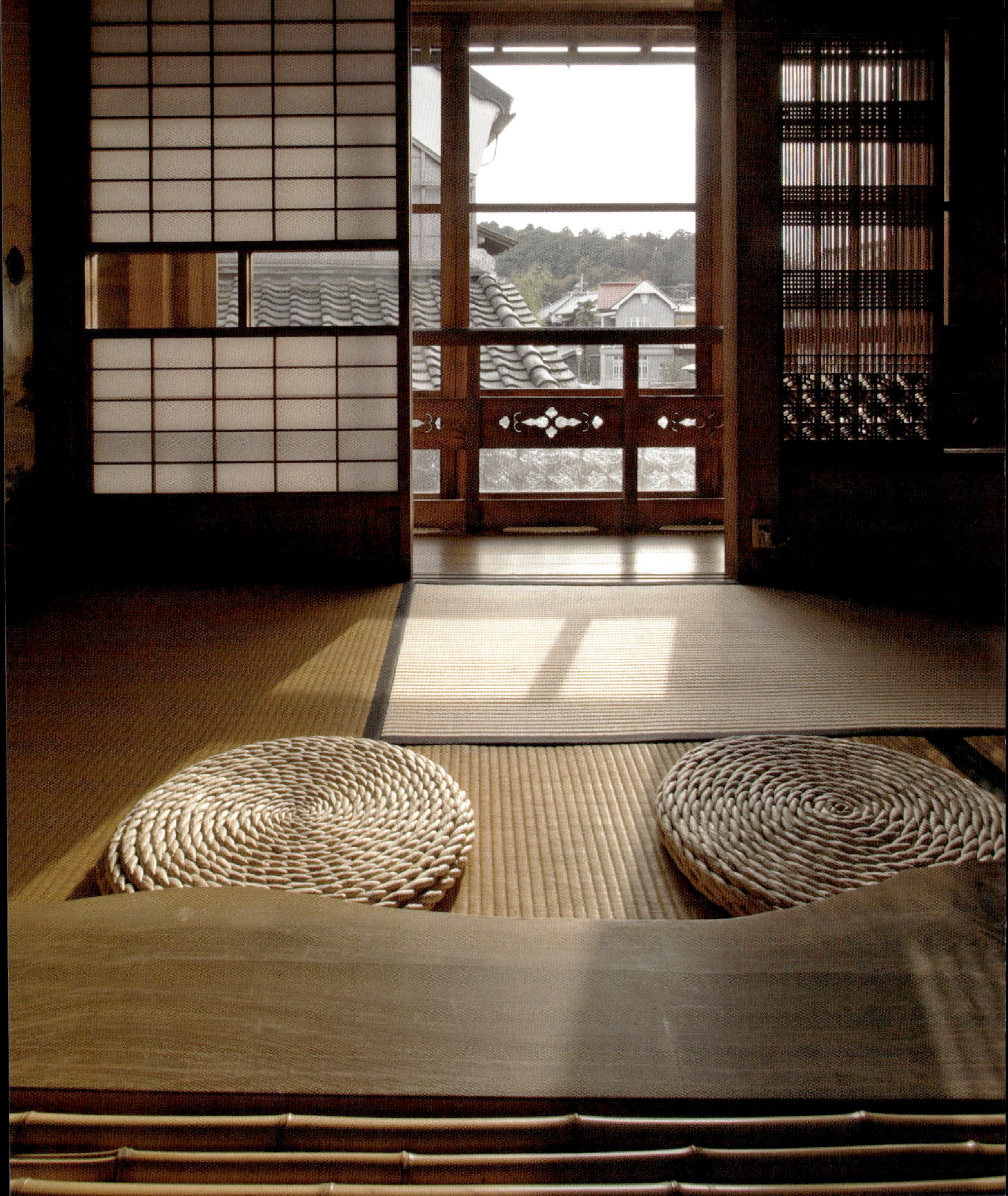

INDEX

01
夏を心地よく過ごす住まい方は

02
冬を心地よく過ごす住まい方は

G

住まい方

01〜02

美しい四季の日本の気候は，さまざまな風物をもたらしますが，亜熱帯並の夏と厳しい寒さの冬はどのように暮らせばいいのでしょうか。
　ここでは，住まいの温熱環境を理解し，夏と冬をよりここちよく暮らす住まい方について解説します。

G 住まい方

01 夏を心地よく過ごす住まい方は

日中は屋外の熱気を室内に入れない工夫を，
屋外が涼しくなったら室内に通風を促す工夫をする

　徒然草の第55段に，「家の作りやうは，夏をむねとすべし」という有名な一文の後に，「暑き比（ころ）わろき住居は，堪え難き事なり」とあります。屋外の涼しい風を入れるために窓を開けても，エアコンの室外機から熱風が吐き出され続ける現代の夏は，徒然草の時代よりはるかに堪え難いものになっています。「わろき住居」としないためには……，ここでは建築・設備的な対応策ではなく，夏の住まい方について考えてみましょう。

日射熱の侵入を防ぐ住まい方

　窓から侵入する熱の大半は日射によるものです。日射の遮蔽は窓の内側よりも窓の外側で対応する方が，窓自体への熱の侵入が軽減されるため，より高い効果が得られます。カーテンやブラインドのほかに，古くからある，軒に吊す「すだれ」や縁などに立て掛けて使う「よしず」の他，出を調整できるオーニングなども有効です。植栽による木陰やグリーンカーテンなどは熱の侵入を防ぐ他，蒸散効果なども合わせて期待できます。また，地面の反射光による日射熱がある場合は，そこを植物で覆うことも効果的です。

風の通り道をつくる

　暑さ寒さの感じ方には個人差があるので，人間が肌で感じる温度である体感温度には，温熱環境6要素の一つである気流，つまり風の流れも大きく作用します。夏の夕方以降，屋外の温度が下がれば窓を開けて，室内に風を通すことで快適性は向上します。

　夕方と朝方では風の向きや流れ方も違います。時刻やまわりの温度を考えた窓の開閉が，風がほとんどない日は，低い位置にある窓と高い位置にある窓の高低差を利用した窓の開閉も有効です。

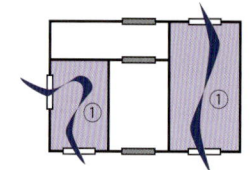

①一つの部屋で，二面に通風窓を設置します。

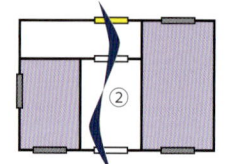

②一つの部屋で，二面に通風窓を設置できない場合は，欄間などを通じて通風経路をつくります。

外部に取り付ける付属部材による日射遮蔽

日射熱が室内に入ってくる割合を日射侵入率といい，その値が小さいほど日射遮蔽性能が高いことを示します。図1は各種対策による日射侵入率を示したものですが，庇・軒の出や外部に取り付けた付属部材によって，最大90%程度まで日射熱の侵入を減らせることがわかります。

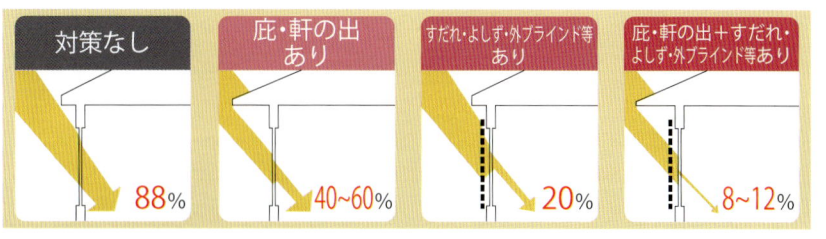

対策なし	庇・軒の出あり	すだれ・よしず・外ブラインド等あり	庇・軒の出＋すだれ・よしず・外ブラインド等あり
88%	40～60%	20%	8～12%

図1　付属部材による日射遮蔽効果

温熱環境6要素

人は体内で生み出す熱をほどよく体外に逃がし，体温を一定に保っています。この人体と環境との熱交換に影響を与える要素を，温熱環境要素と呼びます。

温熱環境要素は，代謝量，着衣量，空気温度，放射温度，気流，湿度の6要素で，代謝量と着衣量は人体側要素で，他の四つは環境側の要素です。

この温熱環境要素と体感温度と快適性は，密接に関係しています。

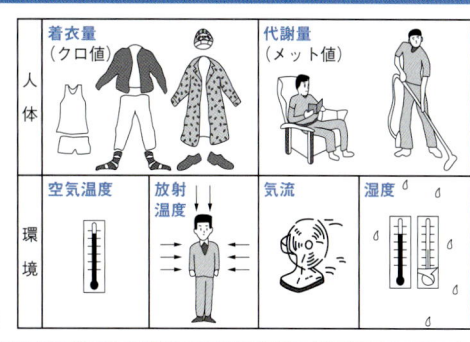

図2　温度環境6要素

開閉形式による風の入れ方

図3は，窓の開閉方式と室内への通風量の割合を示したものです。例えば，同じ窓でも風向きによって通風量は大きく変化します。

直接風にあたり涼感を得たい時，体には直接あてず室内の温度を下げたいときなど，窓の特性を住まい手にきちんと伝えることで，通風による効果はさらに高いものとなります。

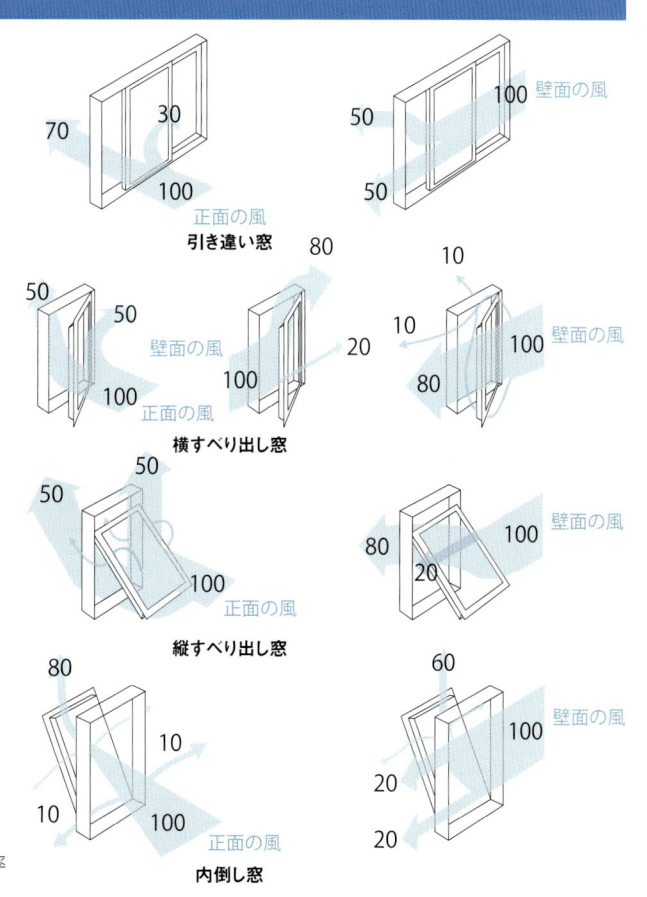

引き違い窓
横すべり出し窓
縦すべり出し窓
内倒し窓

図3　開口形式による風の取り入れ率

キーワード
日射熱
日射遮蔽
通風
日射侵入率
窓の開閉方式

関連項目
A04→p.024
A08→p.032
B11→p.062
C12→p.092
C13→p.094
C14→p.096
F06→p.146

153

G 住まい方

02 冬を心地よく過ごす住まい方は

日射を効果的に取り入れ，夜間は取り入れた熱を逃がさない

　一般的に壁・床・天井などの住宅の躯体は，住まい方により性能を変化させることはできませんが，窓は昼と夜，季節によって，性能を変化させることができます。
　ここでは，窓を中心に冬の住まい方について考えてみましょう。

太陽の日射しを効果的に取り入れ，日没後は取り入れた熱を逃がさない

　晴天時の日中はプライバシーに支障のない限り，カーテンや障子なども開け，日射を取り入れることが大切です。南側の庭木は落葉樹を選ぶあるいは，日射しを遮るようであればあらかじめ剪定しておくことも必要でしょう。
　一方，日没後は室内の熱を窓から逃がさないために，床までの長さの厚手のカーテンを閉める，あるいは雨戸やシャッターなどを閉めるなどして，断熱性能を高めます。

窓まわりの温度分布

図1は，エアコン暖房運転時の窓まわりの温度分布を示す赤外線写真です。

テラスドアと，カーテン下の腰壁部はガラス面からの冷気の影響で低温になっているのがわかります。カーテンに覆われている部分は室温を保っており，カーテンを床まで届く長さにすればさらに冷気を遮ることが可能となります。

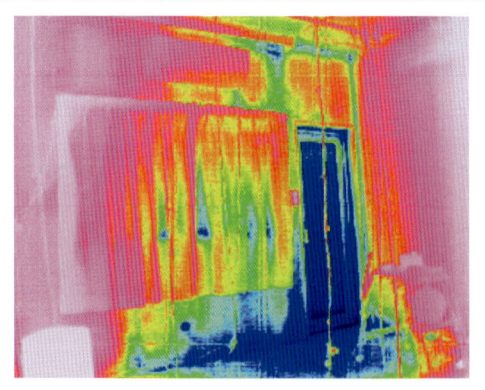

図1 窓まわりの温度分布

キーワード
日射取得

室内温度差

開放型ストーブ

開放型のストーブは使用禁止

室内空気を吸い込み，燃焼ガスや水を室内に排気する開放型の石油ストーブやガスファンヒーターなどは，室内空気質の悪化，結露の発生のみならず，気密性の高い住宅では不完全燃焼が起き一酸化炭素中毒などの事故を引き起こすおそれがあります。

気密性の高い住宅では，開放型ストーブは絶対使用してはいけません。

ストーブ暖房とする場合は，燃焼排ガスを屋外へ排出するFF式温風暖房機や，室内の空気を汚さない電気ストーブなどを使用します。

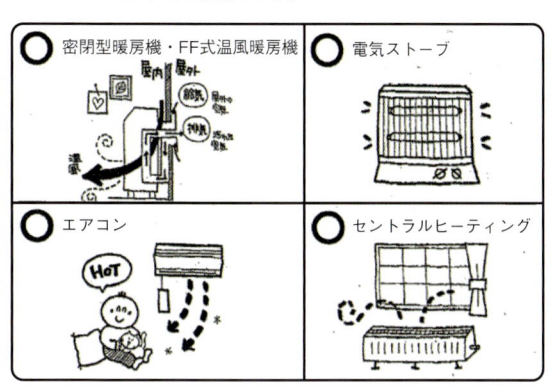

関連項目

A04 →p.024

B05 →p.050

C04 →p.076

F02 →p.138

F03 →p.140

F04 →p.142

計画換気装置は止めないこと

気密性の高い住宅では，室内で発生するさまざまな汚染物質，水蒸気などの排出，新鮮空気を人の住む空間に供給するため，計画換気装置は停止させてはいけません。

汚染物質を「捨てるのみの換気」ではなく，新鮮空気を必要な場所に「入れる換気」をすることが大切です。

また，燃焼系暖房機器を用いた場合，計画換気装置のみでは換気量が不足となり，危険を招くおそれもありますので，十二分な換気をすることが大切です。

155

column 7

窓を使う工夫

内山貴弘

　住宅にはなぜ窓が設置されるのでしょうか？　採光面積規定があるからでしょうか？　当たり前のことではありますが，いざ考えてみると明確な答えが出てきません。それでも窓は当たり前のように，住宅に必要とされています。人は住宅を購入・建築するとき，どこまで窓が意識されているか。窓から見える景色には興味を持っても，窓への意識を持ってくれるか。どうしたら意識を持っていただけるのか。窓メーカーにとっては，追求していかなければならない大きなテーマです。

　窓には，さまざまな機能やそれを達成させる性能や機能があります。開閉形式が多種なのも，「居住者がどのように窓を使うか」により選択できるようにするためです。ちなみに，日本ほど窓の開閉形式にバリエーションに富んだ国はありません。海外にあって，日本にない開閉形式はまずないでしょう。他方，出荷量で見ると，日本の窓の約50%は「引違い窓」です。引違い窓は日本の文化です。日本の「窓」は独自の文化で進化してきました。窓の語源には諸説ありますが，「間戸（マト）：家の柱の間に移動可能な仕切り（戸）を入れたもの」から「窓」となったともいわれています。そのなかで開閉形式については，他の国にはみられない「引違い窓」が主流となっています。紙貼り障子や襖の文化を継承している文化と推察しています。ただ，引違い窓は性能向上という意味ではかなり厄介な開閉形式です。室内外に段差になっていることから露出面積が大きく熱が逃げやすいとともに，漏気を少なくするために，窓の躯体への固定した部分（枠）と動く部分（障子）の間にある気密材と呼ばれるパッキン材で双方をふさぎすぎると，摩擦で動きが悪くなります。当然ながら，高い省エネ性を求めている国では，引違い窓はほとんど使われません。だからといって，日本においては引違い窓なしとすることは考えられません。引違い窓という文化を守りつつ，基準達成はもちろんのこと，

窓メーカーはさらに断熱性能を向上させる製品開発を進めています。

　窓の役割，選び方を考えると，窓の性能や機能の理解も必要です。窓の性能・機能は，本書にある「省エネ性」のみではありません。断熱や日射熱取得，採光などの省エネ性に加え，防火性，耐風圧強度，防水性や気密性，バリアフリー性，防犯性，遮音性，採風・換気，眺望，デザイン性（建物との調和を考えた色調），清掃の容易性，取付け施工性など，魅力的な性能もあれば，あたり前の性能もあります。もっと，窓の持つ性能・機能の知識を深め，家選びとともに窓に求めることも意識してもらえれば，よりそれにかなう製品選びができるのではないかと思います。

　ただ，残念ながらこれらのすべての性能で最高値を求めることは極めて難しいのが実態です。例えば，窓の構成材の一つであるプラスチック材は断熱性を高めるためには有用ですが，防火性では不利な材料となります。また，大開口は景観としてはよい住空間を構築することになりますが，プライバシーとしては好ましくありません。相反する要件を克服して，トータルでよりよい性能の製品開発が進んでいますが，すべての性能を満たすためには，窓のみに求めることでは限界があります。窓の性能・機能に加え，建物の工夫や植栽やエクステリア，付属物の活用も行うことで，窓単独では達成できない性能・機能を引き出すこともできます。これは，設計者の空間設計にも頼る部分が大きいと考えます。

　窓メーカーは，市場の要求に基づき諸性能向上に今後とも取り組んでいくことになります。それとともに，より快適な生活空間構築のための「窓を使う工夫」の提案も今後望まれます。

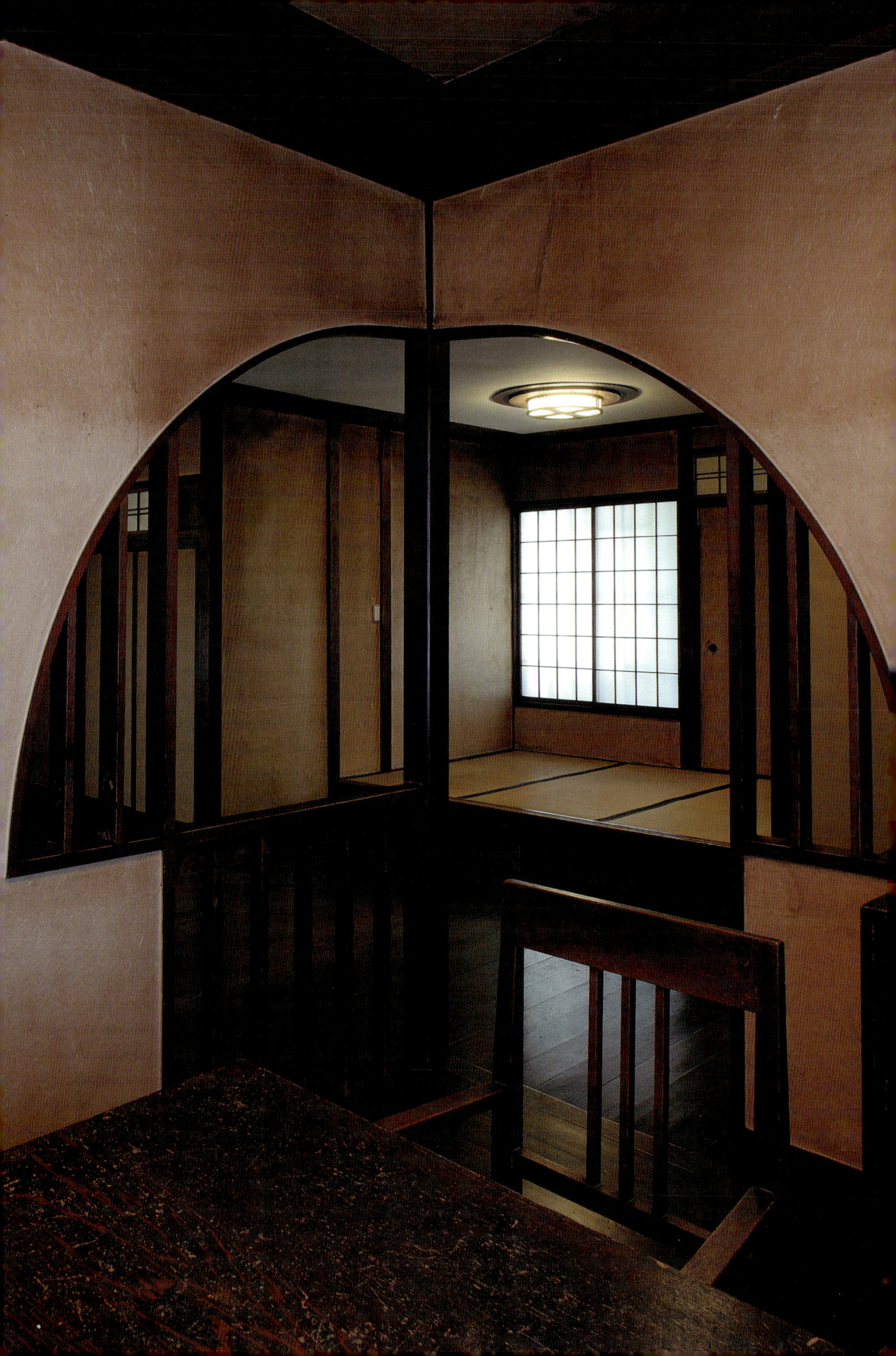

INDEX

01
断熱リフォームを計画する際に注意することは

02
断熱リフォームする場合は，
必ず住宅全体を対象としなければならないか

03
壁・床・天井などの断熱リフォームをどう行うか

04
断熱リフォームを部分空間改修，
あるいは部分部位改修で行う場合の効果は

H

リフォーム

01〜04

日本には，約6千万戸の住宅ストックがあるといわれています。そのうち省エネルギーと室内環境の質が確保された住宅は，ほんのわずかにすぎません。

新築住宅ばかりでなく，既存住宅の断熱・遮熱性能を上げることは，住むひとの生活の質の向上だけでなく，社会資産の質の向上にもつながります。リフォームにより省エネ住宅の量が増えれば，CO_2の削減にも大いに貢献します。

ここでは，断熱リフォームはどのようなことに留意し，どこからリフォームすれば効果があるのかについて解説します。

H リフォーム

01 断熱リフォームを計画する際に注意することは

住まい手へのヒアリングと建物の事前調査が大切
そして，要望に合わせて，リフォームする部位や方法を決定する

ヒアリングと事前調査が重要

　断熱リフォームは，住まい手にとっても，社会的，環境的においても，おおいに意義があります。計画を立てる際には，現状をしっかり把握することが大切です。

　住まい手が，今までの生活の中でどんなところに不満があるか，不都合に感じているか，また，その問題は夏なのか，冬なのか，また，それをどこで感じているのかなど，事前に把握すべきことはたくさんあります。

　一方，建物の状況もできる限り詳細に調査します。設計図書が保管されている場合は，図面からある程度，断熱仕様を確認できますが，設計図書がない場合でも，住宅金融支援機構（旧住宅金融公庫）の融資を受けていれば，その年代から断熱仕様を推測することも可能です。また，劣化や腐朽の状況を確認するため，できる限り目視による確認も行います。天井裏や床下はもちろん，壁のコンセントボックスを外したりして目視で確認することが大切です。携帯型や小型のファイバースコープなどを用いると，壁体内の様子も把握することができます。最近は，赤外線カメラも普及し始めており，非破壊で壁体内部の断熱施工状態などを推測することができます。

　また，風の方位や隣地との関係など敷地状況も調査をすることで，夏のことも考えたリフォームを提案をすることができます。

壁の断面構成を把握する

　壁，床，天井の内外装材をすべて取り除いてリフォームするのであれば，新築工事と同様のやり方が可能ですが，通常は室内側もしくは室外側から改修するのが一般的です。その場合は，新築のような壁構成がとりにくいのが現実です。室内側からの改修であれば室内側の防湿層をしっかり施工し，外側からの改修であれば通気層をとるなど，壁体で内部結露を発生させないようにすることが大切です（H03 参照）。

どんなところに不満があるかをしっかりと把握する

新築のように建物を断熱材で丸ごとくるむことがベストな方法ですが，リフォームではなかなか大掛かりな工事となります。そこで，何を優先的に解決したいかによって，断熱リフォームする部位を検討します。

夏に冷房の効きが悪いのであれば，外壁・天井・屋根を，夜2階が暑いのであれば，天井・屋根の断熱リフォームが有効です。

また，冬に床が冷たい，足元が寒いのであれば，床の断熱が有効ですが，同時に床と壁の取合い部から冷気が壁体内に入らないようすることも大切です。

また，壁の室内側で結露が発生してかびが生えているのであれば，壁の断熱化を図ることが有効です。

図1 不満に感じていること

窓の断熱リフォーム

建物の部位において，外壁，天井，屋根，床などに比べ，より多くの熱が逃げるのは窓です。また夏には，強い日差しが入り室温が上昇するなど，窓の性能は室内環境に大きく影響します。

窓の断熱性能を高めることも大切ですが，現状の窓が過度に大きすぎていないか，隣地の建物が迫っていて日射や眺望も期待できない所に大きな窓がついていないか，風が通るように配置されているかなど，窓の大きさや位置についても，再確認をして窓の改修を計画することが大切です。

窓の断熱リフォームには，①サッシの交換，②既存のサッシ枠をそのままに建具を交換，③内窓の追加，④ガラスの交換などの方法があります。外装材や室内の仕上材との取合いや，既存の部分にうまく納まるかを検討するとともに，ガラスの複層化や内窓を追加すると窓重量が増加し，躯体にかかる負担も大きくなるので，躯体の強度状況の把握も行い，適切な対策が必要です。また①の場合は，窓と躯体の取合い部において，漏水が生じないよう十分な注意が必要です。

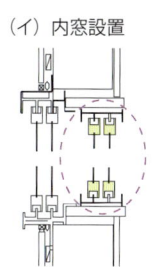

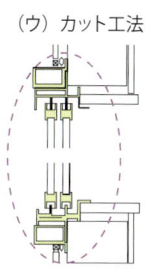

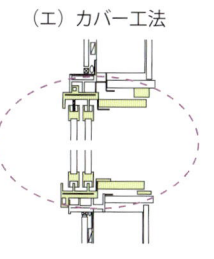

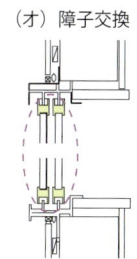

（ア）ガラス交換　（イ）内窓設置　（ウ）カット工法　（エ）カバー工法　（オ）障子交換

図2 窓の断熱リフォーム方法

また，遮熱性を向上させるには，ガラスの仕様の変更他，庇など付属部材も上手に活用することが大切です。

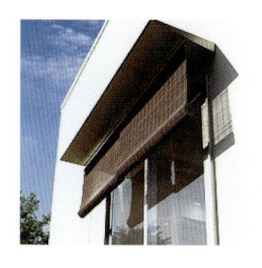

図3 付属部材による日射遮断

キーワード
- 断熱リフォーム
- 赤外線カメラ
- 断面構成
- ガラスの仕様
- 付属部材

関連項目
- C01 →p.070
- C04 →p.076
- D03 →p.108
- D10 →p.122

161

H リフォーム

02 断熱リフォームする場合は，必ず住宅全体を対象としなければならないか

全体改修が理想。しかし，ニーズに合わせて改修することも考える

改修計画のいろいろ：全体改修・部分空間改修・部分部位改修

　新築の場合は，住宅全体を断熱された壁や天井・床，窓などの部位（断熱層）を隙間なく覆うことが基本です。既築住宅のリフォームにおいても住宅全体の断熱性能を見直して断熱改修することが理想ですが，改修にかかる費用の問題（断熱改修は，新築時の断熱工事より多額の費用を要する）や工事のための屋内の家具移動，住まいながらの工事が難しいなどの問題があります。柱，梁などの構造体だけを残したスケルトン・リフォームなど大掛かりなリフォームでは，新築同様の断熱工事が可能ですが，多くは住宅全体を断熱改修することは困難を伴います。

　住宅全体を断熱改修するという方針だけでは，コスト面から結局，何もしないことになってしまうおそれもあります。断熱改修を必要としている部屋（生活空間）に限定した「一部の部屋の断熱改修（部分空間改修）」，あるいは，改修効果の大きい部位を優先的に改修する「一部の部位の断熱改修」も選択肢に入れ，ニーズに合わせて何が適切かを判断することが大切です。

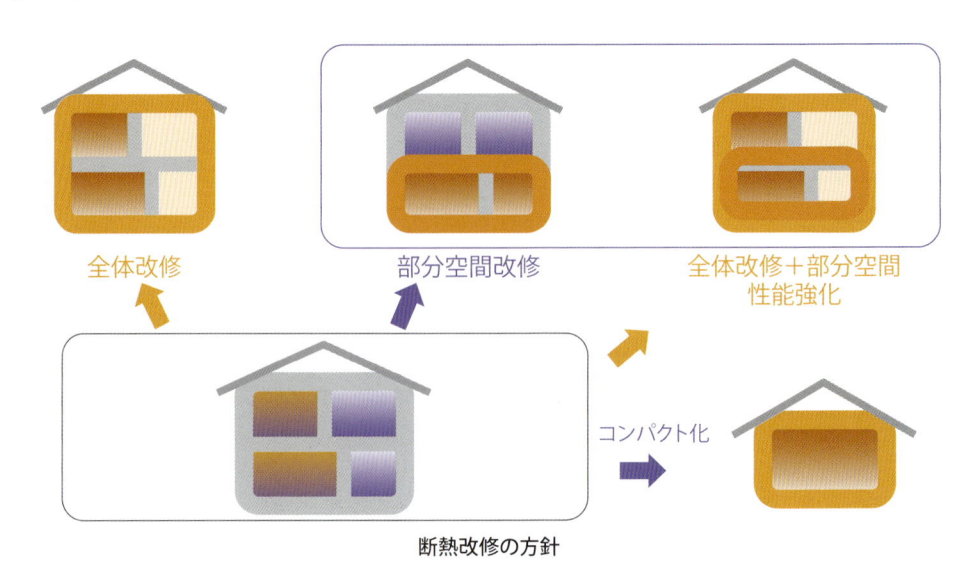

全体改修　　部分空間改修　　全体改修＋部分空間性能強化

コンパクト化

断熱改修の方針

部分空間改修の場合は，日常的に使用する生活空間を優先する

「部分空間改修」(**図1**)の場合は，日常的に生活する部屋・空間（ゾーン）を中心に改修していくこととなります。具体的には，「居間・食堂」，「寝室」，「便所」，「浴室，洗面脱衣室」，「台所」などが挙げられます。

居間で就寝するなど，一つの部屋で複数の生活行為を行う場合もありますので，住まい手の生活スタイルを考慮して改修すべき部屋・空間を検討します。

キーワード
スケルトンリフォーム
部分空間改修
気流止め

2階は改修対象外

・・・・・ 改修対象
──── 簡易仕切り（ロールブラインド等）

部分空間改修例
4人家族（夫婦＋子ども2人）が，子どもの独立により夫婦二人での生活になったことを契機として，寝室を1階和室に移して日常生活空間は1階だけとして，1階だけを断熱改修する。階段部分が非改修部分の2階と仕切られていないため，2階への熱損失防止，2階からのダウンドラフト対策として，1階階段部にロールカーテンなどを設置する。

図1 部分空間改修の例

関連項目
A02→p.020
A04→p.024
A05→p.026
A06→p.028

部分部位改修の場合は窓を優先する。気流止め施工も忘れずに実施

「一部の部位の断熱改修」とする場合は，窓の改修は必ず行います。昭和55年省エネ基準相当の住宅の場合，部位面積1m²当たりの熱ロスでは，窓（熱貫流率6.51）は，外壁（熱貫流率1.29）の約5倍にもなります。そのため，住宅全体での熱ロスは窓からが最も多く，外壁の熱損失量の約2倍となり，まず窓の対策を行わなければ，改修の効果は実感の薄いものとなります（**図2**）。

次いで，床や外壁，天井などの躯体の断熱改修を行いますが，断熱改修コストが安い床，天井（最上階の場合）を外壁より優先して改修することが賢明です。なお，内外装材を撤去する外壁改修の場合は，新築同様に外壁の断熱工事を行います。室内側もしくは室外側かの改修の場合は H03 を参照ください。

気流止めは，床下から壁内空間を通って天井裏に流れる気流を止めるための措置です。断熱改修においても，新築と同様，当該空間に接する外壁および間仕切の上下端には必ず気流止めを設置します（**図3**）。

○ 気流止めの設置位置

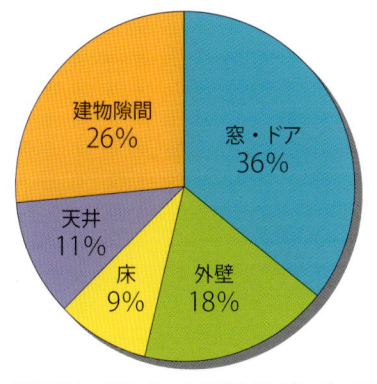

図2 昭和55年（旧）省エネ基準相当の住宅における部位別熱損失の割合：東京

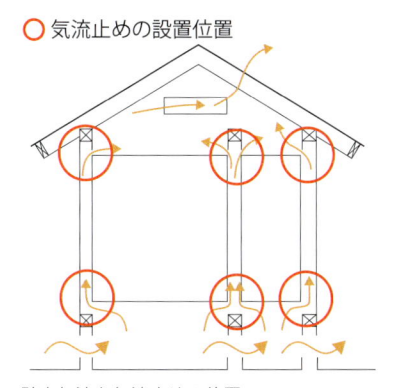

窓・ドア 36%
建物隙間 26%
外壁 18%
天井 11%
床 9%

図3 壁内気流と気流止めの位置

163

H リフォーム

03 壁・床・天井などの断熱リフォームをどう行うか

改修空間に接する外壁や間仕切壁には気流止めを設置し，外から改修するか，内から改修するかによって，施工方法を変える

改修される住宅の多くは，1970年代から1990年代前後の住宅です。それらの住宅は，天井や床などの一部の部位にわずかな断熱が入っているか，またはほとんど無断熱の住宅が多いのが実状です。**下図**は，昭和55年基準相当の住宅の各部位からの冬の熱損失量と夏の日射侵入量の比率を示しています。両者の比率が最も大きいのは開口部であり，まず開口部の性能向上リフォームを行うことが重要といえます（H01参照）。次に，比率が大きいのは外壁ですが，冬においては床の冷たさは非常に気になりますし，夏においては天井からの放射熱が寝苦しさにつながります。

また，住空間をフルに活用したい場合は，住宅全体改修がおすすめです。一方で，例えば家族数が減ったことをきっかけにした改修などの際には，主たる生活空間を対象に改修する部分空間改修や部分部位改修の方法も考えられます（H02，04参照）。

断熱リフォームの施工方法，構造躯体のみ残した本格的な改修を行う場合は新築住宅と同様の方法で実施できますが，外装改修や耐震改修をきっかけにした場合は外側からの改修，間取りや内装改修をきっかけにした場合は室内側からの改修となり，新築住宅とは異なる施工方法にならざるを得ません。

断熱リフォームはこれらのことを考えながら，最も信頼性が高く，ローコストな方法を選ぶことが大切です。ここでは，断熱リフォームの基本的なポイントについて紹介します。

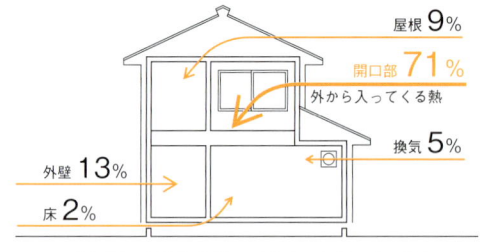

(1) 夏の冷房時（昼）に各部位から熱が入る割合
屋根 9% / 開口部 71% / 換気 5% / 外壁 13% / 床 2%

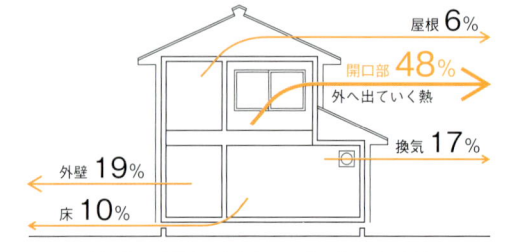

(2) 冬の暖房時に各部位から熱が流出する割合
屋根 6% / 開口部 48% / 換気 17% / 外壁 19% / 床 10%

昭和55年基準相当の住宅の各部位からの冬の熱損失量と夏の日射侵入量の比率

改修空間に接する外壁・間仕切壁の上下端部には必ず気流止めを設置する

外壁や間仕切壁の壁内で生じている壁内気流を抑制し，外壁の断熱性能を設計どおりに発揮させ，外壁や間仕切壁を経由する漏気量の低減，壁内の内部結露を防止するために，改修対象とする空間に応じて外壁の上下端には必ず気流止めを設置します。全体改修か部分空間改修か，部分部位改修にかかわらず，改修対象とする空間に接する外壁や間仕切壁には必ず気流止めを施工する必要があります（**図2**）。

気流止め施工のバリエーションを，**図3**に示します。

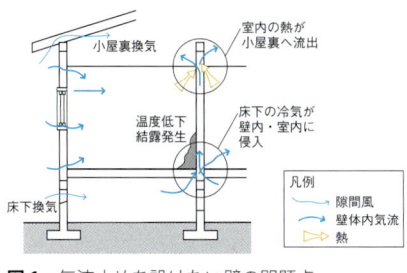

図1 気流止めを設けない壁の問題点

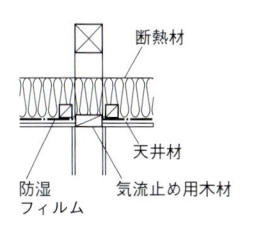

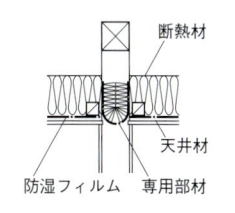

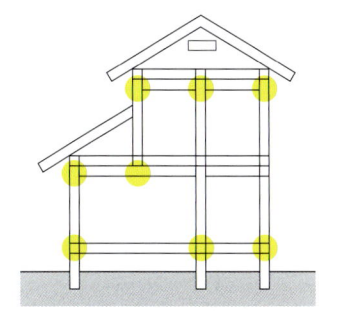

図2 全体空間改修の場合の気流止め設置個所

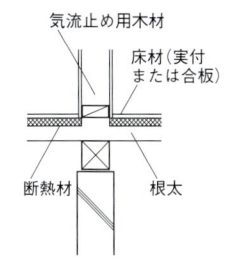

図3 気流止めの施工例
- 乾燥木材による気流止め（壁）
- 防湿層付き繊維系断熱材二つ折り

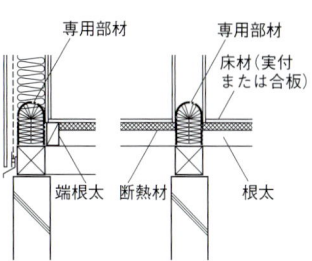

外側から改修するか，内側から改修するかにより改修方法を変えることが大切

図4，5に，一例として床と外壁の断熱リフォーム例を示します。基本的な考え方としては，外側から改修する場合は室内側の防湿強化ができないので，断熱材内に湿気が滞留しないよう，断熱材外側は通気層の設置や床下・小屋裏換気などの換気措置を講じます。

また，室内側から改修する場合は，外側の通気層・換気措置にあまり期待できないため，室内側の防湿措置をしっかり行う必要があります。

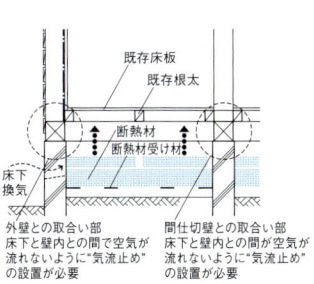

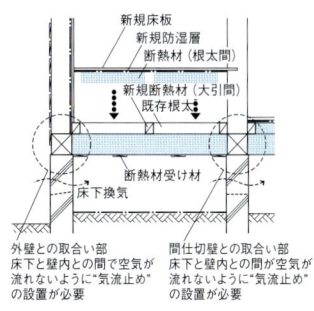

図4 床の改修例
床下側から断熱リフォームの施工例／室内側から断熱リフォームの施工例

図5 外壁の改修例
外側から断熱リフォームの施工例／室内側から断熱リフォームの施工例

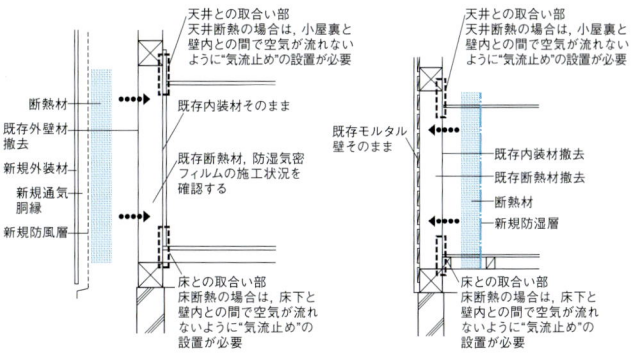

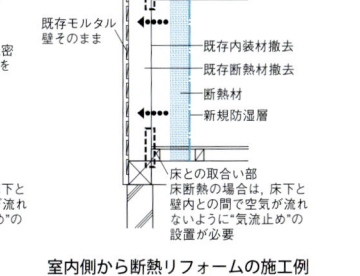

キーワード
- 断熱改修
- 気流止め
- 内窓
- 部分断熱
- 内張り断熱
- リフォーム

関連項目
- C01 →p.070
- C04 →p.076
- D03 →p.108
- D10 →p.122

165

H リフォーム

04 断熱リフォームを部分空間改修,あるいは部分部位改修で行う場合の効果は

イニシャルコストを最小限に抑えて,省エネルギー化と温熱環境の改善を図る

部分空間改修と部分部位改修の効果

H02で,断熱リフォームを住宅全体で実施する他に,部分空間あるいは部分部位で改修する方法を紹介しました。ここでは,「部分空間改修」と,「部分部位改修」を行った場合の暖房エネルギーの削減効果と,温熱環境性能上の効果について考えてみます。

部分空間改修や部分部位改修による方法は,全体改修と比べて,対象となる空間が限定的となったり,対象によって省エネと低温対策の改修効果に違いが生じますが,イニシャルコストを抑えることができるのが最大のメリットであり,家族数の減少などをきっかけに行うには最適な方法ともいえます。

下表は,リフォーム対象となる空間や部位によって,改修に期待される効果が異なることを示していますが,次頁に,これらの断熱リフォームを想定した場合の,改善効果を示しますので,計画の際の参考にしてください。

下図に示す延床面積120m^{2}の標準的な戸建住宅が東京に建っているとして,その1階LDKと2階主寝室における部分断熱の効果をさまざまな断熱の組み合わせのもとに算出し,これらの結果から,断熱性能の変化と,断熱部位の面積がわかれば,その省エネ効果と低温対策効果が予測できる簡易評価手法を開発しました。下記では,この手法に基づいて効果を算出しています。

	1階LDK	2階寝室
省エネルギー	○	△
健康化(低温対策)	△	○

断熱リフォームをした場合の期待される効果

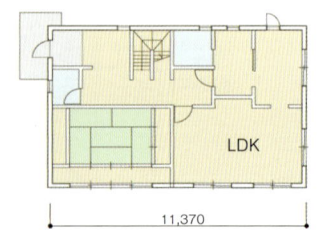

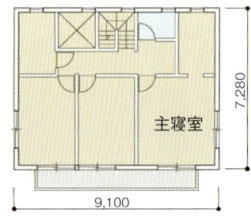

試算した住宅の平面概要(左:1階,右:2階)

部分断熱リフォームの省エネルギー効果

図1に、1階LDKや2階居室などの暖房空間（採暖室）を部分断熱リフォームした場合の省エネルギー効果を示します。リフォーム対象とする空間の外皮部分だけを断熱するだけでも大きな省エネルギーが得られますが、それらに加えて間仕切壁も断熱すると、全体断熱リフォームよりも省エネルギー効果は高くなります。これは全体リフォームの場合、暖房空間から非暖房空間へ熱損失が生じるためです。

また、部分部位改修の場合（図2）、1階の壁や窓の断熱強化を図ることによる省エネルギー効果は大きいものの、2階の壁や窓を断熱強化した際の省エネルギー効果はそれほど高くありません。これは、2階寝室における暖房使用エネルギーがもともと大きくないため、さらに、2階寝室の開口部面積が大きくないためです（表1中の断熱厚さは、グラスウール断熱材10Kを用いた場合を想定して記載）。

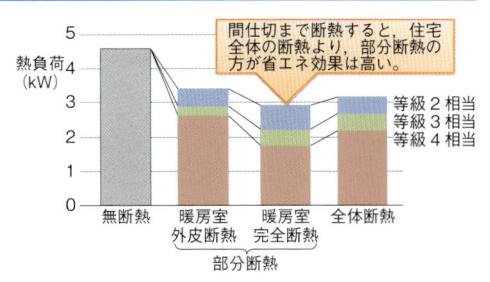

図1 断熱化の省エネ効果試算例

	1階窓	2階窓
アルミサッシ＋ペアガラス	2.7	0.3
樹脂サッシ＋ペアガラス	5.2	0.6
樹脂サッシ＋トリプルガラス	6.2	0.7

表1 窓の断熱強化による省エネルギー効果（GJ/年）

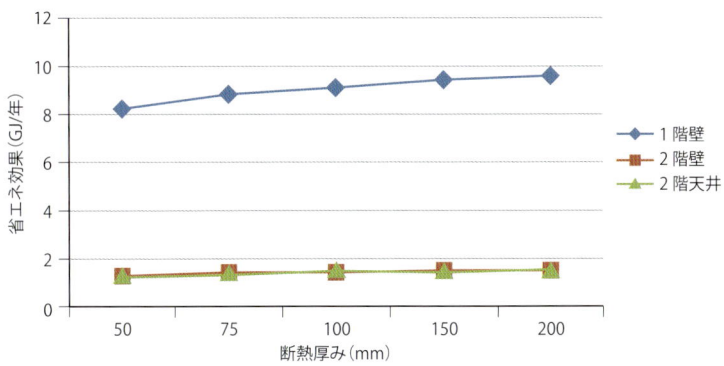

図2 部分断熱による省エネルギー効果（GJ/年）

部分断熱リフォームの自然室温の上昇効果

図3と表2に、1階LDK、2階居室を部分断熱リフォームした場合の自然室温の上昇効果（低温対策）を試算した結果を示します（表2中の断熱厚さはグラスウール断熱材10Kを用いた場合を想定して記載）。窓だけのリフォームだとそれほど室温の上昇は見込めませんが、壁や2階の場合の天井などの断熱改修を組み合わせて実施することにより、室温が上昇します。部分断熱リフォームを実施する場合は、その位置や目的に合わせてリフォームする部位を決定することが重要です。

	1階窓	2階窓
アルミサッシ＋ペアガラス	0.4	0.2
樹脂サッシ＋ペアガラス	1.0	0.6
樹脂サッシ＋トリプルガラス	1.3	0.8

表2 窓の断熱強化による温度上昇効果（℃）

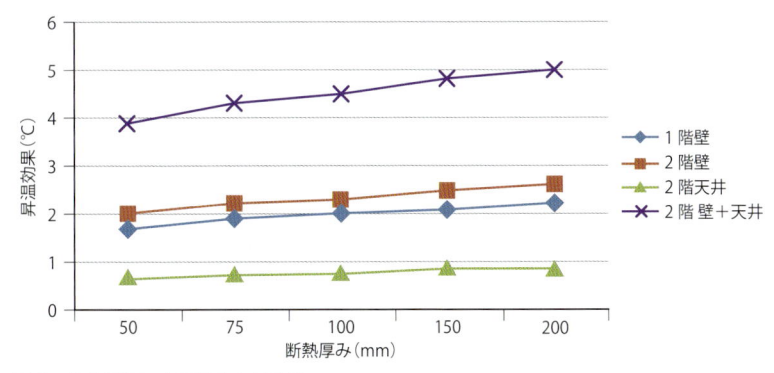

図3 部分断熱による温度上昇効果

キーワード
- 部分断熱リフォーム
- 自然室温
- 健康改善効果

関連項目
C01 →p.070
D03 →p.108
D10 →p.122

column 8

リフォーム時に検討すること

小浦孝次

　住まい手にとって，現在，住んでいる住宅を今後どうするかは大きな問題となります。まずは水まわりを中心に，リフォームを行うのが一般的です。しかし，これからも長く住むためには，内装や設備だけでなく，いつ頃，建築されたかを考え，今後，家に必要な性能を考えるよい機会にしたいものです。

　家の性能として，真っ先に頭に浮かぶのは耐震性かもしれません。建築基準法の大きな変化を，表1にまとめました。特に，大切なのは昭和56年と平成12年です。この年に大きく耐震基準が改定されました。昭和55年以前の建物では，基礎コンクリートの鉄筋が入っていないと予想されますから，大きな地震が来ると建物の倒壊危険性が高いと考えられます。建物の最も重要な性能は，住んでいる人の命を守ることです。耐震性に劣ると判断され，軽微な対策で不十分な場合には，リフォームする部屋にシェルターのような耐震性の高い部分をつくったり，リフォームではなく建て替えを検討することも必要になります。

　もう一つ考えておきたいのは，室内の温度です。最近の研究では，住宅の断熱性を高めることにより，脳卒中や高血圧といった循環器系の障害リスクが，低減されることがわかってきました。断熱性も，住まい手の健康を守る性能の一つです。そこで，リフォームする部位の断熱改修についても検討すべきです。特に断熱材の交換は壁や床を取り外して行う必要があるので，費用がかかります。同じ断熱工事でも，別のリフォームの際に一緒に行うことで費用を抑えられる場合が多いので，リフォーム事業者に断熱・気密化工事も合わせてお願いするのがよいでしょう。

　現在住んでいる家がどのような断熱を行っているかを判断する場合，いつ頃建った家だけで判断することは困難です。一般的には住宅取得時に手渡された設計図面や部材表，住宅金融支援機構の融資内容，住宅性能表示を受けているかどうかで判断します。

　リフォームの内容としては，リフォームを行う部屋の外壁，床，天井，屋根に施工されている断熱材を交換したり，増やしたりする方法が一般的です。しかし，外壁などを壊さないため，断熱材を施工できないようなリフォームの場合でも，床下や天井裏に気流止めだけでも施工するとよいでしょう。なぜなら平成11年以前には，北海道以外の地域で気密住宅の判断が行われていません。そのため，古い建物に気流止めはないと考えられます。壁の中に断熱材があっても，気流止めがないと，壁の中に上昇気流が

発生し床下からの冷気が壁内に侵入し，断熱材の性能が発揮されにくいことがわかっています。さらに，それらの冷気が室内に侵入すると，隙間風の原因にもなります。

　気流止めの設置は外壁と床下や天井裏の取合い部の隙間に，袋入り断熱材を丸めて押し込んだり，木などで隙間を塞ぐ工事ですから，床下や天井裏に人が入れる空間があれば施工できます。リフォームする際に壁内気流止めだけでも施工を行うと，効果があることが確認されています。

改訂年	建築基準法　改訂内容
1950 年 （昭和 25 年）	建築基準法制定　床面積に応じた「壁量規定」の制定
1959 年 （昭和 34 年）	「壁量規定」が強化された
1971 年 （昭和 46 年）	建築基準法施行令改正 基礎はコンクリート造りまたは鉄筋コンクリート造りの布基礎と規定
1981 年 （昭和 56 年）	建築基準法施行令大改正　新耐震基準制定 基礎の配筋等　耐震レベルと設計手法の明確化
1987 年 （昭和 62 年）	建築基準法改正 準防火地域での木造 3 階建て規定化
2000 年 （平成 12 年）	建築基準法改正 地耐力に応じた基礎形状の特定，各部位の継ぎ手や仕口（しくち）の仕様，基礎埋込みホールダウン金物の設置，壁配置のバランス計算の義務化など，仕様規定の明確化

表 1　大きな建築基準法改定の年と内容

改訂年	省エネ基準　改訂内容
1980 年 （昭和 55 年）	日本で初めての省エネ基準　昭和 55 年基準（旧省エネ基準）
1992 年 （平成 4 年）	全面改定　平成 4 年基準（新省エネ基準） 構造毎に断熱性能を強化，気密住宅と非気密住宅を分離
1999 年 （平成 11 年）	全面改訂　平成 11 年基準（次世代省エネ基準） 気密住宅を前提，断熱工法毎に必要性能を強化，計画換気等に関する規定を追加
2001 年 （平成 13 年）	2000 m^2 以上の新築住宅に省エネ措置届出義務
2006 年 （平成 18 年）	大規模修繕などの時に省エネ措置届出 戸建て住宅における断熱トレードオフ規定
2009 年 （平成 21 年）	「住宅事業建築主の判断基準」（トップランナー基準） 300 以上 2000 m^2 未満の新築住宅に届出義務，共同住宅における断熱トレードオフ規定
2013 年 （平成 25 年）	断熱基準に加え一次エネルギー消費量基準を要件に追加 断熱基準の計算方法等の変更

表 2　省エネ基準の改定と内容

APPENDIX 1
本書で省エネルギー性能および室内温度環境の検討に用いた住宅

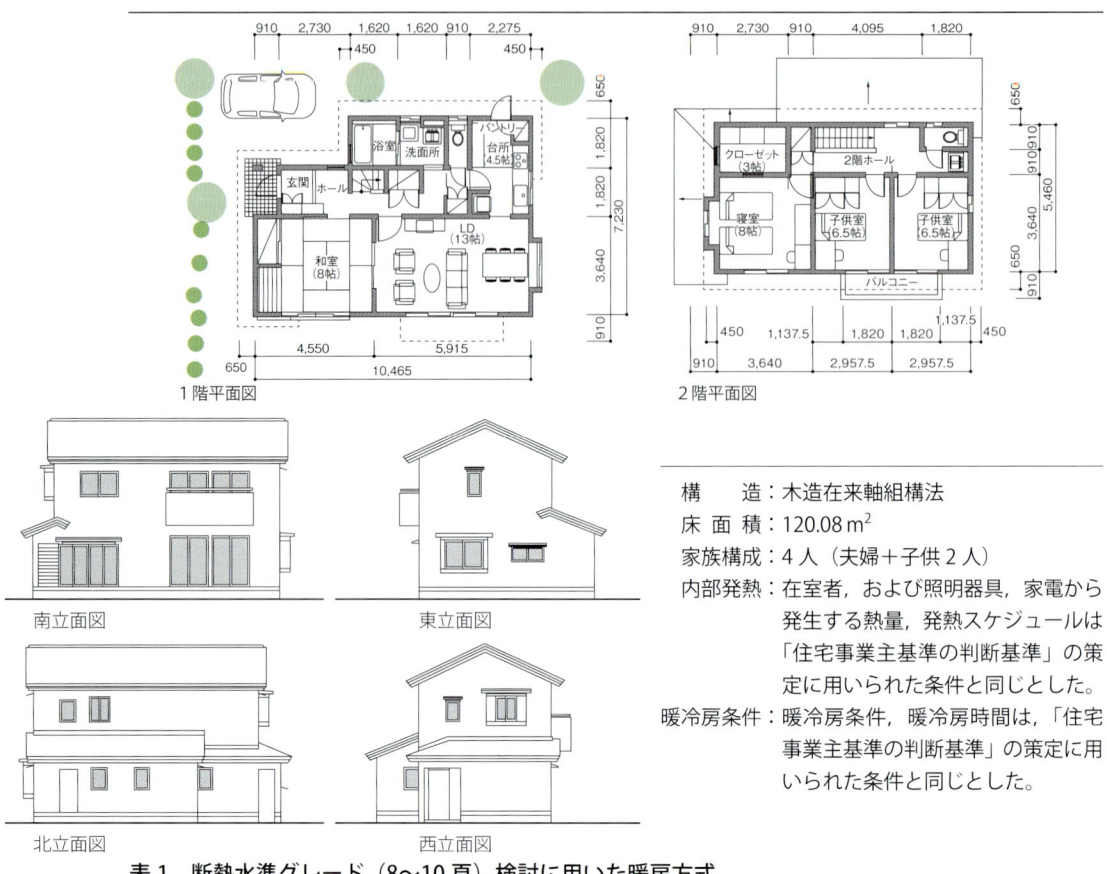

1階平面図

2階平面図

南立面図

東立面図

北立面図

西立面図

構　　造：木造在来軸組構法
床 面 積：120.08 m²
家族構成：4人（夫婦＋子供2人）
内部発熱：在室者，および照明器具，家電から発生する熱量，発熱スケジュールは「住宅事業主基準の判断基準」の策定に用いられた条件と同じとした。
暖冷房条件：暖冷房条件，暖冷房時間は，「住宅事業主基準の判断基準」の策定に用いられた条件と同じとした。

表1　断熱水準グレード（8～10頁）検討に用いた暖房方式

暖房方式【暖房時間】	地域区分	1・2地域	3地域	4～7地域
	LDK	連続暖房【24時間】	連続暖房【平日24時間，休日19時間】	在室時暖房（深夜・日中は除く）【平日：14時間】【休日：13時間】
	主寝室		在室時暖房（深夜・日中は除く）【全日：9時間】【平日：3時間】【休日：7・10時】	【全日：3時間】【平日：3時間】【休日：7・10時間】
	子供室			
	トイレ，廊下，浴室，洗面所和室	暖房なし	暖房なし	暖房なし

表2　各部位の断熱面積

部位		断熱部位面積 [m²]　基礎断熱は周長 [m]	
		断熱部位：床―壁―天井	断熱部位：基礎―壁―屋根（下屋は天井断熱）
屋根		0	57.22
天井		67.91	15.73
外壁	南	33.13	36.00
	東	29.26	34.25
	北	48.05	50.92
	西	29.08	34.07
窓	南	19.69	19.69
	東	3.79	3.79
	北	3.15	3.15
	西	2.07	2.07
ドア	北	1.62	1.62
	西	1.89	1.89
床		65.42	0
土間床など		2.48	67.90
基礎周長	外気側	3.19	35.49
	床下側	3.19	0

APPENDIX 2
本書における断熱性能推奨グレード「HEAT20　G1」「HEAT20　G2」

「HEAT20　G1」「HEAT20　G2」の部位熱貫流率の目安と例示仕様（6地域）
（6地域以外は別途検討中）

断熱水準			HEAT20　G1		HEAT20　G2
U_A外皮平均熱貫流率 [W/(m²・K)] （　）は熱損失係数 [W/(m²・K)]			0.56 (1.9)		0.46 (1.6)
			躯体強化型	開口部強化型	
熱貫流率 [W/(m²・K)]	屋根または天井		0.17	0.24	0.17
	壁		0.35	0.43	0.26
	床		0.39	0.39	0.27
	土間床などの外周	外気に接する部分	0.37	0.37	0.37
		その他の部分	0.53	0.53	0.53
	開口部		2.91	2.33	2.33
断熱仕様 （断熱材の種類 と厚さ [mm]）	屋根	垂木間充填断熱 ＋外張断熱	(C) 120 ＋(E) 90	(C) 100 ＋(E) 55	(C) 120 ＋(E) 90
	天井	敷込断熱	(C) 230	(C) 160	(C) 230
	壁	充填断熱 ＋外張断熱	(C) 105 ＋(E) 20	(C：λ＝0.038) 105	(C) 105 ＋(E) 45
	床	根太間充填断熱 ＋大引間充填断熱	(C) 45 ＋(C) 60	(C) 45 ＋(C) 60	(C) 45 ＋(C) 100
	土間床等外周	外気に接する部分	(E) 100	(E) 100	(E) 100
		その他の部分	(E) 35	(E) 35	(E) 35
開口部仕様	窓		樹脂製サッシ＋複層ガラス（空気層10mm以上）・アルミ熱遮断構造製サッシ＋Low-Eガラス（空気層10mm以上）	樹脂製またはアルミ樹脂複合製サッシ＋Low-Eガラス（空気層10mm以上）	樹脂製またはアルミ樹脂複合製サッシ＋Low-Eガラス（空気層10mm以上）
	ドア		断熱ドア*（熱貫流率2.91以下）	断熱ドア*（熱貫流率2.33以下）	断熱ドア*（熱貫流率2.33以下）

※アルファベット大文字（Cなど）は，断熱材区分を示す。下表参照
＊断熱ドア：木製断熱積層構造のドア，断熱材充填フラッシュ構造の扉で，扉・枠などが熱遮断構造のドアなど

断熱材の区分と熱伝導率

断熱材区分	熱伝導率 [W/(m・K)]	断熱材の種類
A-1	0.052～0.051	吹込み用グラスウール13K相当・18K相当
A-2	0.050～0.046	グラスウール断熱材10K相当，吹込み用ロックウール25K相当
B	0.045～0.041	グラスウール断熱材16K相当・20K相当，ビーズ法ポリスチレンフォーム保温板4号，A種ポリエチレンフォーム保温板1種2号
C	0.040～0.035	グラスウール断熱材24K相当・32K相当，高性能グラスウール断熱材16K相当・24K相当・32K相当，吹込み用グラスウール30K相当・35K相当，ロックウール断熱材（マット，フェルト，ボード），ビーズ法ポリスチレンフォーム保温板1号・2号・3号，押出法ポリスチレンフォーム保温板1種，A種ポリエチレンフォーム保温板2種，吹込み用セルローズファイバー25K・45K・55K，吹付け硬質ウレタンフォームA種3，吹込み用ロックウール65K相当
D	0.034～0.029	ビーズ法ポリスチレンフォーム保温板特号，押出法ポリスチレンフォーム保温板2種，吹付け硬質ウレタンフォームA種1，高性能グラスウール断熱材40K相当・48K相当
E	0.028～0.023	押出法ポリスチレンフォーム保温板3種，硬質ウレタンフォーム保温板2種1号・2種2号
F	0.022以下	フェノールフォーム保温板1種1号，1種2号

注：建築物に使用される断熱材は，これまで複数のJIS規格で規定されていましたが，平成26年9月22日に建築用断熱材（JIS A9521：2014）として統合されました。上表は，従来のJIS規格などに基づいて作成されていますので，新たな建築用断熱材のJIS規格に基づく場合は熱伝導率等の確認が必要です。なお，平成27年9月21日までは従来のJIS規格によることもできます

CHECK LIST ①
施主の要望からみるチェックリスト

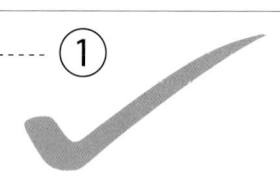

こんな家にしたい	省エネ住宅にしたい	A01, A02, A10, B01
	あとでやりかえのできない部分の性能は最初からやっておきたい	A01, C01, D01, D05, D07, E01
	暖冷房ランニングコストを極力抑えたい	A02, A06, G01
	一番安くて効果のある断熱材を活用したい	A09, D01, D03
	南隣家がこちらの敷地に迫って建っているので工夫したい	B04, C09
	西日がよくあたるので日射を遮蔽したい	B11, C03, C08, C09, D09
	二世帯住宅にしたい	B04, B08
	大きな窓がある明るい家にしたい	C01, C02, C10, C11
	できるだけ自然エネルギーを利用したい	B12
	空気環境のよい家にしたい	C12, C13, E01, E02, F02

暑さ寒さ対策	熱帯夜でもぐっすり眠れる家にしたい	A03, A04, A07, A08, D09, E03, F05, F06, H01
	寒いのはとにかく苦手なので暖かい家にしたい	A03, A04, A05, A06
	風通しのよい家にしたい	B09, C12, C13
	室内空気を汚さない暖房にしたい	F02, F04
	できるだけ暖冷房設備を使わない家にしたい	A02, A06, B01, F02, H01, H02
	エアコンの風は苦手です	F02, F05, F06
	冬も寒くないトイレ，浴室にしたい	A02, A05, B08, D04, D07

CHECK LIST 1
家を建てる前に確認すべきこと

　敷地の状況把握は，いうまでもなく家を建てる前の大事な作業です。広い範囲での大まかな気候や卓越風の把握はもとより，付近の高低差や近隣の建物の状況，さらには，隣地の建替えの可能性など，今後の変化までを予測したうえで基本計画に入ります。

CHECK LIST 2
設計中に確認すべきこと

　躯体の断熱仕様は，地域に応じたものになっているか。屋根の架け方，庇の出，窓の位置，開閉方向や方式はこの敷地に相応しいものになっているかなどを含め，最初に把握した敷地状況が家の詳細に反映されているか，このチェックリストを活用して確認します。

こんな部屋がほしい	間仕切壁がほとんどない家がほしい	B01
	階段は居間の中にほしい	B02, B03, B09, F02
	吹抜けがほしい	B02, B03, F02
	サンルームがほしい	B05
	土壁の家にしたい	B06, D10
	地下室がほしい	B07, D02
	草屋根がほしい	B10
	緑のカーテンがほしい	B11
	ロフトがほしい	D06
	トップライトがほしい	C03, C08, C11

日常生活	ベッドも机も窓際に置きたい	C03, C04, C07, C08
	雨の日でも開けておける窓がほしい	C06, C11, C13
	庭は草が生えないようにコンクリートにしたい	A01, B11
	洗濯物はほとんど室内干しです	C05, C12, C13, E02
	個室を使うのはほとんど寝る時だけです	A05, B05
	平日日中はほとんど誰も家にいません	B09, C06, C15
	通風のために開けたまま外出できる窓がほしい	C06, C11, C12, C15

長持ちする家にしたい	シロアリは絶対に避けたい	D03, D05, D07
	窓はもちろんのこと見えないところも結露しない家にしたい	A02, C05, D05, D04, D07
	自然素材の断熱材を使用したい	D03

リフォーム	古民家を改修して住みたい	B06, D02, D10, I01, I02, I03, I04
	家全体を断熱リフォームする予算はないのです	A09, H01, H02, H03, H04
	2階はほとんど使わなくなっています	B04, H01, H02, H03, H04
	西側の寝室が夏暑くてたまらない	A01, A04, A07, A08, C09, H01, H02, H03, H04

CHECK LIST ②
設計プロセスからみるチェックリスト

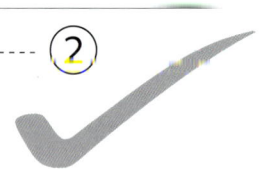

分類	項目	参照
敷地環境を読む	敷地の風向き，敷地の気候 (季節の外気温，暖冷房期間，暖房度日，冷房度日)を確認する	A03, B01
	地域区分に対して適切な技術要素を用いる	A03, B01
敷地と建物の関係	南に隣家が迫っているか	C09
	風上に障害物はないか	B09, C12
	敷地周辺に建物が密集しているか	B09, C09
断熱・気密の仕様	断熱計画は適切か	A01, A02, A03, A04, A09, A10, B01, C01, C03, C04, C08
	コストパフォーマンスのよい断熱住宅になっているか	A02, A09, B01, F01
	暖冷房効率のよい断熱仕様になっているか	A04, A06, A07
	暖房を止めても寒くない家になっているか	A04, A06, F01
	夏涼しい家になっているか	A04, A07, A08, C12, C13
	CO_2排出量削減に貢献しているか	A10
平面計画	複雑な平面プランになっていないか	B09
	2階にリビングルームがあるか	B04, C09
	二世帯住宅か	B08
	サンルームや縁側があるか	B05
	土間床があるか	B06
	緑のカーテンを取り入れるか	B11
	庭には計画的な植栽をしているか	B10, B11
	家族の人数の変化に対応できる間取りになっているか	B08, H01, H02
断面計画	吹抜けがあるか	B02, B03, F03
	天井付近に熱がこもらないか	B09, C12, C13
	リビングルームの中に階段があるか	B01, B02, B03, B09, F02, F03
	地下室や半地下室があるか	B07, D02
採光	法規上の採光面積を確保しているか	C10, C11
	内部まで光が届くか	C06, C10, C11
	採光を調節できるか	C06, C07
	天空光を利用できているか	C11
	トップライトがあるか	C11

日射遮蔽・取得	軒・庇の出は適切か	C06
	開口部に日除けがあるか	C04, C07
	窓の方位に応じてガラスの選択をしているか	C03
	西日対策はできているか	C01, C02, C03, C08
	窓の大きさは適切か	C02, C10
	南側の開口部に面して障害物はないか	C06, C09
	東・西側の開口部に面した障害物はないか	C06, C09
	窓辺が暑かったり寒かったりしないか	C01, C03, C04, C07, C08
	大型開口部に沿って冷気が降りてこないか	C01, C02, C03, C04, C07, C08
	窓の結露対策はできているか	C01, C05

通風	風上に障害物はないか	B09
	敷地周辺に建物が密集しているか	B09
	各開口部は通風を促すような位置に配置されているか	B09, C12, C13
	建物全体に風の通り道があるか	B09, C12, C13
	窓を開けても騒音が入らないか	B09, C12, C13
	窓を開けても防犯上問題はないか	C13, C14
	窓を開けてもプライバシーの問題はないか	C13, C14
	手の届かない窓はないか	C11
	建具の開閉はしやすいか	C11, C12, C13

断熱	構造，構（工）法に適した断熱ができているか	D02, D03
	充填断熱か，外張断熱か，または付加断熱か	D01
	基礎断熱か，床断熱か	D04, D05, D09
	真壁か	D10
	天井断熱か，屋根断熱か	D04
	ロフト（小屋裏収納）があるか	D04
	隙間なく断熱材を施工できる納まりになっているか	D02, D04
	屋上緑化を採用するか	B10
	遮熱塗料を採用するか	D09

防露	壁体内や屋根に湿気をためない層構成になっているか	D01, D04, D06
	地下室・半地下室があるか	B07, D02
	結露対策はできているか	B07, D04
	非暖房室があるか	A02, D07

気密・換気	気密化に伴なう換気計画は適切か	E01, E02
	漏気が生じていないか	E01, E02
暖冷房設備計画	全館空調か	F04
	全日空調か	F01, F03
	間仕切して部分暖冷房できるか	B08
	冬季に日射取得熱を利用しているか	B07, C02, C03, C08, C11
	冷房に過度に頼らずに夏を快適に過ごすことができるか	A02, A04, A07, A08, G01
	暖房に過度に頼らずに冬を快適に過ごすことができるか	A02, A04, A06, G02
	暖冷房機器の特徴を活かしているか	F02, F03
	エアコン・扇風機・シーリングファンなどの機器を組み合わせて利用しているか	F02, F03
	放射型暖房機を用いているか	F02, F03
創エネ・自然エネルギーの活用	敷地の立地の晴天率に応じた計画となっているか	B12
	屋根形状・勾配は太陽光パネルの設置に適合しているか	B12
断熱リフォーム	断熱改修の優先順位を理解しているか	H01, H02
	コストパフォーマンスのよい断熱改修になっているか	H03
断熱リフォーム後の注意	後付けの機器のためにスリーブを適切に設置しているか	D10, E01
	防湿フィルムなどを貫通するような穴があいていないか	D10, E01

チェックリスト活用事例 1（新築）

【敷地の状況】
○街区ブロックの北西角地
○南側隣家が近い
○西側は土地が低くなっている

【施主の要望】
○大きな窓がある吹抜がほしい
○夏の暑さが苦手

CHECK LIST②
敷地と建物の関係―南に隣家が迫っているか
▶B04　リビングは1階と2階で，暖冷房エネルギーにどのような違いが生じるか
→1階と2階の暖冷房負荷を把握し，住まい手の暮らし方を勘案し，2階リビングを含めた検討を行う。
▶C09　日照条件の悪い敷地における住宅の設計は
→隣棟との距離による建物の壁面日射量を把握し，配置計画，平面計画，開口部の位置の検討を行う。

CHECK LIST②
日射遮蔽・取得―西日対策はできているか
▶C07　日射遮蔽・取得に対する付属部材の選び方は
→開口部の付属部材による西日遮蔽を検討する。併せてC03なども参考に窓，ガラスの仕様も検討する。
▶B11　緑のカーテンの効果は
→緑のカーテンによる西日遮蔽を検討する。

CHECK LIST①
こんな家にしたい―大きな窓がある明るい家にしたい
▶C02　省エネルギーな住宅にするには窓は小さい方がよいか
→断熱性，遮熱性を考慮した窓の仕様を検討する。

CHECK LIST①
こんな部屋がほしい―吹抜けがほしい
▶B02　吹抜け空間を暖かな空間にするには
→2階からのダウンドラフトを防止するための工夫を検討する。

CHECK LIST①
暑さ寒さ対策―熱帯夜でもぐっすり眠れる家にしたい
▶A07・08　夏，快適な家にするための基本は
→躯体の断熱性，窓の日射遮蔽と通風を検討する。併せてF05，F06も参考に放射冷却，夜間通風の利用も検討する。

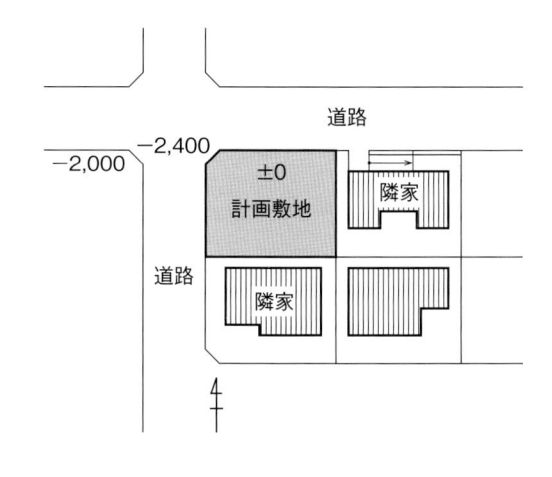

チェックリスト活用事例 2（新築）

【敷地の状況】
○密集地の旗竿狭小敷地

【施主の要望】
○暖冷房のランニングコストを抑えた家にしたい
○地下室とロフトがほしい

CHECK LIST②
敷地と建物の関係―敷地周辺に建物が密集しているか
▶B09　通風を行うための基本計画は
→敷地周辺を流れる風を想像し，風の出入口窓の検討を行う。
▶B04　リビングは1階と2階で，暖冷房エネルギーにどのような違いが生じるか
→1階と2階の暖冷房負荷を把握し，住まい手の暮らし方を勘案し，2階リビングを含めた検討を行う。
▶C09　日照条件の悪い敷地における住宅の設計は
→隣棟との距離による建物の壁面日射量を把握し，配置計画，平面計画，開口部の位置の検討を行う。

CHECK LIST①
こんな家にしたい―暖冷房のランニングコストを極力抑えたい
▶A09　コストパフォーマンスのよい住まいをつくるには
→イニシャルコストとランニングコストのバランスを見極めた躯体の断熱性能の向上を長期的視点にたって検討する。

CHECK LIST①
こんな部屋がほしい―地下室がほしい
▶B07　地下室をどうつくるか
→結露のメカニズムを理解し，適度な断熱と除湿方法の検討を行う。
▶D02　高断熱住宅をつくるための住宅構造別の留意点は
→RC造の熱特性を把握し，表面結露対策，熱容量利用（B06も参考にする）の検討を行う。

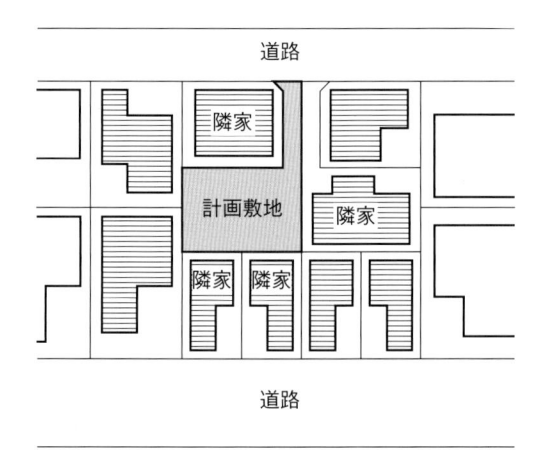

チェックリスト活用事例 3（リフォーム）

【現況の建物】
○大きな 2 階建

【施主の要望】
○冬も寒くないトイレ，浴室にしたい
○子供が独立したので，2 階はほとんど使わない

CHECK LIST②
断熱リフォーム―断熱改修の優先順位を理解しているか

▶**H01**　断熱フォームを計画する際に注意することは
→立地の周辺環境，建物の現況確認を行い，施主の要望も加味して適切なリフォーム提案の検討を行う。

▶**H02**　断熱リフォームする場合は，必ず住宅全体を対象としなければならないか
→日常的に使用する生活空間を優先して断熱改修を行う。窓の部位改修も行う。

CHECK LIST②
コストパフォーマンスのよい断熱改修になっているか

▶**H03**　壁・床・天井などの断熱リフォームをどう行うか
→床の断熱工事の際に，気流止めの設置も行う。窓の部位改修も行う。

CHECK LIST①
こんな家にしたい―冬も寒くないトイレ，浴室にしたい

▶**A02**　外皮性能（断熱性能，日射性能・取得性能）を高めた住宅の省エネ以外のメリットは
→外皮性能を高める検討を行う。

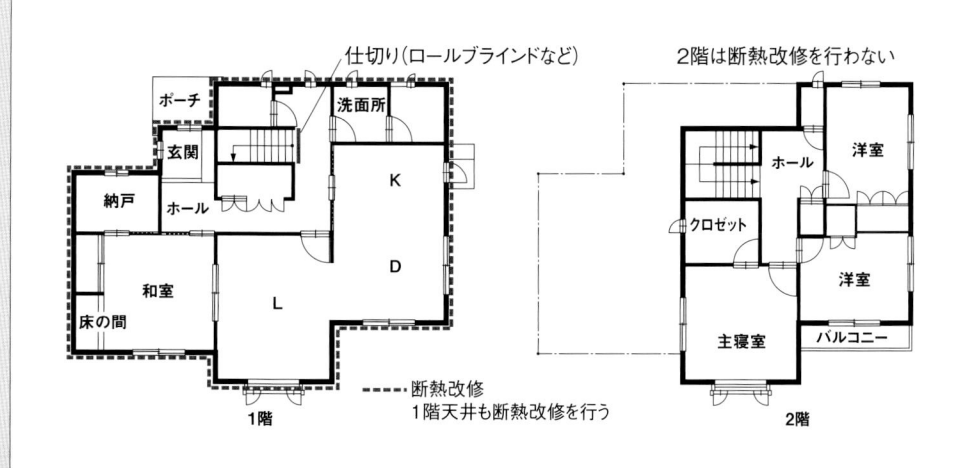

関連用語

あ行

【圧力損失】
流体が管内やダクト内などを流動すると，摩擦抵抗など各種の抵抗を生じ，そのために生じる全圧力の低下をいう。

【アメダス気象データ】
国内約 1,300 カ所に設置されている無人観測施設から集まる気象に関するデータ。
項目は，降水量，気温，日照時間，風向風速，積雪。

【一次エネルギー】
人間が利用するエネルギーのうち，変換加工する以前の，自然界に存在するもの。薪，木炭，石炭，石油，天然ガス，太陽放射，地熱，風力，水力など。

【一次エネルギー消費量】
建築や住宅で用いるエネルギーを熱量換算した値。対象となるエネルギー消費量は暖房，冷房，給湯，換気，照明の五つ。ただし電気については電気そのものの熱量ではなく，発電所で投入する化石燃料の熱量を用いる。

【ウインドキャッチ】
建物の外壁に沿って流れる気流に対し，垂直壁などを設けることで室内に風を導入することができるもの。縦すべり出し窓でも代用できる。

【屋上緑化】
建築物の断熱性や景観の向上などを目的として，屋根や屋上に植物を植え緑化すること。ヒートアイランド現象の緩和に効果がある。

【温度差換気】
外気と室内空気の温度差により，室内空気の浮力を利用した自然換気。

か行

【外皮】
建物と外部環境を隔てる境界で，通常は外壁，開口部，床，基礎，屋根，天井，など建物外周部をいう。

【外皮平均熱貫流率（U_A）】
住宅の熱的境界である外壁，屋根・天井，床・基礎および開口部など，外皮全体の熱損失熱量を外皮面積の合計で除した値である。熱損失係数が床面積の合計で外皮全体の熱損失熱量を除したのに対して，外皮面積の合計で除する点が異なる。平成 25 年省エネ基準において外皮性能の断熱性能についての指標として定められた。

【開放型暖房機】
暖房器具のうち，燃焼に使った機器からの排気を室内に放出するもの。強制排気管のない石油ストーブ，ガスストーブ，石油ファンヒーターなど。燃焼で生じた水蒸気が室内に出るので，結露の原因になることがある。

【夏期日射取得係数（μ値）】
「自身の建物による遮蔽がないと仮定した場合に取得できる日射量」（床だけが存在する建築物を仮定したときの床に当たる日射量，2 階床は空中に浮いているとする）に対する「実際に建物内で取得される日射量」の冷房期間中の平均的な比率。

【拡張アメダス気象データ（EA 気象データ）】
拡張アメダス気象データ（EA 気象データ）は，気象庁のアメダスと気象官署の観測データを組み合わせて作成された気象データベース。このデータベースの収録地点は全国 840 地点に及び，気象官署（気象台）数の約 5 倍に匹敵する。 各地点には 1981 年からの 8 要素の時別気象データと標準年気象データが収録され，さらに，各種計算処理プログラムを用いれば，斜面日射量や地中温度などのデータを追加することも可能。

【風の道】
風の通り道。ヒートアイランド現象でしばしば使用されるようになった言葉。例えば，東京湾からの風の道が汐留のビル群で遮られて新橋の内陸側の気温が上昇するなど。風の道を活かす方法が研究されている。

【換気熱損失】
換気によって失われる顕熱と潜熱。

【換気回数】
建物の換気量（m^3/h）を建物内容積（m^3）で割ったもの。1 時間に建物内の空気が何回入れ替わるかという換気の目安を表す。

【乾球温度・湿球温度】
通常の温度計で求めた気温を乾球温度といい，温度計の測温部に水で濡らしたガーゼを巻いたいわゆる湿球温度計で測定した温度を湿球温度という。両者がわかると，そのときの相対湿度が求められる。

【基礎断熱】
基礎の外周部を断熱する工法。断熱位置は立上がり部の外側と内側の 2 種類がある。床下空間も室内空間に取り込んで温度を保つ。基礎断熱は床下環境が改善され，木材の腐朽に対し安全とされる。断熱材内部やコンクリートとの接触面が蟻道となるので，シロアリ対策が必要な場合が多い。

【輝度】
ある方向から見て，光源がある有限な広がりを持つとき，その光源の，その方向に対する単位放射面積当たりの光度。単位は cd/m^2

【気密・気密層】
住宅の隙間風や壁の中で発生する気流を止めるために施工する部材。以前は防湿気密層と呼ばれたが，2006 年の省エネ法改正で目的により気密層と防湿層が分離された。フィルム（JIS A 6111 や JIS A 6930）を使用する場合が多いが，他にも発泡プラスチック断熱材や合板，石膏ボード，木材，金属，コンクリートも使用できる。

【気密性能】
住宅の隙間に関する性能で，日本では床面積当たりの相

当隙間面積（cm^2/m^2）で表し，この数値が小さいほど高い気密性があることを示す。住宅の気密化は以下の点のために必要である。
　①外壁の隙間からの空気の侵入防止と，それによる暖冷房負荷の低減のため
　②計画的な換気をするため

【給排気型暖房機（FF暖房機）】
燃焼用空気を室外から給排気筒を通して燃焼用送風機の力で強制的に取り入れ，発生した熱を室内に送り出し，排気は給排気筒を通して室外に出す暖房機。

【局所換気】
トイレのように臭気を発生する場所や，台所，浴室のように多量の水蒸気が発生する場所を換気すること。

【気流止め】
断熱効果を妨げる壁体内の空気の動きを止めるために，外壁や間仕切壁の上下に施工する部材。乾燥木材や袋入りグラスウールを二つ折りにして用いる。気流止めがないと断熱材の効果が十分に発揮されないので，断熱施工においては重要な部材である。

【均斉度】
面の照度や輝度差を表す。一般には最大に対する最小と，平均に対する最大または最小の比で定義される。

【グレア】
過剰な輝度または輝度対比のため不快感が生じること，または対象物を知覚し難くなるような視覚の状態。

【桁上断熱】
桁の上に合板を張って，その上から防湿フィルムを施工し断熱する工法。防湿層の連続性が確保しやすい。

【結露】
暖かく湿った空気が，急に冷やされたり，冷たい物に触れてある一定の温度（露点温度）以下になったときに，余った空気中の水蒸気が凝結して水滴に変わる現象。コップに冷たい水を注ぐとコップの外側に水滴が付くのが代表的な例。結露には，窓ガラスや壁などの表面で見かける『表面結露』と防湿が不十分な天井・壁体・床などの構造体内部に発生する『内部結露』があり，後者は木材を腐らせる原因の一つとなるので注意が必要。発生する季節やメカニズムによって，冬期結露と夏期結露に分類することもある。

【顕熱】
物体に熱を与えたとき，その熱量に比例して温度変化が現れる場合，この熱を潜熱に対して顕熱という。

【小屋裏換気】
たまった熱気や湿気を外に排出する目的で小屋裏（屋根裏）部分を換気すること。一般に小屋裏換気には，「妻面換気」「軒下換気」「軒下換気と妻面換気の併用」「軒下換気と棟換気の併用」の4種類がある。

さ行

【採光】
昼光を室内等に取り入れて明るくすること。窓，その他開口部の採光に有効な部分の面積は住宅で床面積の1/7とされる。

【自然換気】
機械や動力によらない換気。室間・室内外温度差に基づく温度差換気（重力換気），風圧力を利用する風力換気がある。外部・室内条件により換気量が変わるので注意が必要。

【自然室温】
建物内で暖冷房を行わない状態での室内温度。

【事業主基準】
省エネルギー法の住宅事業建築主の判断基準の略称。通称トップランナー基準ともいわれ，対象は建売戸建住宅を新築・販売する事業者である。判断基準は下記の二つ。
（1）目標年次における建売戸建住宅の一次エネルギー消費量に関する基準達成率の平均が100％を下回らないこと
（2）建売戸建住宅の断熱性能が，平成11年基準を満たすよう努力すること

【室内温度差】
室内での気温むらによる温度差。断熱，気密がしっかりされていると温度差は小さく，断熱，気密のレベルが低いと温度差は大きくなる。

【地窓】
床面に接した位置にある窓。断面的に対角線方向に向き合う窓と組み合わせると，自然換気に効果がある。

【住宅性能表示制度】
新築・既存住宅の基本性能を，消費者が複数の住宅を比較検討できるように，共通の「ものさし」として工法や構造，施工業者によらず客観的に表示し，これを第三者機関が認定する任意の制度で，義務付けではない。現在は10性能分野32項目の評価を行う。既存住宅性能評価と新築住宅性能評価があり，新築の場合はさらに設計性能評価と建設性能評価の二つがある。設計性能評価は設計図書により評価を行う，一方建設性能評価では設計性能評価を受けた住宅の施工状態を4回にわたりチェックし評価する。

【充填断熱】
断熱施工方法の一つ。柱などの構造部材間の空間に断熱材を施工する方法。省エネルギー住宅などで，断熱材厚みが柱などの構造部材間に納まらない場合には，充填断熱に加えて外張断熱を行う。

【重力換気】
＝温度差換気

【常時換気設備・24時間換気設備】
シックハウス対策のため平成15年から新築住宅に24時間換気（常時換気）が義務付けられた。居室で0.5回/h以上の能力が必要。方式により第1種換気，第2種換気，第3種換気に分類される。

関連用語

【湿り空気線図】
水蒸気を含む空気状態を温度と湿度によって，線図として表したもの。

【自立循環型住宅】
自立循環型住宅とは，「自立循環型住宅への設計ガイドライン／監修　国土技術政策総合研究所，（独）建築研究所」で提唱されている住宅で，極力自然エネルギーを活用し，居住性や利便性を向上させつつ居住時のエネルギー消費量を2000年ごろの標準的な住宅と比較して半減することが可能な住宅。

【ショートサーキット】
空調を行っている室内で，空調機の吹出し口からの吹出し気流が吸込み口に直行してしまう現象や，換気において給気口から短絡して排気口に空気が流れてしまう現象。

【CPラベル】
約7割の侵入盗が侵入を諦めるとされる「5分」に耐えることを基準に，最近の侵入手口に応じた厳しい防犯性能試験を実施し，これをクリアしたドア，ガラス，錠，サッシなどの建物部品に表示できるマーク。CPとは「Crime Prevention」の頭文字をとったもので，防犯の意味を持つ。公益財団法人　全国防犯協会連合会のホームページに部品の目録が掲載されている。

【JIS】
日本工業規格（Japanese Industrial Standards）の略称。工業標準化法に基づいて，鉱工業の生産，流通，消費にわたって技術的な事柄の統一，標準化を図るために定められた鉱工業製品の規格，その他の工業標準をいう。規格に適合したものには，JISマークを付けることができ，制定されたすべてのJISは5年ごとに見直される。

【照度】
人間の感じる量を示す心理物理量の一つで，単位面積当たりに入射する光束の量を示す。机の上や部屋の明るさを示すのに利用される。単位はルクス。

【真壁・大壁】
真壁造りは和風建築に使われている伝統的な壁の構法の一つ。構造躯体として使う柱を表面に露出させ，柱と柱の間に壁を納める方法。これに対し大壁造りは構造材の柱が見えないように壁を柱の外側で仕上げる構法。

【スケルトンリフォーム】
部屋をいったんスケルトン（骨組）の状態にして，全面的にリフォームする方法。間取りを比較的自由に変更できる。

【セレクティビティ】
日射熱取得率に対する可視光線透過率の比率のこと。この値が高いと効率的に可視光を透過するガラスであることを表す。

【全天日射量（水平面全天日射量）】
ある地表面にあらゆる方向から降り注がれる日射をすべて含めた日射量をいう。日射は太陽の方向からだけ来ると思われがちだが，大気によって太陽光が散乱されるので，太陽の光はさまざまな方向から地表に降り注いでいる。

【全熱交換換気システム】
換気の際，排気から熱と湿気を給気に戻すタイプの換気システムで，換気による熱ロスが少なく，省エネに有効である。デメリットは湿気と一緒に匂いも戻してしまうので，24時間換気システムで採用する場合は，トイレやお風呂は局所換気にする必要がある。

【晴天率】
過去数年間において，晴れの日になった確率をいう。晴天とは1日の平均雲量が8.4以下になった日のこと。1日の平均雲量とは，午前3時，午前9時，午後3時，午後9時の4回の観測時刻に，気象観測所の担当官が自分の目で見て判断した雲量の平均をいう。太陽光発電の稼働率に影響を与える。

【潜熱】
物質の固体から液体，液体から気体への変化を相転移というが，潜熱は物質の温度を変えずに，状態を変化させるために費やされる熱をいう。打ち水で涼しくなるのは，水が蒸発して水蒸気になる（相転移する）ときに熱を奪うため。単位は，J/g（従来単位では，kcal/kg）。

【相対湿度】
水蒸気圧と飽和水蒸気圧の比を%で表したもの。

【相当隙間面積（C値）】
住宅の気密性能（どの程度隙間があるか）を表す指標。気密測定から得た住宅の総隙間面積を，床面積の合計で割った数値。値が少ないほど気密性能が高い。単位はcm^2/m^{2}で表す。気密性能は，送風機を使って住宅の内外に気圧差を発生させたときに流れる空気量から求める。

【外張断熱】
構造部材（躯体）の外側に断熱する工法。充填断熱で基準に満たない場合に，施工される場合は付加断熱とも呼ばれる。

た行

【ダイレクトゲイン】
パッシブソーラーシステムにおける代表的な太陽集熱方式。住宅等の南面に大きな窓を設け，かつ，室内の床や壁は熱容量の大きい材料を用い，冬期の日射を多く室内に導入，蓄熱後にゆっくり放熱して暖房エネルギーを削減する手法。

【第1種換気・第2種換気・第3種換気】
送風機およびダクトなどを用いて室内に外気を給気するとともに，排風機によって室内の汚染空気を排出する強制換気を第1種換気，送風機およびダクトなどを用いて室内に外気を給気し，排気は室内の適当な位置に設けた自然排気口から押し出す強制換気を第2種換気，室内汚染空気を排風機，ダクトなどを用いて強制排気し，適当な自然給気口から外気を取り入れる強制換気を第3種換気という。室内圧は外気に対して，第2種換気の場合は正圧，第3種換気の場合は負圧になる。

【太陽高度】
地表面からの太陽の高さを角度で表したもの。

【体感温度】
体感温度は空間の空気温度や壁，床，天井などの表面温度（放射量），気流速度，相対湿度などに影響を受けるが，簡易的に（室温＋表面温度の面積加重平均）/2がよく使われる。仮に室温が20℃としても，断熱レベルの低い住宅で，室内表面温度の平均が10℃であれば体感温度は15℃になり，断熱レベルの高い住宅で室内表面温度が18℃であれば，体感温度は19℃になる。

【卓越風】
ある地点で月ごとまた，年間を通じて，頻度の最も高い風向。

【断熱強化】
建物の外皮部分の断熱を現状より強化すること。断熱強化することにより，省エネルギーに寄与するほか，最近では快適性や健康への寄与が報告されている。

【断熱材】
高温から低温側への熱移動を少なくするために使用する材料。発泡プラスチック系，グラスウールなどの無機質繊維系，インシュレションボードなどの木質繊維系に大別される。

【断熱欠損】
本来，断熱されるべきところに断熱材がない（少ない），あるいは連続していない状態をいう。施工忘れ，不適切な施工などによって発生する。断熱欠損があるとその部分で熱の出入りが大きくなり，本来の断熱性能を発揮できないばかりか，冬期は結露を招く危険がある。

【断熱サッシ】
断熱性能の優れたサッシ。材質によりアルミ樹脂複合サッシ，樹脂サッシ，木製サッシがある。またガラスの種類として複層ガラス，Low-E複層ガラス，ガス入り複層ガラス，真空ガラス，トリプルガラス，ガス入りトリプルガラス，真空複層ガラスなどがある。

【断熱リフォーム・断熱改修】
住宅の断熱性能を改善することが目的のリフォーム。床，壁，天井などの躯体，窓，玄関などの開口部のリフォームがある。リビングとキッチンだけなどの生活空間のみを断熱することを部分断熱リフォーム（改修）ともいう。

【暖冷房負荷】
対象となる空間を暖房，冷房するために必要な熱量。所定の室内温湿度を維持するのに，必要な損失熱量に見合う供給熱量をいう。

【蓄熱・蓄冷】
住宅においては，冬期の日中に太陽熱などの自然エネルギーや建物内で発生した熱を蓄え，暖房が必要な夜間に放熱させることで暖房エネルギーの削減を図る省エネ手法が用いられる。これを蓄熱といい，材料として水，石，コンクリート，地盤などの顕熱を利用する方法と，塩やパラフィンなど融解潜熱を利用する方法がある。逆に夏期においては，外気温度の低い夜間に蓄熱材を十分に冷やすようにして，温度が上昇する日中に吸熱させることで冷房エネルギーの削減を図ることを特に蓄冷という。

【置換気】
床面から給気し，居住域に温度成層を形成して，汚染質は上昇気流に乗せて搬送し天井面の排気口から排出する。ピストンフローに近い気流状態になるので換気効率が高く省エネルギーであるので注目を集めている。

【地球温暖化】
地表から放射される波長の長い（4-30μm）赤外線が，大気中のCO_2，水蒸気や温室効果ガスに吸収されて気温を高めること。

【昼光利用】
直射日光，天空光，地面や建物などからの反射光を有効に用いて照度を確保すること。効果的な利用のためには，窓際照明の自動点滅制御，ブラインド制御などの手法を組み合わせる。

【長期優良住宅】
長期にわたり良好な状態で使用できるための措置を講じた住宅を普及促進すること，また環境負荷を削減しつつ良質な住宅ストックを将来世代に継承することを具現化させる「長期優良住宅の普及の促進に関する法律」に基づく住宅。認定基準となる性能項目は九つあり，このうち省エネルギー対策，耐震対策，劣化対策，維持管理対策の四つは住宅性能表示制度とリンクしている。省エネルギー対策は等級4を満足する必要がある。

【ちりじゃくり】
建築において，塗り壁と接する額縁，回り縁，畳寄せ柱などに設ける溝のこと。乾燥により隙間ができるのを防ぐためのもの。

【通気層】
外気と通気層空気の温度差で発生する浮力を主な駆動力として通気を起こし，断熱層内に侵入した水蒸気を外部に逃がして壁の中を乾いた状態に保つ（内部結露を防ぐ）ために，断熱材の外側に設ける層。外壁下地の胴縁を利用して設けることが多い。防湿層で水蒸気の侵入が完全に防ぐことができなかった場合にでも，断熱層内の水蒸気を速やかに屋外側に放出できるだけでなく，壁内に雨水が浸入した場合の排水層としても有効である。品確法の高耐久のための措置としても必要となる。

【通風】
風を通すこと。窓を開けて通風する自然換気，風力換気を指すことが多い。建物の対角線上に窓を設けると効果的な通風ができる。

【定格暖房能力】
室内温度を20℃とし，室外温度は冬の使用を想定して7℃と2℃の二つの条件で単位時間当たりに室内に加えられる熱エネルギーをいう。7℃のときを暖房標準能力，2℃のときを暖房低温能力という。室外の相対湿度は85％とする。

【定格冷房能力】
室内温度が27℃で，室外温度は盛夏での使用を想定して

関連用語

35℃のときの，単位時間当たりに室内から取り除かれる熱エネルギーをいう。室内の相対湿度は45％とする。

【低炭素社会】
温室効果ガスの大部分を占める二酸化炭素の排出が少ない社会のこと。日本では，2007年度の環境白書・循環型社会白書において提唱されたことを契機によく使われ始めた。その具体的な手法として省エネルギーや化石燃料から再生可能エネルギーへの転換などがある。

【天井断熱】
天井面を断熱する方法。天井部分は吊木，ダウンライトなどがあるため，施工に注意が必要である。特に気密の連続性が保てないと，小屋裏で結露が発生する危険が生じる。

【天窓】
採光，換気のために屋根面や天井面に設けた窓。

【透湿係数】
材料の透湿性能を示す指標の一つ。材料の両面の水蒸気分圧差が単位圧力差のときに単位時間・単位面積当たりに通過する水蒸気量であり，材料厚さに応じた値である。単位は ng/（m²・s・Pa）

【透湿抵抗】
透湿係数の逆数。材料内の湿気（水蒸気）移動のしにくさを表す係数。単位は（m²・s・Pa）/ng

【透湿防水シート】
壁内の湿気を放出する一方で，外部からの雨水の浸入を防止するために設置されるシート。通気層の室内側（構造材の外側）に設けるシートで一般的には，JIS A 6111規定の透湿防水シートが使われる。

【土間床】
床下空間がなく，地盤面にコンクリート，三和土などで仕上げた床，および地面の土が露出したままの床。

【ドラフト】
人体に不快な感じを与える気流。冬場冷え切った窓や壁の近くで，室内空気が冷やされて起きる下降気流，コールドドラフトが代表例。

【トロンプウォール】
パッシブソーラーシステムで採用するもので，建物の南面の窓内側に設置する厚いコンクリート壁。これで太陽熱を吸熱，蓄熱して夜間の暖房用に利用する。

な行

【内外温度差】
室内と外気の温度差。

【ナイトパージ】
外気温度の低い夜間（空調時間外）に，コンクリート躯体や居室に蓄熱された熱を夜間の冷気で冷却することで冷房立上がり時の冷房負荷を軽減し，省エネルギーを図

る手法。

【夏型結露】
夏の高温多湿の空気が，住宅内の温度の低い部分に触れて発生する結露。床下や地下室などは注意が必要。

【日影図】
建築物がつくる影を時刻ごとに，平面図に書き込み図化したもの。建物の高さ，形状と日影が最大となる冬至日の太陽の方位角と影の倍率を要素に求められる。

【日射】
太陽から地上に達する放射で，長波長の部分の放射をいう。室内外の温度の変化の主因となる。光としての効果（衛生，採光）を重視するときは，日照と呼ばれることもある。

【日射遮蔽】
窓等から建物内へ入る日射を遮り，日射による熱取得を小さくすること。夏涼しくする技術として用いられる。夏の冷房エネルギーを削減する大きなポイントとなる。

【日射熱取得率（η値）・日射侵入率】
建物構造が日射の侵入をどの程度許すかを，ある期間における積算水平面日射量に対する侵入熱量の割合で示した指標。日射熱取得率の大きいものほど日射熱を室内に取り入れるので，暖房を重視する地域，部屋に適している。また日射熱取得率の小さいものほど日射熱を遮蔽するので，冷房を重視する地域，部屋に適している。日射侵入率は改正前の省エネ基準での用語。

【日射侵入角度】
日射の床面に対する侵入角度。太陽高に連動するため季節では冬に小さくなり，夏に大きくなる。また1日の内でも昼は大きく，朝，夕方は小さい。日射熱取得や日射遮蔽に関係する。

【日射取得】
窓ガラスを透過して，日射が室内に入り込んでくること。室内へ侵入した日射によって室内の壁や床の表面温度は上昇し，室内温度も上昇する。また室内の日向では，人体は窓からの透過日射を受けることになる。日射取得をうまくコントロールすると，快適性のみならず省エネルギーにもなる。

【日照調整】
夏は日照遮蔽し，冬は日照の影響を享受するのが生活上好ましいが，そのために行われる建築設計上の各種の技術的調整をいう。

【熱貫流率（U値，K値）】
壁などの部位や部材の熱の伝わりやすさを示す数値。2009年以前はK値と表記していたが，現在はU値と表現する。単位はW/（m²・K）。単位面積当たり内外温度差1K（℃）のときに，1時間に通過する熱量を表した数値。値が小さいほど，断熱性能が高い。

【熱貫流抵抗】
熱貫流率の逆数。熱の移動しにくさを示す。

【熱橋】
断熱材を貫通する部材で，断熱材より断熱性能が劣る部位のこと。断熱性能の低下につながる。

【熱交換】
温度の異なる物質間の熱のやりとり。排気中の保有熱を給気に回収する熱交換換気などがある。

【熱収支】
熱エネルギーの出入り。物体や場（例えば家）が外部から受け取る熱やその内部で発生する熱と，外部へ放出する熱や内部に蓄積される熱のバランス。

【熱損失量】
住宅の屋根，天井，外壁，床，窓などを通して逃げる熱や，換気や隙間風によって外部に排出される熱の量のこと。

【熱損失係数（Q値）】
住宅の総合的な断熱性能を示す指標の一つで，室内温度が外気より1℃高いときに，建物の天井，外壁などの構造部分からの熱損失，および窓などの開口部からの熱損失，換気による熱損失を合算した単位時間当たりの熱損失を床面積の合計で割った値。数値が小さいほど省エネ性能が高い。単位はW/(m²・K)で，このm²は床面積の意味になる。

【熱抵抗（R値）】
熱の移動しにくさを表し，厚さを熱伝導率で除して求める。値が大きいほど断熱性能は高い。

【熱的境界】
屋外と室内を区分する境界線。断熱層がある部位を熱的境界と考える。
外皮平均熱貫流率（U_A値）などを計算する場合，熱的境界より外側部位は計算上は存在しないものとして扱う。

【（表面）熱伝達率】
建築では，壁，床，天井などの表面とそれに接する空気間での熱移動のしやすさを示す数値。単位はW/(m²・K)。一般に，a_iを室内側表面熱伝達率，a_oを外気側表面熱伝達率という。温度差，風速，壁体表面の粗滑などによって異なるが，材料固有の値ではなく環境条件によって決定される。室内用では天井，壁，床用に分けられ，屋外用では風速によって分けられている。

【（表面）熱伝達抵抗】
熱伝達率の逆数を（表面）熱伝達抵抗という。

【熱伝導率（λ）】
断熱材や建築材料の熱の伝わりやすさを表す数値。内外温度差が1K（℃），材厚1mであるときに，通過する熱量を表す数値。値が小さいほど，断熱性能が高い。単位はW/(m・K)。水分含量や温度によって変化するので注意が必要。新旧単位系の換算式は次の通り。1kcal/(m・h・℃)＝1.16 W/(m・K)　1 W/(m・K)＝0.86 kcal/(m・h・℃)

【熱容量】
物体の温度を単位温度だけ上昇させるのに必要な熱量。建築材料では，石やコンクリートなど重い物の熱容量が大きい。
（容積）比熱×比重×容積［J/K］

【熱割れ】
窓ガラスのうち日射が直接当たる部分は，吸熱して高温となり膨張する。一方ガラスの周辺部はサッシに呑み込まれているため日射を受けず，またサッシや躯体への放熱もあり，低温のままになり膨張しない。このため，高温部の熱膨張を周辺部が拘束する状態となる。これをガラス内部の力の状態でいうと，ガラス周辺部に引張応力が発生していることになる。この引張応力は，直接当たる部分と周辺部の温度差に比例し，ガラスのエッジ強度を超える引張応力が発生するとガラスが破壊する。この現象を熱割れという。発生しやすいのは，冬期の晴れた日の午前中である。

は行

【ハイサイドライト】
天井付近の高い位置に鉛直方向に設けた窓のこと。部屋の奥まで光が届きやすくなるという利点がある。

【パッシブハウス】
建物の性能（特に断熱性能，気密性能）を高め，高性能の熱交換器による空調設備を主力として，アクティブな冷暖房機器に頼らない住宅をいう。

【パドルファン】
天井に取り付けられる空気をかき混ぜる役割のファン。暖気は上に，冷気は下に溜まるので偏りを改善する。風をあてることが役割ではない。シーリングファンも同義。

【反射率】
反射光の強さと入射光の強さとの比。

【微気候】
壁，床，天井付近や人体の皮膚付近などの狭い範囲の微視的な気候。

【ピークカット】
電力，水，ガスなどの使用量のピーク需要を抑えること。一般には電力負荷の平準化のために最大電力発生時間帯に重要度の低い電力使用機器を停止したり，蓄熱槽等を設けて電気式熱源を停止することをいう。最大負荷発生時に一部の負荷を他の時間帯にずらし，負荷を平準化すること（ピークシフト）も含めてこの言葉が用いられることが多い。

【ヒートショック】
住宅内に存在する温度差により発生する人体に現れる障害あるいはストレス。温度差のある室間を移動する際に脳血管障害や心筋梗塞などで体調を崩すこと。廊下・脱衣室・浴室・トイレなどの暖房が貧弱な部屋で起きることが多い。住宅の断熱性能を上げることにより改善される。

【ヒートポンプ】
気体を圧縮すると液化し発熱する。逆に，液体を気化させると吸熱する。この原理を利用した熱を移動させる装置。一般的なエアコンはすべてこのシステム。

関連用語

【必要換気量】
在室人員または空気汚染の程度に応じて，換気を行い導入すべき外気の量。

【風圧力】
風が建物等の壁面に吹き付けるときの圧力。

【付加断熱】
充填断熱に外張断熱を加えた断熱工法。充填断熱を補完するかたちで開発された。充填か外張の単独の断熱工法ではクリアできない断熱性能が得られる。

【輻射熱】
温度の高い物体から熱線の形で放出され，直接温度の低い物体に伝達される熱。放射熱と同義。

【複層ガラス】
複数枚の板ガラスを重ね，その間に乾燥空気やアルゴンガスなどが封入された中間層を設ける形で，1ユニットを構成するガラスを指す。中間層は密封されているため，基本的に中間層の厚さが増すほど断熱性能が高まるが，封入された気体に対流が発生するほど厚くなると，断熱性能は頭打ちになる。

【部分断熱リフォーム・部分断熱改修】
住宅全体を断熱リフォームすると費用も時間もかかるので，断熱リフォームを必要としている部屋や生活空間，あるいは窓や天井，床などの部位の断熱リフォームに限定して行う断熱リフォーム。

【平準化】
なるべく一定の値にならすこと。電力負荷に関していえば，時間帯や季節ごとの電力需要の格差を縮小するため，ピークカット，ピークシフト，ボトムアップの手段を用いて平準化を行う。

【平成11年省エネルギー基準】
1999年に改訂された国の省エネルギー基準で，次世代省エネルギー基準とも呼ばれている。気密住宅を前提とし，断熱工法毎に必要性能を平成4年基準より強化した。計画換気等に関する規定を追加した。

【平成25年省エネルギー基準】
平成25年（2013年）に改正された国の省エネルギー基準で，外皮性能に関する基準に加えて「一次エネルギー消費量基準」が定められた。外皮性能基準も指標が「外皮平均熱貫流率（UA）」と「冷房期の平均日射熱取得率（ηA）」に変更された。その他に地域区分が6区分から8区分に細分化された。

【変換効率】
太陽光発電システムは，光エネルギーを電気エネルギーに変換する。この光電変換効率を略して変換効率という。照射された太陽光エネルギーのうち，何%を電力に変換できるかを示す値。

【非定常（熱負荷）計算】
建築材料には熱容量（湿気容量）があるため，片側表面で温度変化（湿気量の変化）があった場合に反対側には徐々に伝わる（時間がかかる）。この状態を非定常といい，この性質を考慮した熱負荷の計算を非定常熱負荷計算という。コンピューターによる専門のプログラムでないと答えを算出することは難しい。例えば，冬期の入射日射熱を蓄熱して，その熱を夜間の暖房に利用することを検討する場合には非定常熱負荷計算による必要がある。

【定常（熱負荷）計算】
建築材料の熱容量（湿気容量）を無視して，熱流量（湿気流量）の計算を行うこと。材料の両面が異なった温度（湿度）で長時間一定の場合に，材料特有の熱伝導率（湿気伝導率）に応じた一定の熱（湿気）流量となる。電卓レベルで計算でき，例えば熱貫流率から熱損失量を求めることで，断熱性能の指標とすることや，熱負荷の大まかな判断には利用できる。

【防湿フィルム】
水蒸気の通し難いフィルムで，壁内への水蒸気の流入を防いで壁内結露を防止する。

【放射型暖房機】
放射を利用した暖房機。代表例としてパネルヒーティングがあり，そのうち床の場合を床暖房という。

【防犯性能】
住宅を対象とした侵入窃盗を防ぐため，特に開口部に求められる性能。住宅性能表示制度において評価項目の一つとなっている。⇒CPラベル。

【防犯建物部品】
建物への侵入犯罪の防止を図るため，侵入までに5分以上の時間を要するなど，一定の防犯性能があると評価された建物部品。平成26年6月30日現在，ドア関係，窓関係，シャッター関係合わせて17種類3,258品目が登録されている。⇒CPラベル。

【飽和水蒸気量】
1 m³の空間に存在できる水蒸気の質量をgで表したもの。温度によりその量は異なり，例えば，気温30℃の飽和水蒸気量は30.4 g，10℃の飽和水蒸気量は9.4 gである。

ま行

【無双】
小幅板を左右にずれるように仕込んだ窓。閉じると内部がまったく見えなくなる。雨戸の一部に組み込んだりした。

【面格子】
窓における防犯対策の一つで，窓の屋外側に格子状の面をつくり，外部からの侵入者を防ぐもの。素材はアルミ等の金属製のものが主流で，クロスに編んだ形や，ルーバー状のものなど種類，デザインともに豊富である。

や行

【屋根断熱】
屋根面を断熱する方法。一般に他の部位より断熱性能は高い値が要求される。

【有効開口面積】
住宅の居室には，換気に有効な窓などの開口部を設けなければならないことになっている。これを自然給排気口の有効開口面積と呼ぶ。換気に必要な開口部の大きさは，居室の床面積の20分の1以上と定められている。

【床断熱】
床面で断熱する方法。それに対して，基礎で断熱する場合を基礎断熱といい，この場合は通常床面で断熱しない。

ら行

【ライトウェル（光井戸）】
採光のためにつくられる中庭のこと。建物に吹抜けのスペースをつくり，この吹抜けに面して窓をつくる建築手法のこと。

【ライトコート（光庭）】
マンションなどの集合住宅に採光のためにつくられる中庭のこと。

【欄間】
採光，通風，装飾といった目的のために天井と鴨居との間に設けられる開口部材。部屋と部屋との境目や，部屋と廊下や縁側との境目に設けられ，障子，格子，透かし彫りなどの彫刻を施した板をはめ込む。

【リターン空気】
セントラル空調の場合は，新鮮空気だけを温めたり冷やしたりしたのでは絶対的な風量が不足するため，新鮮空気の3倍から4倍の室内空気をリターンさせ，新鮮空気と一緒に撹拌して冷暖房し，各室に送る。このリターンする空気をいう。

【冷房期の平均日熱取得率（η_A）】
平成25年省エネ基準において外皮性能の日射遮蔽性能の指標として定められた。屋根・天井，外壁，窓，ドアから入射する日射熱量を外皮全体の面積で除したのち100倍した値である。

【冷放射】
冬季の特に夜間では，外気により冷やされて窓ガラスの室内側表面まで冷たくなる。室内の人体はこの冷たい窓ガラスに熱を奪われる。そのため，窓際では冷たさを感じる。この現象が冷放射である。室内の温熱環境を快適にするには，断熱性能の高い窓ガラスやカーテンなどを用いて窓の室内側表面温度を高く保ち，冷放射を抑えることが重要である。

【漏気回数】
スウェーデンやカナダなどが採用している気密性能の指標で，50 paの差圧発生時の回帰計算上の確定通気量（m^3/h）を建物内の全容積（m^3）で割った値。

【露点・露点温度】
ある空気を冷やしていったときの霧状，または物体の表面で霧ができ始める温度。このときの水蒸気分圧を飽和水蒸気圧という。

【APF】
エアコンなどの燃費を示すもので，Annual Performance Factorの略。通年エネルギー消費効率という。JIS C9612に基づいて運転環境を定め，その環境下で1年間エアコンを運転した場合の運転効率を示す。COPよりもより実際の使用時の効率に近い省エネ性能を表す。

【CFD】
Computational Fluid Dynamics（数値流体力学）の略称。流体の運動に関する方程式をコンピュータで解くことによって，流れを観察する数値解析・シミュレーション手法。近年飛躍的に発展し，建築物の設計をするにあたって風洞実験に並ぶ重要な存在となっている。

【COP】
Coefficient Of Performance（成績係数）の略称。消費電力1Kw当たりの冷却，加熱能力を表した値。ある一定の温度条件の下で運転した場合（定格条件）の性能を評価することから，定格エネルギー消費効率とも呼ばれる。冷房機器の場合，
冷房COP＝冷房能力（kW）÷冷房消費電力（kW）

【ISO】
国際標準化機構（International Organization for Standardization）の略称。電気分野を除く工業分野の国際的な標準である国際規格を策定するための民間の非政府組織。国際標準化機構が出版した国際規格（IS）も，一般にはISOと呼ぶ。

【Low-E】
Low-Eとは，Low Emissivity（低放射）の略で，複層ガラスのうち，その内面部に特殊な金属膜を設けたものをいう。外側ガラスの内面側に特殊金属膜を設けたものを遮熱高断熱複層ガラス，内側ガラスの外面に設けたものを高断熱ガラスとする場合が多い。施工地域の寒暖や建物開口部の向きによって使い分ける。金属膜が放射による熱の伝達を抑えるため，従来の複層ガラスに比べ断熱性能，日射遮蔽性能が高い。

【WEP】
ISO 18292に規定されている日射を考慮した窓のエネルギー性能。Window Energy Performanceの略。

2020年を見据えた住宅の高断熱化技術開発委員会
HEAT20 委員会

委員長：坂本雄三　独立行政法人建築研究所理事長

● 設 計 ガ イ ド ブ ッ ク 作 成 WG
主査：鈴木大隆　地方独立行政法人北海道立総合研究機構建築研究本部
　　　　　　　　北方建築総合研究所　副所長

● 評 価 手 法 開 発 WG
主査：岩前　篤　近畿大学建築学部長・教授

● 普 及 情 報 WG
主査：砂川雅彦　株式会社砂川建築環境研究所代表取締役

委員会構成メンバー（2015 年 4 月現在）

	●氏名	●所属
委員長	坂本 雄三	独立行政法人建築研究所 理事長
WG 主査	鈴木 大隆	地方独立行政法人北海道立総合研究機構建築研究本部 北方建築総合研究所 副所長
WG 主査	岩前 篤	近畿大学 建築学部長・教授
WG 主査	砂川 雅彦	株式会社砂川建築環境研究所 代表取締役
委員	中尾 哲朗	押出発泡ポリスチレン工業会 事務局長
委員	永井 敏彦	ウレタンフォーム工業会 技術委員
委員	斎藤 正憲	発泡スチロール協会 EPS 建材推進部長
委員	宮内 亨	フェノールフォーム協会 事務局長
委員	小竹 和広	ロックウール工業会 住宅断熱部会
委員	内山 貴弘	一般社団法人日本サッシ協会
委員	田中 英明	硝子繊維協会 断熱委員
委員	栗原 潤一	一般社団法人プレハブ建築協会
委員	梅野 徹也	一般社団法人プレハブ建築協会
委員	荒川 琢也	一般社団法人プレハブ建築協会
委員	千葉 陽輔	一般社団法人プレハブ建築協会
委員	坂部 芳平	三井ホーム株式会社 技術研究所長
委員	伊神 健三	ALC 協会 専任技術委員
委員	逢坂 達男	一般社団法人日本木造住宅産業協会 技術開発委員長
委員	杉浦 公成	板硝子協会 調査役
委員	大木 茂	株式会社エクセルシャノン 営業本部主幹
委員	藤田 隆太	日本セルローズファイバー工業会
委員	南 雄三	住宅技術評論家
技術専門委員	新井 政広	株式会社アライ 代表取締役社長
技術専門委員	松岡 大介	株式会社ポラス暮し科学研究所 住環境グループ長
建築家委員	神田 雅子	アーキキャラバン建築設計事務所 代表
建築家委員	服部 郁子	アンブル建築設計事務所 代表
建築家委員	村田 直子	一級建築士事務所 MOON 設計 代表
サポート委員	小浦 孝次	発泡スチロール協会 EPS 建材推進部委員
サポート委員	布井 洋二	硝子繊維協会 断熱委員長
事務局	八木 一彰	一般財団法人建築環境省エネルギー機構 住宅研究部長
事務局	鵜澤 孝夫	硝子繊維協会 事務局

設計ガイドブック作成 WG 構成メンバー（2015 年 4 月現在）

●氏名　　●所属

	氏名	所属
WG主査	鈴木 大隆	地方独立行政法人北海道立総合研究機構建築研究本部北方建築総合研究所　副所長
委員	砂川 雅彦	株式会社砂川建築環境研究所　代表取締役
委員	中尾 哲朗	押出発泡ポリスチレン工業会　事務局長
委員	永井 敏彦	ウレタンフォーム工業会　技術委員
委員	小竹 和広	ロックウール工業会　住宅断熱部会
委員	内山 貴弘	一般社団法人日本サッシ協会
委員	田中 英明	硝子繊維協会　断熱委員
委員	栗原 潤一	一般社団法人プレハブ建築協会
委員	荒川 琢也	一般社団法人プレハブ建築協会
委員	坂部 芳平	三井ホーム株式会社　技術研究所長
委員	伊神 健三	ALC協会　専任技術委員
委員	逢坂 達男	一般社団法人日本木造住宅産業協会　技術開発委員長
委員	杉浦 公成	板硝子協会　調査役
委員	藤田 隆太	日本セルローズファイバー工業会
委員	南 雄三	住宅技術評論家
技術専門委員	新井 政広	株式会社アライ　代表取締役社長
技術専門委員	松岡 大介	株式会社ポラス暮し科学研究所　住環境グループ長
建築家委員	神田 雅子	アーキキャラバン建築設計事務所
建築家委員	服部 郁子	アンブル建築設計事務所
建築家委員	村田 直子	一級建築士事務所MOON設計
サポート委員	小浦 孝次	発泡スチロール協会　EPS建材推進部委員
サポート委員	布井 洋二	硝子繊維協会　断熱委員長
事務局	八木 一彰	一般財団法人建築環境省エネルギー機構　住宅研究部長
事務局	鵜澤 孝夫	硝子繊維協会　事務局

設計ガイドブック原稿執筆者（2015年4月現在）

坂本雄三
独立行政法人建築研究所 理事長

鈴木大隆 ［監修］
地方独立行政法人北海道立総合研究機構建築研究本部
北方建築総合研究所 副所長

岩前　篤
近畿大学 建築学部長・教授

砂川雅彦
株式会社砂川建築環境研究所 代表取締役

本間義規
宮城学院女子大学学芸学部生活文化デザイン学科教授

内山貴弘
一般社団法人日本サッシ協会 住宅技術部会委員

平野　誠
元一般社団法人日本サッシ協会 住宅技術部会委員

広沢　裕
一般社団法人日本サッシ協会 住宅技術部会委員

前田　晃
一般社団法人日本サッシ協会 住宅技術部会委員

森山陽水
一般社団法人日本サッシ協会 住宅技術部会委員

栗原潤一
一般社団法人 プレハブ建築協会

千葉陽輔
一般社団法人 プレハブ建築協会

杉浦公成
板硝子協会 調査役

松本　猛
元板硝子協会 調査役

松岡大介
株式会社ポラス暮し科学研究所 住環境グループ長

小浦孝次
発泡スチロール協会 EPS建材推進部委員

布井洋二
硝子繊維協会 断熱委員長

神田雅子
アーキキャラバン建築設計事務所 代表

服部郁子
アンブル建築設計事務所 代表

村田直子
一級建築士事務所 MOON設計 代表

「後書き」にかえて
HEAT20 の役割と今後の取組み

鈴木大隆
『HEAT20 設計ガイドブック』作成 WG 主査

　「深刻化の一途を辿る地球温暖化とエネルギー問題。そして，世界で類を見ない少子高齢先進国であり地方の過疎化が進む日本の住まいを，「省エネルギーと住空間の温熱環境の質が両立した住まい」に変えていく。

　その命題に対して，より確かで，より実効性の高い方法論として構築し，実務者やエンドユーザに向けて広く，わかりやすく発信していくことを主な目的（**図1**）に，2009 年秋，「2020 年を見据えた住宅の高断熱化技術開発委員会：Investigation committee of Hyper Enhanced insulation and Advanced Technique for 2020 houses」がスタートしました。

　構成メンバー（189 頁参照）は，当時，東京大学大学院でに在籍されていた坂本雄三教授（現在は独立行政法人建築研究所・理事長）を委員長とし，住宅外皮関連分野の研究者，住宅建築家，住宅生産者，断熱建材・開口部材関連業界などから構成され，その活動は早いもので 5 年となりました（**図2**）。

　この間，住宅の省エネ分野ではさまざまな技術革新が進み，住宅生産者や住まい手に，断熱外皮をはじめとするさまざまな省エネ対策や意識が浸透してきました。それらの普及展開の一方で，国ではこれまで専ら誘導施策として位置づけられてきた住宅省エネルギー化は，2020 年を目指し「適合義務化」と「新たな誘導」という新たな段階に向けた検討に入るなど，大きな動きが出てきています。

　冒頭でも述べましたが，日本は，四季の変化に富む豊かな気候と，変化に対応する柔軟な知恵・工夫，そしてきわめて優秀な技術力に恵まれた資源大国であり，それらを十分に活用することが，さまざまな課題解決に向けて重要です。

　そして，有限のエネルギー資源を次代に継ぐためには，今後，住まいにおいて，建築的手法と設備技術のベストミックスは欠かすことはできません。また，住まいが「一世代限りの耐久消費財」から「多世代の使用に耐え得るストック」に転換すべき時期に来ていることに議論の余地はありません。

　一方で，住宅寿命にはるか及ばない設備機器は 20 年前後で更新され，そのたびに高性能化していくことが可能ですが，「建築的手法＝断熱・日射遮蔽・日射取得・通風性能」は，そう簡単に性能向上することはできません。

現状 2011.3.11 を契機に
「節電」,「ピークカット」,「再生エネルギー」,「災害時の安全性（熱環境も含め）」に対する国民意識は向上しているが，個々の対応・施策が個別に展開されている

視点 「建築・設備・創エネ」を最適コストで実現し,
● エネルギーの安全保障
● 「省エネ（EB）」と「室内環境の質の向上（NEB）」が確立する住宅を明確に示す必要がある

HEAT20 が目指すもの
● 明日の日本の住まいの方向性を示し
● 技術を具現化し
● それを促進するための提言をすること

一次エネルギーの観点から，「建築・設備・創エネ」が相互にトレードオフされる住宅

「エネルギー」と「環境の質」と「コスト」の観点から，建築・設備・創エネがバランスよく調和した住宅

図1 HEAT20 が目指すもの

HEAT20 活動紹介

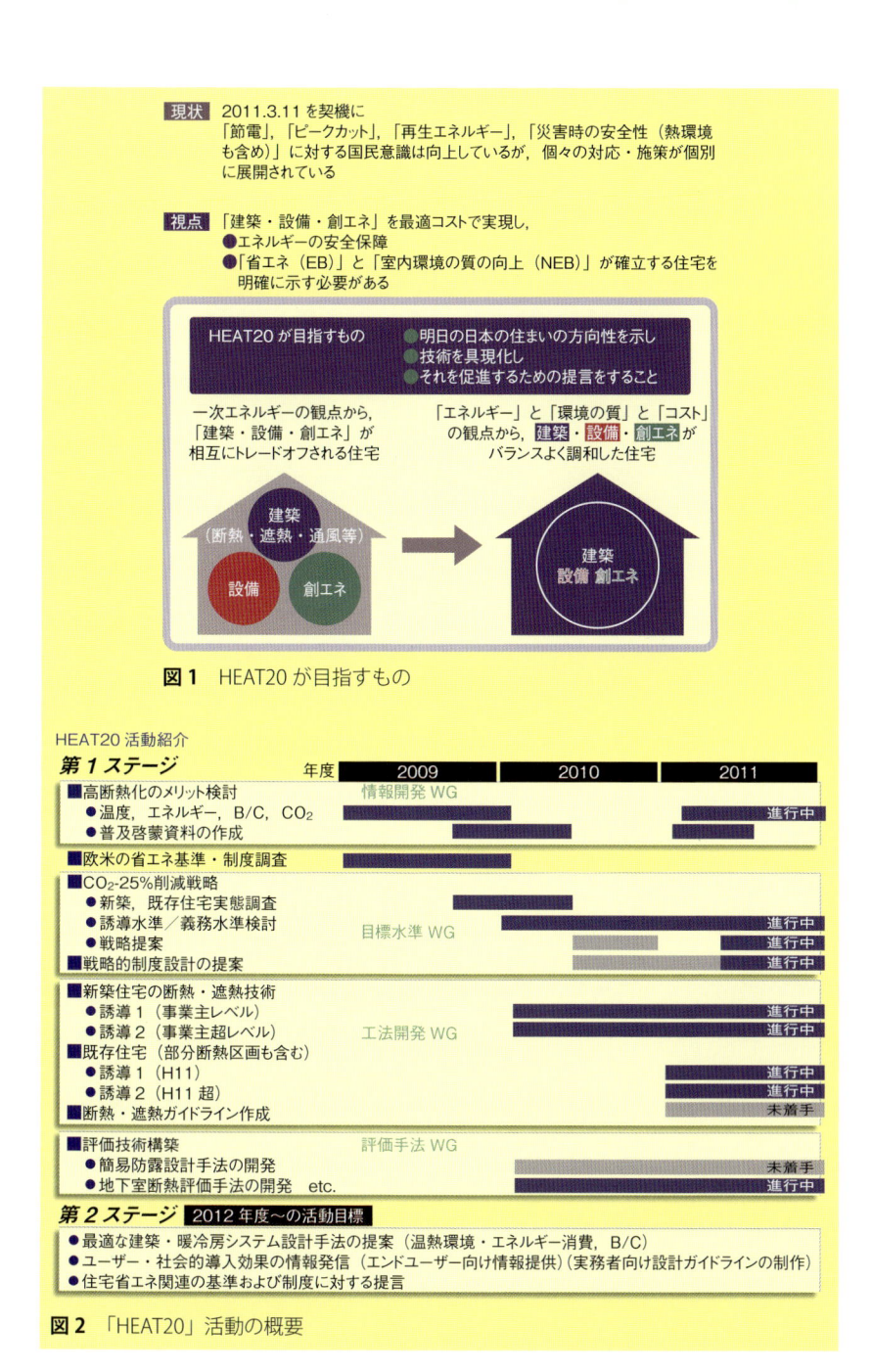

第1ステージ

年度 2009 / 2010 / 2011

■高断熱化のメリット検討
● 温度，エネルギー，B/C，CO_2
● 普及啓蒙資料の作成
情報開発 WG — 進行中

■欧米の省エネ基準・制度調査

■CO_2-25%削減戦略
● 新築，既存住宅実態調査
● 誘導水準／義務水準検討
● 戦略提案
● 戦略的制度設計の提案
目標水準 WG — 進行中／進行中／進行中

■新築住宅の断熱・遮熱技術
● 誘導1（事業主レベル）
● 誘導2（事業主超レベル）
■既存住宅（部分断熱区画も含む）
● 誘導1（H11）
● 誘導2（H11 超）
■断熱・遮熱ガイドライン作成
工法開発 WG — 進行中／進行中／進行中／進行中／未着手

■評価技術構築
● 簡易防露設計手法の開発
● 地下室断熱評価手法の開発 etc.
評価手法 WG — 未着手／進行中

第2ステージ 2012 年度〜の活動目標
● 最適な建築・暖冷房システム設計手法の提案（温熱環境・エネルギー消費，B/C）
● ユーザー・社会的導入効果の情報発信（エンドユーザー向け情報提供）（実務者向け設計ガイドラインの制作）
● 住宅省エネ関連の基準および制度に対する提言

図2 「HEAT20」活動の概要

「HEAT20」は，次代を見据え，主として住まいを構成する基盤技術である建築的手法のイノベーションを目指す取り組みです。

建築ができること………明日へ

この重要な命題に対し,「HEAT20」はこれからも発信し,「日本の住まい」に貢献していきます。

設計ガイドブック原稿執筆者 略歴

坂本雄三

1971 年　北海道大学卒業
1978 年　東京大学大学院博士課程修了（工博）
1978 年　建設省建築研究所・研究員
1990 年　名古屋大学工学部建築学科助教授
1994 年　東京大学工学部建築学科助教授
1997 年　東京大学大学院工学系研究科建築学専攻教授
2012 年　独立行政法人建築研究所理事長，東京大学名誉教授

[受賞] 坪井賞（日本ツーバイフォー建築協会，2001），空気調和衛生工学会学会賞（2005，技術賞建築設備部門）

[著書] 『建築と気象』（朝倉書店，1986），『新・住まい学』（日経BP，2004），『省エネ・温暖化対策の処方箋』（日経BP企画，2006），『建築熱環境』（東京大学出版会，2011）など

鈴木大隆

1984 年　室蘭工業大学大学院建築学専攻修了，室蘭工業大学工学部建築学科助手
1991 年　北海道立寒地住宅都市研究所入所
1999 年　東京大学で博士（工学）取得
現在，地方独立行政法人北海道立総合研究機構建築研究本部北方建築総合研究所副所長

[受賞] 日本建築学会学会賞作品選奨「糸魚小学校」（2010），日本建築学会学会賞作品選奨「黒松内中学校」（2009），空気調和衛生工学会学会賞技術賞「北方建築総合研究所の設計と運用」（2004），省エネ建築賞・国土交通大臣賞「北方建築総合研究所」（2003）

[著書] 『平成25年省エネルギー基準に準拠した算定・判断の方法及び解説（II住宅）解説書（共著）』『平成25年省エネルギー基準に準拠した算定・判断の方法及び解説（III住宅の設計施工指針）解説書（共著）』（建築環境省エネルギー機構，2014），『住宅性能表示評価方法基準解説書（共著）』（工学図書，2014）

岩前 篤

1984 年　神戸大学建築系環境計画学科卒業
1986 年　神戸大学大学院工学研究科修了
1986 年　積水ハウス㈱入社
1989 年　同社総合住宅研究所（技術研究所）
1995 年　神戸大学で博士（工学）取得
2003 年　近畿大学理工学部建築学科教授
2009 年　同大学教授
2011 年　同大学建築学部長

[著書] 『建築材料活用事典（共著）』（産業調査会，2007），日本建築学会『湿気物性に関する測定規準・同解説（共著）』（2006），日本建築学会『建築材料の熱・空気・湿気物性値（共著）』（2001）

本間義規

1992 年　北海道大学工学部建築工学科卒業，北海道立寒地住宅都市研究所入所
2001 年　北海道大学工学研究科都市環境工学専攻博士後期課程修了，博士（工学）取得
2003 年　岩手県立大学盛岡短期大学部助教授
2012 年　岩手県立大学盛岡短期大学部生活科学科教授
2015 年　宮城学院女子大学学芸学部生活文化デザイン学科教授

[著書] 『世界一番やさしい断熱』（エクスナレッジ，2012），『建築材料活用事典（共著）』（産業調査会，2007），日本建築学会『湿気物性に関する測定規準・同解説（共著）』（2006），日本建築学会『建築材料の熱・空気・湿気物性値（共著）』（2001）

砂川雅彦
[所属] ㈱砂川建築環境研究所代表取締役
[活動内容] 住宅の省エネ基準検討委員会コンサルタントのほか，住宅の温熱環境・省エネルギーに関する研究・調査，断熱工法の開発，マニュアル・講習会テキスト等の制作，簡易計算ソフトの制作などの業務に携わる

内山貴弘
[所属] （一社）日本サッシ協会住宅技術部会委員

平野　誠
[所属] 元（一社）日本サッシ協会住宅技術部会委員

広沢　裕
[所属] （一社）日本サッシ協会住宅技術部会委員

前田　晃
[所属] （一社）日本サッシ協会住宅技術部会委員

森山陽水
[所属] （一社）日本サッシ協会住宅技術部会委員

栗原潤一
[所属] ㈱ミサワホーム総合研究所取締役副所長
[活動内容] 住宅の省エネルギー性能向上，自然エネルギー利用，住宅用太陽光発電，「ゼロ・エネルギー住宅」の開発に携わる

千葉陽輔
[所属] 旭化成ホームズ㈱住宅総合技術研究所居住環境性能開発グループ長
[活動内容] 室内の温熱環境を中心に，鉄骨ALC造住宅の居住環境に関する研究・開発に携わる

杉浦公成
[所属] 日本板硝子入社（1986），2013年5月より板硝子協会・調査役
[活動内容] ガラス建材の開発・製造に携わる

松本　猛
[所属] 旭硝子入社（1972），元板硝子協会・調査役
[活動内容] ガラス建材の開発に携わる

松岡大介
[所属] ㈱ポラス暮し科学研究所住環境Gグループ長，東洋大学非常勤講師（建築環境工学）
[受賞] サステナブル住宅賞，埼玉県環境建築住宅賞
[活動内容] 住宅の温熱環境，省エネに関する研究・開発，通風や環境配慮の街づくりに携わる

小浦孝次
[所属] ㈱JSP総合技術本部主管 兼 油化三昌建材㈱取締役開発部長
[活動内容] 発泡スチロール協会EPS建材推進部 委員，発泡プラスチック断熱材連絡会 委員，透湿外断熱システム協議会 委員，（一社）日本建材・住宅設備産業協会 断熱材普及部会 性能表示分科会 主査

布井洋二
[所属] 旭ファイバーグラス㈱社長附渉外技術担当部長
[活動内容] 旭ファイバーグラス入社（1983）。断熱材の製造，技術，開発，企画部門などで勤務。現在，硝子繊維協会断熱委員会委員長，断熱建材協議会技術委員会副委員長，リビングアメニティ協会外皮部会部会長他

神田雅子
[所属] アーキキャラバン建築設計事務所代表
[活動内容] 今の時代にあるべき木の建築を考え，木の良さを活かした住宅の設計のほか，木造住宅の質の向上に関わる開発，執筆活動などを行っている

服部郁子
[所属] アンブル建築設計事務所代表
[活動内容] 住宅の設計監理。構造や温熱環境など基本的な性能を担保し，住み手の工夫を活かした生活の場を提供するよう心がけている

村田直子
[所属] 一級建築士事務所MOON設計代表
[活動内容] 構造や温熱環境などの住宅性能の分野において，システム開発や標準化，マニュアル・テキストの制作などに携わる

写真提供・写真撮影

大野 繁　p.016, p.040, p.150
下村康典　p.068
Alessio Guarino　p.102
村田 涼　p.126
市川かおり　p.134
古川泰造　p.158

Photo/BLOOMimage/Getty Images　p.020 左
東京ガス㈱　p.020 右
リオタデザイン*，新澤一平（撮影）　p.022
中村勉総合計画事務所，服部郁子（撮影）　p.024 左
アマテラス都市建築設計，神田雅子（撮影）　p.024 右
コエタロデザインオフィス*，繁田 諭（撮影）　p.026 左
豊田建築設計室 深山健太郎*，45g 小島純司（撮影）　p.026 右
㈱ギルド・デザイン一級建築士事務所　p.028
㈱アライ　p.030, p.104 左, p.122, p.128
アーキキャラバン建築設計事務所 神田雅子，木田勝久（撮影）　p.032
大成建設ハウジング㈱　p.034, p.060, p.118
ミサワホーム㈱　p.064, p.110, p.146
四万十町役場　p.036
チトセホーム㈱　p.042 左
㈱青空設計　p.042 右
SUR 都市建築事務所*　p.044, p.046
㈱中村高淑建築設計事務所*，K-est works（撮影）　p.048, p.142
㈱スタジオ宙一級建築士事務所　p.050
山崎壮一建築設計事務所，小川重雄（撮影）　p.052
松原正明建築設計室*　p.054
Meet's 設計工房　p.056
㈱ポラス暮らし科学研究所　p.058, p.140
㈱エクセルギー 黒岩哲彦（システム設計），神田雅子（撮影）　p.062 左
小玉祐一郎，服部郁子（撮影）　p.062 右
今川建築設計事務所　p.070, p.084
神田雅子（撮影）　p.072
㈱テラジマアーキテクツ*　p.074, p.096
㈱田村建設　p.076
アーキキャラバン建築設計事務所　p.078, p.116
KIJIMA 建築工房*　p.080
OZONE インテリアデザイナー*　p.082 左
HAN 環境・建築設計＋石川直子建築設計事務所・アトリエきんぎょばち*，渡部信光（撮影）　p.082 右
アーキグラム*　p.086
BUILTLOGIC，吉田 誠（撮影）　p.088
吉田五十八，服部郁子（撮影）　p.090
HAN 環境・建築設計事務所*，渡部信光（撮影）　p.092
Katsuhiko Kato/orion/amanaimages　p.094

オーネスト ホンカ岡山南　p.098 左
石井設計事務所/Ishii Design Office*　p.098 右
断熱建材協議会　p.104 左, p.108, p.112
オカヒラ建築設計ジムショ*，齋部 功（撮影）　p.106 左上
㈱JWA 建築・都市設計*，北嶋俊治（撮影）　p.106 右
アルゴ 佐藤宏二*　p.106 左下
服部郁子（撮影）　p.114
エスケー化研㈱　p.120
田中英紀　p.130
㈱中村高淑建築設計事務所*，GEN INOUE（撮影）　p.136, p.144
大阪ガス㈱　p.138 左
ピーエス㈱　p.138 右
イメージナビ/amanaimages　p.152
㈱鈴木工務店*　p.154 上
AID/amanaimages　p.154 下
㈱前谷建築事務所*　p.160, p.162
相羽建設㈱*　p.164
赤沼 修/赤沼修設計事務所*，吉田香代子（撮影）　p.166

＊出典：LINKLE（リビングデザインセンター OZONE）

参考・引用文献

▷国土交通省建築環境部会：今後の住宅・建築物の省エネルギー対策のあり方について（第一次報告）案，p.005 図1
▷（一社）木を活かす建築推進協議会：平成25年省エネルギー基準対応 住宅省エネルギー技術 施工技術者講習テキスト―基本編―，p.018，p.021 図4, 5，p.028，p.056，p.114 図，p.115 図2，p.155 中右
▷㈱ポラス暮らし科学研究所，p.033 図1, 2, 3，p.045 図1，p.055 図1，p.058 下，p.059 図1，p.093 図2, 3，p.141 図2，p.155 図1
▷国土交通省国土技術政策総合研究所・独立行政法人建築研究所：自立循環型住宅への設計ガイドラインエネルギー消費50%削減を目指す住宅設計，（一財）建築環境・省エネルギー機構，p.033 図4，p.089 表1，p.093 図1，表1，p.095 図2 中，右，p.163 図1，p.170 上図
▷（独）国立環境研究所 地球環境研究センター（2003年度），p.036 左図
▷（一社）木を活かす建築推進協議会：平成25年省エネルギー基準対応 住宅省エネルギー技術 施工技術者講習テキスト―設計編―，p.042 図a, b，p.170 表
▷松岡大介，松本泰輔，松前和則，茂木徹：複抜け空間を有する戸建住宅の温熱環境に関する研究 第1報夏期・冬期におけるエアコン使用時の温熱環境測定，空気調和・衛生工学会大会学術講演論文集，pp.521-524，2008.08，p.047 図1
▷松本泰輔，松前和則，茂木徹：吹き抜け空間を有する戸建住宅の温熱環境に関する研究第2報給気予熱常時換気の基礎的検討，空気調和・衛生工学大会学術講演論文集，pp.521-524，2008.08，p047 図2
▷松岡大介，土屋喬雄他：東京近郊における住宅地下室の湿温度環境に関する研究 その3 断熱付加及び家具設置時の温湿度環境実測，日本建築学会学術講演梗概集 D02 環境工学Ⅱ，pp.355-356，1998.09，p.055 図2
▷ダウ化工：熱と環境 Vol.14，p.063 写1，図2，図3 左
▷岡建雄：グリーンオフィスの設計，59頁，オーム社，p.064
▷新エネルギー・産業技術総合機構（NEDOのHP）：日射量データベース，p.065 図1
▷板硝子協会：エコガラスで実現，p.071 図1 左，p.084
▷日本板硝子㈱，p.071 図1 右
▷板硝子協会：窓ガラスからエコを，p.071 図2
▷（一社）日本建材・住宅設備産業協会：住宅エネルギー基準早わかりガイド，p.075 図1
▷（一財）建築環境・省エネルギー機構：住宅の省エネルギー基準の解説3版7刷，p.076 表，p.083 表1，p.171 下図
▷（一財）建築環境・省エネルギー機構：結露防止ガイドブック，p.076 図，p.117 表1, 2
▷㈱LIXIL，p.077 図1，写1（窓シャッター），p.082（オーニング），p.091 写2
▷SEIKIグループ，p.077 写1（断熱スクリーン）
▷㈱OKUTAホーム，p.082（外付け付属部材）
▷フォレストリンク㈱，p.082（内付け付属部材）
▷板硝子：住宅の省エネルギーと開口部，p.085 図1
▷旭硝子㈱，p.085 図2
▷日本ベルックス㈱，p.091 写1
▷日本建築学会編：建築資料設計集成1 環境，丸善，p.093 図4，p.106 表
▷三協立山㈱，p.094，p.095 図2 左
▷（地独）北海道立総合研究機構建築研究本部北方建築綜合研究所・㈱エクセルシャノン・トステム㈱・YKKAp㈱：外気冷房のための窓設計ガイドライン窓を使った夏のくらし，p.095 図2，p.097 表1，図2, 3，p.153 図3
▷警視庁，p.098 左
▷板硝子協会，p.098 右
▷日本サッシ協会，p.099 写真
▷マテリアル・デザイン〈2009-2010〉建築の素材・材料チェックリスト，彰国社，p.104 表
▷硝子繊維協会：グラスウール断熱材充填断熱施工マニュアル，p.110 下写真
▷（一社）木を活かす建築推進協議会：平成25年省エネルギー基準対応 住宅省エネルギー技術 施工技術者講習テキスト―施工編―，p.111 図1，p.115 図3, 4
▷押出発泡ポリスチレン工業会，p.113 図2
▷日本建築学会：日本建築学会環境規準 AUES-H0003-2013 建物における湿害の診断と対策に関する基準・同解説，p.13，p.118 下図
▷日本建築学会編：建築学便覧Ⅰ計画，第2版，丸善，1980，p.119 図2
▷環境省：H21年度環境技術実証事業ヒートアイランド対策技術分野実証実験結果報告書，p.120 下図
▷住宅生産団体連合会，p.125 下図
▷吉野博：戸建住宅の気密性と換気設備の計画，空気調和・衛生工学，第54巻，第11号，1980.11，p.129 図1
▷田島昌樹：排気型換気はどれくらいの気密性が必要か？，建築技術 2009年1月号，建築技術，p.129 図2, 3
▷吉野博＋趙 雲：計画換気を実現するための気密性能，建築技術1997年7月号，建築技術，p.131 図1, 2
▷鈴木大隆，北谷幸恵，三浦尚志，澤地孝男：異なる暖房方法において躯体性能が室内温度性状に与える影響 その1 実験目的と概要（暖房方式と温熱環境）2008年，その2 上下温度分布と外皮断熱性能の関係 2009年，その3 上下温度分布の形成要因と断熱計画 2009年，日本建築学会学術講演梗概集 D-2 環境工学，p.139 図1
▷旭化成ホームズ㈱，p.144 下図，p.145 図1，写上下
▷田辺新一：住宅における温熱快適性の評価，住宅総合研究財団研究年報 No.23，1996，p.153 図2
▷（一社）日本建材・住宅設備産業協会：断熱リフォーム，p.155 中左，下，p.161 図1
▷エコリフォームPRO 技術マニュアル，（財）日本環境協会，2010年，p.161 図3，p.164 下図，p.165 図1, 2, 4, 5
▷（一財）建築環境・省エネルギー機構：H25省エネ基準に準拠した算定・判断の方法及び解説（Ⅲ住宅の設計施工指針），p.165 図3

Investigation committee of
Hyper Enhanced insulation
and Advanced Technique
for 2020 houses

HEAT20 設計ガイドブック

発行————2015 年 4 月 4 日　第 1 刷
　　　　　2015 年 7 月 10 日　第 2 刷
　　　　　2016 年 3 月 30 日　第 3 刷
編者————HEAT20 設計ガイドブック作成 WG
発行者———橋戸幹彦
発行所———株式会社建築技術
　　　　　〒 101-0061　東京都千代田区三崎町 3-10-4　千代田ビル
　　　　　TEL 03-3222-5951
　　　　　FAX 03-3222-5957
　　　　　http://www.k-gijutsu.co.jp
　　　　　振替口座 00100-7-72417
造本デザイン——春井　裕（ペーパー・スタジオ）
印刷・製本———三報社印刷株式会社

落丁・乱丁はお取り替えいたします。
本書の無断複製（コピー）は著作権法上での例外を除き禁じられています。
また，代行業者等に依頼してスキャンやデジタル化することは，
例え個人や家庭内の利用を目的とする場合でも著作権法違反です。
ISBN978-4-7677-0147-9　C3052

ⒸInvestigation committee of Hyper Enhanced insulation and Advanced
Technique for 2020 houses, 2015
Printed in Japan